U0347897

财务可视化

如何呈现一看就懂的
财务数据

王峰　王丽君　著

机械工业出版社
CHINA MACHINE PRESS

财务数据和指标是衡量一家企业经营情况最为通用、直接的语言，然而众多的数字表格总是会让人感觉晦涩难懂，让管理者无法用常规思维理解财务，甚至开始对财务数据感到恐惧。财务数据呈现方式的改变就变得迫在眉睫，财务人员必须掌握可视化的方法和工具，构建财务分析能力。

本书主要讲述熟练使用财务可视化这一工具的方法和技巧，具体内容包括：如何定义有价值的财务可视化、财务可视化的基本逻辑和实战逻辑、报表层级经营成果可视化、报表层级资产与现金流可视化、业财一体化的财务可视化、绩效与业财打通的财务可视化、战略决策的财务可视化，并为财务人突破人工智能等新技术挑战指明了能力构建的方向。

本书通过对财务可视化的讲解，帮助财务人员学会通过图形展示财务数据，并懂得分辨怎样的图形最适合呈现数据，从而让企业的领导者和业务负责人快速理解数字背后的逻辑，找到最佳的经营和决策方案。

图书在版编目（CIP）数据

财务可视化：如何呈现一看就懂的财务数据 / 王峰，王丽君著. —北京：机械工业出版社，2023.10（2024.11重印）

ISBN 978-7-111-74178-7

Ⅰ.①财… Ⅱ.①王… ②王… Ⅲ.①会计分析–可视化软件 Ⅳ.①F231.2–39

中国国家版本馆CIP数据核字（2023）第210317号

机械工业出版社（北京市百万庄大街22号　邮政编码100037）

策划编辑：曹雅君	责任编辑：曹雅君	蔡欣欣
责任校对：潘　蕊　李小宝	责任印制：郜　敏	

北京瑞禾彩色印刷有限公司印刷

2024年11月第1版第2次印刷

170mm × 242mm · 16.75印张 · 1插页 · 298千字

标准书号：ISBN 978-7-111-74178-7

定价：98.00元

电话服务　　　　　　　　　网络服务

客服电话：010-88361066　　机　工　官　网：www.cmpbook.com

　　　　　010-88379833　　机　工　官　博：weibo.com/cmp1952

　　　　　010-68326294　　金　书　网：www.golden-book.com

封底无防伪标均为盗版　　机工教育服务网：www.cmpedu.com

推荐序一

很高兴受邀为本书写序。我在财务、审计、投资领域均有多年从业经历，对有效且有洞察力的财务信息能帮助企业家进行商业决策、提升企业价值方面，有很深刻的体会。

这样的场景你是否很熟悉：业务数据和财务数据的口径永远都不一致，使得管理层会议的效率大打折扣；财务人员每天要处理大量的财务数据和报表，但看上去却不知道对企业运营的支持是什么；销售增长了，公司资金却吃紧了；投资人关心的信息，企业提供不了……这些现象在真实的商业世界里一点儿都不陌生，可以说在大多数企业里都或多或少地发生着，这是为什么呢？因为懂市场的未必懂财务，懂财务的未必懂业务，懂会计的也未必懂财务或是业务。

随着数字化时代的来临，企业面临着前所未有的机遇和挑战，数字化转型已成为实现企业业务增长和竞争优势的关键因素。在这样的背景下，业财一体化的概念应运而生。业财一体化旨在打破传统的财务和业务部门之间的壁垒，实现高效的信息共享和协同工作，从而更好地支持企业的决策和战略规划。

《财务可视化》这本书与数字化转型和业财一体化密切相关，因为财务可视化工具和技术能够为企业提供更直观的、及时的财务数据和相关业务指标。通过将财务数据可视化，企业不仅能够更准确地了解其财务状况，还能更好地了解业务趋势、盈利能力和风险状况。这种集成的视图看板有助于企业通过数字化转型做出更有效的决策，并更好地管理与业务增长相关的风险和机遇。

不过，可视化本身并不是目的，通过呈现现象来分析现象背后的原因并形成商业洞察，从而帮助企业进行管理优化或战略决策才是关键，而这正是《财务可视化》这本书所要解决的核心问题。通过学习财务可视化技巧，你将能够更好地理解和呈现财务数据，并将其转化为有意义的决策洞察。这不仅将提高财务人员的工作效率，还将为企业的决策制定和业绩提升带来积极的影响。

令我欣赏的是，本书着眼于企业实际需求，将财务数据可视化与业务运营深度结合。在这个数字化时代，数据不仅仅是冷冰冰的数字，更是企业智慧的源泉。通过财务数据的可视化，企业领导者可以更加敏锐地捕捉市场变化，做出迅速而明智的决策。

最后，我要对这本书的两位作者表示衷心的祝贺。他们以生动的例子和实用的技巧指导，为我们展示了财务可视化的力量。我相信，《财务可视化》将成为财务人员和企业决策者不可或缺的参考书，帮助他们在日常工作和决策中取得更好的成果。

祝愿这本书能够广受读者欢迎，并为他们在财务领域的学习和发展提供宝贵的启示。

封和平

摩根士丹利中国区前副主席

普华永道北京前首席合伙人

北京 2008 奥运会首席财务顾问

推荐序二

在商学院的长期教学中，我们发现企业高管对于财务报表的态度是"又爱又恨"。财务报表是管理决策的一个重要信息来源；因此读懂财务报表是企业管理的"刚需"；但是又因为其相当强的专业性，让很多非财务专业出身的高管望而生畏。因此，如何在保证财务报表本身严谨和合规的前提下，提升财务报表的可读性，降低财务报表的使用难度，就成为一个亟待解决的问题。

王峰和王丽君的这本《财务可视化》，从可视化这个独特的角度入手，让财务报表变得更加"平易近人"。这本书不仅是一次对财务管理的深度思考，更是一次融合了现代科技与管理智慧的探索。作者以其丰富的实践经验和独到的洞察力，为我们呈现了一幅财务领域的精致画卷。通过巧妙而具有前瞻性的数据可视化，使读者能够从全新的维度审视财务决策，洞悉其中的商机与挑战。它超越了传统会计的狭隘边界，将财务数据与商业策略、领导决策相融合。每一章节都以深刻的洞见和详实的案例，向我们揭示了如何在财务管理中运用创新技术，将数字转化为实实在在的商业行动。这正是当下管理者所迫切需要的一种跳脱传统束缚的管理智能。

信息时代的知识更新速度很快，财务数据在不断拓展视野与时俱进的同时，更加体现了重要的商业地位。但如何通过财务数据洞悉商机，实现管理的智慧决策，却是一个亟待解决的问题。《财务可视化》将为您揭开迷雾，提供一份关于财务未来的精心指南。

读者在翻阅这本书时，将会领略到一场关于财务科技的启蒙之旅。作者不仅从财务数据的角度出发，更以管理者的战略视角，为我们勾勒出一幅未来财务的图景。通过财务可视化的逻辑体系和应用方法，助力公司的管理层更好地从财务视角透视业务发展，为战略决策提供支持。因此，本书既适合财务信息的使用者——（非财务专业的）企业管理者，也适合财务信息的提供者——财务专业人士使用，从而达到财务赋能业务、二者协同发展的目的。

张华

中欧国际工商学院金融学副教授

推荐序三

在中欧学习时有幸认识了《领导者的极简财务课》的作者——王峰，当他用他所说的"人话"给我们解读了这本书时，我们真的被"震"到了！

从事餐饮业 30 多年，从不懂连锁到被动地连锁，从对数字痛恨至极，到不得不认真学习财务知识，用一知半解的财务语言去追踪业绩、管公司。在听完王峰讲完这本书后，我用了三个晚上读完了这本《领导者的极简财务课》。七阶掌握财务金字塔，十六宫格搭建财务框架，把三张报表同框看，这样一看让我恍然大悟，原来如此。但是在看完这本书去应用时，面临的最大问题是：数字的收集、整理、汇总分析都需要投入大量的时间和人工，特别是每期都需专业的解读……我们的财务水平一般，有时难免会出现偏差和误读。

没想到，在上周我看到王峰老师的新作《财务可视化》第四章时就兴奋不已，太棒了！这就是我想要的！这些年来我们不断地找各路"神仙"来帮我们实现财务数字化、可视化，但因为逻辑不清、业务和财务的认知不同而屡屡失败。这本书犹如一束光，看到了可比较、可追溯、可找到问题源头的有帮助的管理方式。《财务可视化》可以根据不同的需求快速地让各级管理者看到每日、每周、每月、每季、每年的同比、环比趋势，并且用数字追踪形成闭环的方法……也就是让每个管理者看到最想看到的最简单的一个看板，很快能找到问题背后的原因。研究数字是"神学"，我真的很期待这本《财务可视化》快速面市，快速地应用在各行业。

刘素美

好适口创始人

2023 年 11 月 29 日高铁上

推荐序四

我非常荣幸向广大读者推荐这本书——《财务可视化》。这本书由国内知名财务领域专家王峰和王丽君所撰写,内容涵盖了财务分析可视化和业财数字化管理的各个方面,旨在帮助广大经营管理者、企业财务从业人员和对财务管理感兴趣的读者更好地了解和掌握财务管理知识。

作为一名财经类内容创作从业者,我一直关注着财务管理领域的发展和变化。随着经济全球化的加速和市场竞争的日益激烈,越来越多的企业和个人开始意识到财务管理的重要性。而《财务可视化》正是一本针对这一需求而编写的优秀著作。

这本书的两位作者都是国内著名的财务分析师、会计师,他们均曾就职于普华永道等国际顶级会计师事务所,拥有丰富的实践经验和深厚的理论功底。他们在书中结合自己的实际案例和经验教训,深入浅出地讲解了以财务可视化图表为呈现方式的财务报表分析、成本控制、预算管理、业财一体化和分析可视化等方面的知识,让读者能够更加直观地理解和应用这些知识和工具。

这本书的内容非常实用。它不仅提供了各种实用的财务可视化工具应用方法,更加从经营管理的实际需求出发给出各种可视化图表的组合,真正有效地体现出分析的管理抓手,让管理者快速聚焦管理问题和洞见企业发展机会。书中包含了大量的实例分析和精美的案例图表,可以帮助读者更好地理解财务与经营的有机结合。

这本《财务可视化》不仅适合企业高管和投资者阅读,也适合广大普通读者学习。无论是企业管理层,还是财务分析师,无论是想要提高自己的经营理财能力,还是想要更好地理解企业的运营状况,都可以从中获得很大的收获。

《财务可视化》是一本非常优秀的财务管理类图书。我相信,在阅读完这本书之后,你一定会对财务管理有更深入的认识和理解。如果你正在找一本好的财务管理读物,那么这本书绝对不容错过!

滕天庚

市界、《财经天下》周刊、健识局首席执行官

前言

在跟一位财务总监聊天的时候得知，他公司的总经理曾经在全体管理层大会上宣布未来将会从原先的业务主导公司各部门的管理模式转变为财务信息主导全公司业务的模式。当时的他踌躇满志，认为自己的职业生涯打开了一扇通向辉煌的大门，于是开始对各部门深入访谈，在业务一线、生产一线做细致调研，高薪招聘能力优秀的财务员工，搭建起完善的核算体系、财报体系、纳税筹划体系，也协同各部门完成了公司全预算体系。

当这些工作做完以后，真正的挑战才刚刚开始。总经理要求财务部门提供业务执行的详细数据，而财务部门的凭证记录里并没有详细的进出货记录，只有以月度为单位的汇总记录，自然就没法跟总经理分析，只能到业务系统中查找。查找的过程中发现业务数据与财务记账数据有差异，一时又没法找到产生差异的原因，这让总经理不得不再找来业务负责人。总经理希望每天都能看到销售的具体情况和各大区的销售额增减变化，财务部门还是没法提供，这远远超出了财务总监对财务体系建设的范围，无奈的总经理只能从业务部门获取信息。在月度经营分析会上，财务部门展示了精心准备的各个业务条线的财务分析指标，但好像这些财务指标没有几个管理人员能看得懂，而且销售数据跟业务部门自己记录的也有很大差异。这导致会上就发生了争执，业务负责人因为财务部门的销售数据比自己统计的绩效成果少了将近一半而暴怒，其他各部门负责人也都应声给业务负责人申冤。

经过这么几轮折腾以后，总经理也只能让财务总监重新回到财务办公室，老老实实地做好记账核算工作，再也不提用财务信息主导管理了，而财务总监进入高管层的路也就此中断。

这个案例充分体现出管理层还是非常重视财务的，期待财务部门能够担当起帮助企业提升整体价值并获得资本市场青睐的重任。只可惜总经理高估了财务部门的数据能力，财务总监也高估了管理层对财务数据的理解力，以及高估了颗粒度不够细的财务数据与业务数据之间的可协调性，同时却低估了业务的复杂性。

难道财务部门只能被动地接受各部门给的单据来记账报销做报表吗？财务部门的管理职能难道就真的没有任何发挥的空间了吗？

财务是为业务服务的，如果缺失了这个功能，就只能变成记账工具，仅仅是记录本身的价值就远远小于对决策和管理的支撑。即便财务人有意愿为业务服务，但财务有自成一体的语言体系（会计准则）和操作规范，这使得财务人员在服务业务需求时被"禁锢"在财务语境当中。财务数据是通用的商业语言，理解财务和搞懂财务分析对管理决策的影响变得十分重要。除了让管理者尽可能地掌握更多财务知识以外，把财务指标和财务分析用更加清晰明了的图表展示出来成为最容易实现的目标。

财务指标是体现公司经营成果、展现资源状况以及阐述资金流向的最佳工具。有些财务人员为了能把财务指标跟业务管理者说清楚，可谓是费尽心思，可到头来往往心力交瘁也没得到很好的效果。这当然有财务人员不了解业务的因素，也有业务管理者不懂财务的因素，若不想办法加以调和，那么企业就始终处于管理与经营脱节、行动与成果脱节的状况。所以，让业务管理者看懂财务信息成为财务工作者非常重要的工作之一，而完成这项工作的最佳工具就是将财务信息进行可视化呈现。

财务可视化是财务人员特别希望熟练使用的工具，因为可视化让很多财务分析的结果一目了然。只是财务人员对可视化工具的使用却经常显得非常生涩，要么是不懂如何使用图表，大量使用繁杂的表格；要么是使用 Excel 自动生成的图表展示自己都难以说出问题的财务指标，领导听了也没有任何反应呢。即便是做成了图他还是没法理解，究竟是财务指标太晦涩，还是我做的图不好看？

恐怕是因为你没有掌握财务分析的业务逻辑和财务可视化的基本原则而导致你做出来的图并没有真正产生作用。财务分析是要为企业决策和业务发展提供服务的，而财务可视化有助于财务分析更加直接、更加清晰明了地展现问题。善用财务可视化方法和工具就能够让管理者快速理解并迅速做出适当的决策，确保公司业务部门能够对分析结果做出响应。

如何能够真正掌握可视化方法和工具呢，或者说财务工作者如何能够使财务可视化具有洞察力呢？这本书就给你一个解决之道，通过一些基本原则的学习和大量图表的效果展示，帮助你逐渐掌握财务可视化的思维构建能力，运用你所熟悉的工具来打造你所在企业里具有独特模式的可视化分析系统，在展示你强大的分析能力的同时，也能够帮助企业领导者和业务负责人发现问题，抓住机遇，创造出更大的价值。

本书分为九章，每章中都有大量的实战图表供读者参考。整体上从现象问题入手，针对财务人遇到的问题讲述其背后真正的原因，以及用怎样的方式才能够有效解决，进而针对相关财务可视化的基础知识进行讲解，然后给出参考实例，让读者能够思考：还原到自己本职岗位上应当如何将学到的内容应用到实践中。

第一章主要讲述如何理解财务可视化，以及财务可视化与其他可视化的关系，同时了解财务可视化的底层逻辑，建立对可视化的基础认知。读完这一章你自然就会知道为什么以前你做的财务分析不被领导重视了。

第二章和第三章讲述财务可视化的底层逻辑，第二章是基本逻辑，第三章是实战逻辑。这两章全面细致地讲解了财务可视化的基础知识、原则和作用，以及在实战中需要注意的重点事项和操作步骤。

第四章和第五章重点讲述财务报表层级的财务可视化，以财务分析指标为线索，编制一系列财务报表层级的可视化图表。读完这一章你就会发现原来做的报表分析问题出在哪里。

第六章主要讲述为了实现实时分析的目标，如何打通企业内部的数据链实现业财融合，以及如何实现实时展示财务框架的业务分析。

第七章重点讲述绩效层级的财务可视化的效果演示。读完这一章你就能体会到财务可视化能为企业做出的管理贡献。

第八章重点讲述了如何将财务指标在企业战略层级做出展示，这种能力尽管不是每一家企业都需要，但作为财务人应当具备一些战略思维能力和表现力，也只有具备了战略眼光的财务人才能成为企业的领导者。

第九章重点讲述当代财务人应当怎样思考和创新才能改变被动的局面，抵御人工智能等新技术的冲击，打开一扇通往财务专业不断进阶的大门。

我们非常在意对财务可视化的思维构建，真正能够做好展示的往往不会是计算机操作高手，也不会是财务证书最多的人，而是真正能将财务与业务结合且具备很强的用户思维的财务人，我们就是希望能把这样的能力通过这本书尽可能地给读者展现出来。至于具体使用什么工具来实现反而变得没有那么重要，甚至自己用笔在纸上画出来，然后在计算机上呈现都完全没问题。所以不必期待掌握更多的软件工具，而应当期待做怎样的图形和用怎样的展示方式才能让用户对数据有所洞察，这也是我们希望这本书传递的最有价值的能力。

尽管我们很努力地想要把所有的知识都讲透，但依然受限于我们的眼界和视角而不得不甄选我们认为最为有效、最为可行的财务可视化呈现给读者，同时也希望这本书仅仅是你做财务可视化的起点。只要掌握了基本的原则和看到一些实例后能举一反三，就能够将知识完全内化成你自己的东西，在此基础上充分发挥你的想象力和创造力，相信你可以做出比这本书中的案例更加有洞察力、更加丰富多彩、具有生命力的财务可视化案例来。

另外要提示读者的是：本书所有图表中涉及零以上的数字均以"万元"为单位，零以下的数字均可换算为百分比。图表中不再做数字单位的注释。

这本书里许多的 Power BI 图形都是孙晓龙利用业余时间制作的，手绘图片都是慕白的杰作，我们在此向二位表示衷心的感谢。

为了让读者有更好的阅读体验，我们制作了免费的视频小课程，读者可扫描下方二维码观看。课程也会伴随着时间的推移而持续更新，让读者真的能够通过阅读本书和观看视频掌握财务可视化的方法，为提升财务分析能力增光添彩。

作者

2023 年 8 月

目录

**第一章
如何定义有价值
的财务可视化**

第七章
绩效与业财打通的
财务可视化

第八章
战略决策的财务
可视化

第九章
财务人和经营分析人的未来

写在结尾

第一章
如何定义有价值的财务可视化

为了搞清楚什么是财务可视化,我们先思考一下什么不是财务可视化,或者说什么不算是好的财务可视化。先给大家看一张图。

图 1-1 看起来还是很漂亮的,展示的信息好像也很多,但让人一眼看上去就感觉不大明白。因为这个图的配色很丰富,而且给出来的信息让人感觉很多元,会让人一下子就被吸引住。

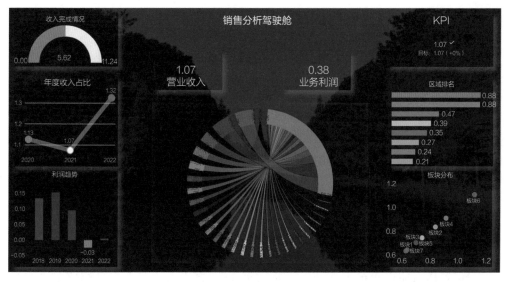

图 1-1　销售分析驾驶舱

不过你如果再仔细看看，可能就会发现这个图很难让你了解数据背后的故事。尽管能够看到全国各地的销量，但这个销量是数量还是金额？是哪个产品的？通过什么渠道售出的？来自哪些客户？毛利情况怎样？回款状况如何？对比上个月是否有提升？去年同期又是怎样的形势？这些影响公司判断因素的数据都没有体现出来。当然，你可以说这是一个总概况图，就像一个封面。且不说这些数据是否经过了必要的财务验证，仅仅是能让财务团队制作这个图并且能让它随时更新也可能会是一个麻烦，一旦这个图这个月有下个月没有了，那么你的领导恐怕也不会太满意。最关键的问题在于，任何对信息有需求的管理者一定是第一眼就去看所关注的信息，而不是像看一本小说一样任由作者娓娓道来，管理者没有那么多时间，也没有那么多耐心。所以财务可视化最应当承载的功能就是第一时间传递关键信息，让阅读者在最短的时间内理解并做出反应。

或许你会说，把这张图的内容改成你想要的金额、产品、渠道、毛利、对比等不就可以了吗？恐怕这样改还有些问题。一张绘画大师的作品会让人沉浸其中享受那种美，而财务可视化恰恰是要求阅读者更加清晰地思考，甚至是不能被表象所迷惑，要直击要害，洞察问题。所以财务可视化需要尽可能地直接、简单、不花哨。除非你的目的就是让阅读者沉醉在图中不要洞察，否则越多的装饰就越容易让阅读者分散注意力。那么我们可以给财务可视化下一个定义，看看怎样的财务可视化才算是对的、好的。

一、如何定义财务可视化

如果要给财务可视化下一个定义，我们宁愿相信财务可视化是具备这些特点的系列视觉工具：

- 能够用财务框架分析业务和管理行动；
- 能以简单、直接、有洞察力的图表方式为主展示出来；
- 能够让阅读者在最短的时间里了解情况，看清问题，深度挖掘，进而扩展思考决策方案；
- 能够为管理、为业务、为战略、为决策提供信息支撑。

（一）财务框架

财务是商业世界的通用语言，所以它的价值从来都不应当是深邃复杂的知识，财务是人类历史上最佳的商业大数据统计系统，是数学家、商人乃至统治者经过 500 多年的不断总结提炼出来的，是符合商业本质和生存本质的信息记录与统计系统，掌握了财务知识就相当于掌握了整个商业的底层逻辑。不过可惜的是，绝大多数管理者不太懂财务，甚至许多财务专业人士也不懂财务，而仅仅是把财务当成记录业务的工具，就是我们常说的会计功能。顺便说一句，虽然财务人员认为自己按照规范记了账，但一个不懂业务的财务人员很难真正"记好账"或"记对账"，因为财务这门语言背后的基础是一些基本假设和根据业务实质的"主观判断"。如果用直接简单的理解方式，会计与财务最大的区别就在于会计是记录业务的工具，而财务是利用会计资料对业务、对管理进行分析的决策支撑工具，两者的关系在本质上的最大不同是会计重在记录而财务重在分析，会计关心已经发生的事，而财务关心如何在未来采取行动。所以，财务更需要理解商业、理解经营、理解商业组织的生存与发展环境。

（二）分析业务，分析管理行动

支持业务发展、支撑管理决策是财务应体现的价值，所以，财务分析决不能仅限于财务本身。尽管那些懂财务的人理解财务分析背后的逻辑，但管理人员对财务的理解没有那么深。财务信息百分之百都是来源于业务，如果财务不能够分析业务，那么财务就失去了应有的价值，这也是许多公司的财务人都无法获得领导重视的重要原因。

（三）快速看懂，深度挖掘

要想让财务产生价值，就必须让使用者第一时间感知到发生的状况，特别需要简单易懂，而不是美观华丽，用简单、直接、有洞察力的方式定义图表。财务可视化的直观性是至关重要的，为了能够让阅读者立刻抓住重点，在许多图表中还需要刻意进行必要的放大和强调，并配以简短的文字说明，便于阅读者一眼就能抓住重点。当他们产生疑问的时候，总是能在图中找到想要的答案，而且不重要的或一些不想要的信息往往也会被隐藏，以便于更加突出重点。

图 1-2 就做到了有效对比和重点突出。做到了简单直接，阅读者自然就能够快速看懂。可视化图表制作者必须思考决策者接下来大概率会做出怎样的决策，根据自己的预判将后续需要的信息和模型也编制出来供决策者使用。

（四）决策支撑

可视化的目的是反映出问题或者某个状态，要让阅读者有所反应。或者是针对问题思考决策方案，或者是针对现状思考未来的发展迭代。总之，一个不能产

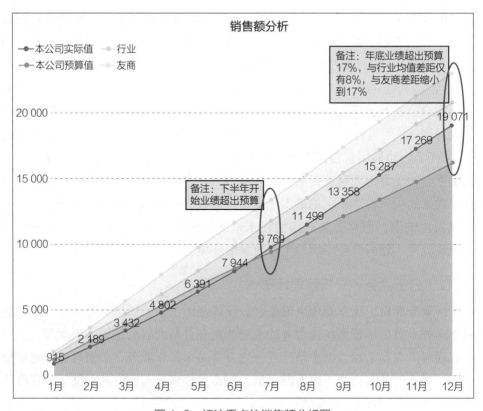

图 1-2　标注重点的销售额分析图

生任何反应的可视化很难称之为好的可视化。有些问题的确会比较深邃，而且有些财务概念也不一定要求人人都理解。那么就要在使用可视化工具的同时，考虑面对面地加以沟通解释。不要期待自己精心设计编制的图表能够让每个人都一眼看出你的想法，所以图加说明在很多时候都显得尤为重要。

（五）以图表方式为主的视觉工具

既然是可视化，那么就一定是视觉工具；既然是财务可视化，那么就一定是以量化数据为主的图表。

只要是能够满足上述要求的都可以被纳入财务可视化的范畴。

二、财务可视化的定位

财务可视化是财务分析的主要呈现载体，想要了解财务可视化的定位，首先就需要了解财务分析的实质与目的。

　　财务分析的实质是"看全看透看问题，督导监管抓闭环"。以全局视角全面分析公司的财务信息，透过表面数据看透业务本质，进而发现当前存在的问题和隐患，找到适当的解决办法并加以实施，督导其实现闭环。同时也应当以发展的眼光看待公司的未来发展方向和发展趋势并加以分析。

　　财务分析的目的应当是让体系良性高速健康运转并获得丰厚收益。这句话里的每个词都有其特别的意义。

　　体系：涉及从采购到销售回款全链路的横向体系化分析，以及每个环节纵深多元体系化分析。也就是说体系必须是完整的，是纵横交织的，既要有广度也要有深度。

　　良性：体系本身的设计和逻辑是完整的，没有盲区、误区的，能够有工具监管到全局和全貌的。

　　高速：是指高周转，高效率，强促进，快反馈，快闭环。分析就是要看公司是否能够达成这样的高速。

　　健康：健康并不是一点问题都没有。任何一家组织都会存在这样那样的问题，这并不是代表不健康，而是只要问题是摆出来的，隐患是暴露出来的，就可以认为其健康情况是可衡量的。在问题得到有效控制的同时，让企业的效率得到持续的提高，那么执行情况也就会逐渐达到更高的标准。

　　运转：是指所有的分析一定是动态的、滚动的，尽管每个时点都会有大量的静态数据，但绝对不能孤立地只看静态数据本身，而需要动态地看各期的静态数据变动。

　　丰厚：并不仅仅指的是多，同时也是优。诸如客户多、渠道多、货源多、收入多、利润多、现金多、投入少、成本少、费用少、精力少、风险小等。

　　收益：大多数情况下对收益的理解就是利润，但其实也应当包括现金流，以及留存下优质的资产和健康的负债结构。

　　我们希望财务分析能在企业真正发挥战略和实战的价值，让财务可视化发挥出它应有的优势。因为它是一个客观性很强的量化分析工具，而且是经过多重把关验证的依据性很强的数据，真实性就会有所保障。但也不可否认财务工作存在难度，是按照财务模式原原本本地展示，还是宁愿放弃一些财务上的坚持对使用者抛出橄榄枝？究竟怎样的财务可视化定位既能够满足使用者需求，又保持财务的严谨呢？

　　客观地说，想要让财务可视化发挥作用就必须要让使用者看懂，那么降低一点门槛是十分有必要的。让理解难度尽可能小一点，说明问题尽可能直接一点，发现问题或隐患尽可能早一点，提出的方案尽可能要清晰一点，这就是我们对财务可视化的一个定位。当然这是一个不断追求的过程，而不是达不到就是失败的评判。我们希望能够实现这样的目标，但客观上真的有很大难度，所以当我们面对来自各方挑战的时候，可以不断重复去理解这个定位，在不失去财务数据真实性与财务逻辑严谨性的情况下尽可能满足用户需求，如图 1-3 所示。

图 1-3 财务可视化四定位

降低门槛。就是降低使用者对内容理解的难度，特别是一些财务固有的名词、财务固有的算法和确认标准。就如同财务人平日跟其他部门的同事聊天一样，如果你见到任何一个同事都满口"资产负债率""股东权益报酬率"之类的，那你在公司大概也不会有什么朋友。财务可视化也是一样，尽管财务很专业，但财务沟通可以很"亲民"。让财务可视化的展示尽可能符合业务思维，甚至要做一些必要的转换，这就对财务人提出更多的能力要求。要转换就意味你必须有能力在两种语境中自由切换。这样就做到了一方面不违背财务逻辑，另一方面还能很轻松地让对方理解。

突出问题。让你的财务可视化总是能重点突出地跟对方交流。问题不一定是错误，只要是能有管理洞察就可以。相信你也不愿跟一个成天喋喋不休地唠叨一些陈芝麻烂谷子的人打交道，你会希望对方找到你的时候立即切入主题告诉你发生了什么，有什么后果，他需要你做什么。把需求直接表达出来而不兜圈子，这样的沟通是高效的，我们的财务可视化也同样需要如此高效。

发现隐患。如果你发现了某些数据存在隐患，一定不要刻意隐蔽或掩饰。有些财务人担心自己没有业务经验，当遇到非常规数据表象的时候不敢汇报，又没有足够的时间去跟业务部门落实，就干脆暂时隐藏起来，以免误报造成不必要的冲突。这就做出了错误的选择，建立跟业务部门的常规沟通渠道是对财务部门的基本工作要求，必须及时落实问题且客观地将隐患表露出来。

提出方案。降低门槛、突出问题和发现隐患都不是财务可视化的终点，在做出充分调研后给出几个有建设性的备选解决方案才能体现财务分析的价值。尽管作为财务人很难对业务问题有很透彻的管控手段，但毕竟财务部门是所有数据的集合处，能够整合各方的信息资源做出量化分析，也可以整合各方意见并体现在相应的图表上，让问题和隐患能够得到及时的关注和改善。

三、不同的视觉效果体现各自的优势价值

在企业里，做财务可视化的价值体现最直接的就是要让使用者看懂。使用者绝大多数都是公司的决策者，更直白一点说，让你的领导明白财务成果进而及时做出正确判断就是最大的价值。这么说还是太笼统，换句话说，让领导用眼睛接收到简单、易懂的信息是体现其价值的重要渠道。

我们来做一个对比，以下各种形式都有怎样的利弊（见表 1-1）。

表 1-1　几种可视化形式的对比

可视化形式	优点	缺点
数字	简单，重点突出	无法说清楚数字背后的业务
数字 + 文字	对数字加以说明，能快速理解问题	如果文字说明太长，就依然不够直观，难以一眼看到全貌
数字 + 表格 + 文字	相对能看到全貌	数字繁多，难以快速辨识变化幅度或者变化趋势
图表	直观，简单	相对粗糙，难以看到细节
图表 + 数据表	直观和相对的细节	依然没法了解数字背后的业务状况
图表 + 数据表 + 图标 + 文字	直观且有细节，对关键环节有解释	相对复杂，对业务水平要求较高

如果仅有数字的话，制作起来就会很简单，而且会非常直接，对于公司想要重点展示的总收入或者总规模，用一个大数字体现就会很有张力。当然缺点也很明显，就是如果数字多了就会显得很乱，而且仅有数字也很难说清楚数字背后的业务。

用数字加文字来说明就会相对容易理解一些，特别是针对一些数字变化的原因，以及问题跟踪的过程等，这种方式会非常适合。缺点是还不够直观，需要仔细地阅读文字。除非你对事件和数字都很敏感，否则在头脑中进行反复转换就变成一件挺困难的事情。

数字、表格加文字是许多企业最为常用的形式。表格具备天然的可比结构和递进结构，用来做各期展示、变比同比以及滚动对比都非常直观，如果再加以文字简述就基本上能够说明很多问题了。许多管理者已经非常习惯这种形式，甚至当你给他看这个表格转换出来的各种图形的时候反而会不愿接受。这种形式的缺点是当数字繁多的时候，即便是用了文字说明依然会让阅读者难以快速发现重点、趋势，甚至会被众多数字扰乱，失去判断力。举一个简单的例子，当你打开一份上市公司的财务报表时，映入眼帘的是布满好几张 A4 纸的数字，尽管分类十分明确，定义十分准确，规则十分清晰，但依然没法让阅读者很快找到报表的重点。

图表可视可以理解为仅有数据图而没有数据表的形式。图表给人的印象就是十分直观，一眼能够看到全貌，是财务可视化目前主要采用的工具。图表用好了会令人赏心悦目，不是说有多漂亮，而是它能体现重点问题，并且在使用上也没有什么门槛，Excel 中自带的图表已经能够满足绝大多数呈现需求。如果对展示要求再高一点的可以使用 Power BI，都是微软的产品，也都是可以自动生成的，学习门槛很低。当然图表也有弱点，就是在展示图形上看不到太多具体数字，否则就会显得非常混乱。图表如果不做特别处理的话，依然难以体现出重点。

如果在图表的基础上再把数据叠加上去，就能够将图表中难以展现的细节数据归拢起来。Excel 中的图表就有自动展示功能，如果对图形给出的趋势有思考，就可以进一步查看具体数据的细节变化。这种形式的弱点主要还是没法突出重点，也没法解释数字背后的业务状况。

图 1-4 为折线柱形与数据表效果图，如果将图表与数据表结合起来，将重点突出展示后再用图标做出标注，并使用简短的文字加以说明，那么上述绝大多数的缺点都可以得到改进，是一种非常好的具有洞察力的形式。如果再加上能够上下穿透，能够切片分析和切换不同维度的展示（Power BI 的基础功能），就会更加直观、清晰、重点突出。如果说这种方法的缺点，恐怕就是相对复杂，每次编制都要用心找到关注点，你自己首先要理解和看透，才能够游刃有余地讲给别人听，而不是把计算机程序自动生成的各种图表直接丢给使用者自己去理解。也就是说，这种形式的财务可视化的弱点不是图形本身，而是编制和讲解图形的人对

业务本身的理解程度，补足弱点后就会变成强大的分析洞见工具。

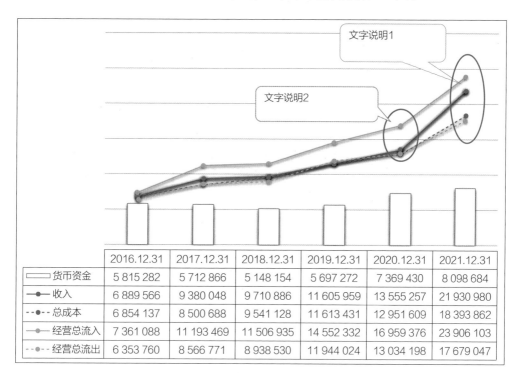

	2016.12.31	2017.12.31	2018.12.31	2019.12.31	2020.12.31	2021.12.31
货币资金	5 815 282	5 712 866	5 148 154	5 697 272	7 369 430	8 098 684
收入	6 889 566	9 380 048	9 710 886	11 605 959	13 555 257	21 930 980
总成本	6 854 137	8 500 688	9 541 128	11 613 431	12 951 609	18 393 862
经营总流入	7 361 088	11 193 469	11 506 935	14 552 332	16 959 376	23 906 103
经营总流出	6 353 760	8 566 771	8 938 530	11 944 024	13 034 198	17 679 047

图 1-4 折线柱形与数据表效果图

四、修炼基本功，突破财务可视化的难点

财务可视化呈现是一种综合性极强的能力，并非只是能画出来一个漂亮的图表，而是综合了财务功底的深化、对业务的深度理解、结合财务与业务全线、对问题的敏锐洞察、对未来成长机会的多重思考，以及对可视化工具的熟练应用，如同钢琴演奏家一样。钢琴演奏家需要大量的刻意练习以及对音乐的深度理解和对音乐的不同诠释方式的反复演练，常年积累才能够成功。财务可视化虽然远比成为钢琴家容易，但也需要经过刻意练习，如图 1-5 所示。

（一）财务功底深化

财务可视化的首要难点其实是对财务功底的能力要求，不少企业的财务分析岗位会让初级的会计来任职，用公司的汇报模板编制相应的图表和汇报材料。这就相当于将财务数据换了一个展现方式而已，没有一定的财务功底，是无法发觉数据内部的关联关系的，变成了数据指标的"搬运工"。大部分情况下，财务分

图 1-5　突破可视化难点的六要点

析工作应当具备 5~10 年的财务分析的经验，有这样经历的人才有可能具有一定的洞察力，当然不排除有些高潜质的管培生在更短的时间内就能有一定的分析洞察。但是，如果一般的财务人员在这近 10 年的时间里从来都没有任何的改变创新，那么他就如同第一天做一样，不会有任何提高。凡事总有一个开始，培养财务功底的刻意练习方法之一是大量阅读财报，不仅阅读，还要快速分析。如果你每天都能分析两家上市公司，一周 5 个工作日就分析了 10 家，一年 52 周除去休假就已经分析了 500 家上市公司的财报。每年分析几百份财报，你的财务功底必定大大提高。

（二）业务深度理解

　　一家公司招聘了一位应届研究生专门做企业财务分析，背后的潜台词是这位研究生一定是具备了相当强的财务分析能力，掌握了很多财务分析方法，一定会给财务部每月的经营分析增添许多惊艳之处。结果是经营分析会果然是多了相当多的财务指标，几乎把课本上能见到的全部都搬到了汇报材料中，可惜的是管理层和业务负责人完全不知道这个分析意味着什么，不知道说明了什么问题，让财务部费尽思量也无法有任何改善，反而加剧了管理与财务的隔阂。

　　图 1-6 为财务分析折线效果图，四个比率都是财务分析常用的，但非财务人

士就难以明白其中的含义。企业内的财务分析绝对不能离开业务，一切不考虑业务运行的财务分析都会变成空中楼阁。至少要让财务分析人员深度理解公司所处产业链的位置、行业与竞争状况、公司的战略定位和商业模式，以及在实际场景中的逾越制度、逾越流程，甚至是逾越底线的所谓变通是如何实现的。如果你已经达到了这种了解深度，那么常规的流程模式自然是了然于胸。然后再去思考，想要提升业务能力，怎样用财务框架展现业务信息才是突破财务可视化局限性的极佳入手点。

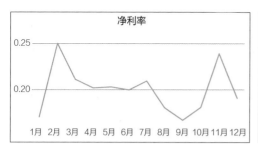
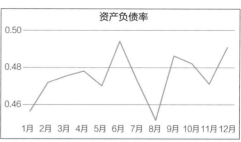
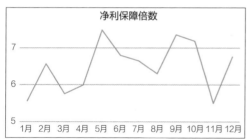
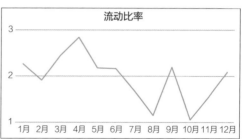

图 1-6　财务分析折线效果图

（三）业财融合思维

理解了业务并非就能把业务数据跟财务紧密结合，太多公司的现实状况是业务和财务从经营的第一天开始从来都没有一致过。有差异就用企业不断快速增长变化来掩盖，直到有一天差异大到不能不关注了，才发现已经没法找到产生差异的原因了，要么就继续放着不管，要么就把原先的差异一笔勾销，往往导致公司多年的经营积累全部被这"一笔勾销"给耗光了，甚至会出现巨额亏空。最可怕的是企业由于停止增长而爆发出来的差异影响，往往会给企业带来沉重的打击。

所以扮演财务分析角色的你就必须多思考如何将业务数据与财务数据打通，实现无缝连接。尽管你可能不懂数据开发，也不懂编程代码，但这依然不能阻止你成为整合所有信息资源的中枢，如同"产品经理"一般用思想实验的方式打通所有信息，然后在你的上司的协助下组织相关力量实现业财数字打通。一旦实现了企业内部所有数据的互通互联，那么你分析的难度将会大大降低，捆绑你的束缚将会被彻底打开。

（四）敏锐洞察问题

洞察力可遇不可求，但也绝对不是玄秘无解的。洞察力一定是从各方信息的交互与总结中不断磨炼出来的。简单地说，就是多分析、多交流、多扩展、多创新。多去对你的本职工作进行分析，多去思考别人最在意什么，你的领导们在会议上反复提什么，这些信息有没有可能从你的分析中展示出来，目前你还缺什么、怎么突破这种缺陷。通过诸如此类的扩展性思考，相信用不了多久你就会抓住管理脉络，把准业务脉搏，然后回到你的分析数据上，许多问题就"乖乖地跑出来"。在这个过程中多跟你的上司、你的同行去交流，这种交流很容易碰撞出意想不到的火花，会让你更加深刻地理解分析的本质和应当创造的价值。

然后持续进行上市公司财报分析，这么大量的免费资源不用好实在可惜，也不要期待上来就有什么新的发现，多去扩展你的分析维度和分析思路。就把前200家公司的分析当成是玩游戏，只要去分析就行了，慢慢积累你对财务数据的感觉。

不要让课本上的财务指标对你有任何的束缚，学会在自己公司业务实质的基础上找出最适合你公司的分析指标，就像"杜邦分析法"的发明人，那位变为杜邦家族女婿和通用公司副总裁的杜邦公司销售工程师一样。当年的杜邦分析法一直沿用到今天，其最大的弊端是缺乏对现金流的考量，因为当年杜邦公司完全没有现金压力，所以没必要关注。但今天绝大多数的公司都不得不重视对现金流的管理，杜邦分析法就需要有所创新，图1-7"升级后的杜邦分析法"就叠加了现金流因素加以考量。

今天学财务专业的，没人不知道传统杜邦分析法，或许十年以后全世界都在用你发明的分析指标给所有会计专业大学生考试。当然，这并不会是你的目标，你的目标就是要找到最能够解释你公司业务洞察问题的指标。

（五）未来成长推演

对未来的预判一向是财务工作者的软肋，甚至是不敢触及的禁地，任何组织对未来的决策全部都依赖对信息的分析，而财务就是一个商业信息分析的重要部门，却被自己的专业、自己的历史成本记录捆住手脚，只能用归纳法总结历史上曾经发生了什么，却没有用推演法持续推演出未来的变化趋势。

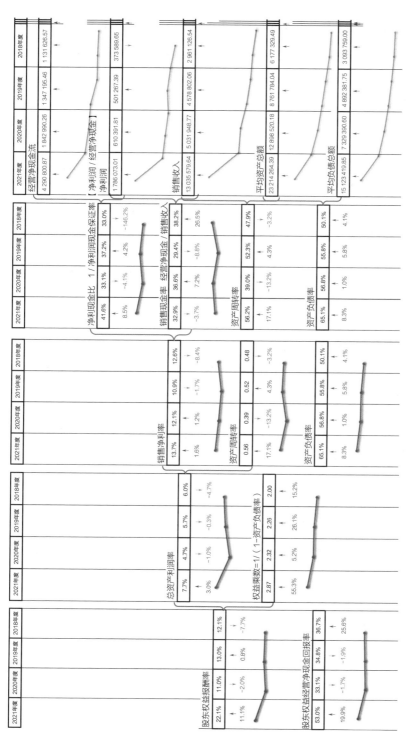

图 1-7 升级后的杜邦分析法

财务人需要尝试用推演法搭建自己的分析模型，一个可以犯错的、可以迭代的、不断优化的、自动运算的分析模型。在企业所有的转弯处都需要有人帮助企业决策者看清未来可能发展的结果推演，而这种结果推演以往主要是在决策者的头脑中反复打转，或者来自跟其他高管的沟通，所能获得的也大多是定性的建议，缺乏数据的支撑，这也恰好就是财务应当给予的支撑。不能忘记的是，过去的信息已经是确定的信息了，而未来是充满各种不确定性的。在对未来进行推演时要对未来的不确定性心存敬畏，对各种假设进行清楚的定义。

（六）可视化工具

实际操作中的可视化工具很多，我们最为常见的恐怕要算是 Excel 了。如果再进一步对数据进行更多层级、更大范围的可视化展示，那么微软的 Power BI 是不错的选择。当然，除此之外还有大量的工具可以选用。绝大多数可视化系统的入门都非常简单，但想要灵活使用、掌握高超的技巧，都不轻松，需要花费不少时间持续学习。

Excel 是目前全球普及率最高的办公软件，Power BI 是目前普及率最高的数据可视化工具，只要能掌握好这两个普及率最高的工具，并建立自己的工作思路，那么平移到其他任何工具上都能应对自如。这本书中所用到的图表绝大多数都来自 Excel 和 Power BI，也是一个抛砖引玉的呈现。

如图 1-8 所示，Excel 的优势之处在于它是一个操作简单、功能强大的数据处理系统，是绝大多数财务人员都会基本操作的软件。Excel 有大量的公式函数可以用于相对较为复杂的运算，但其实只要灵活运用，掌握二三十个函数足以应付 99% 的计算需求。Excel 里有大量的成熟图表可以使用，只要选定数据，就可以轻松转换成图表形式。具体操作还可以在网上搜索，这些其实不难。

Excel	Power BI
• 优势：普及率高、灵活性强、相对简单、图表同框、有函数公式VBA、开放、能抓数据、费用较低	• 优势：可动、可切、可穿、可钻、承载数据量大、运行快、封闭、安全性高、有步骤记录、可发布、可抓取数据、个人用户免费
• 劣势：函数VBA有难度、难以穿透钻取切片、承载数据量少、运行慢、过于开放、任意改数、无步骤记录、不可发布	• 劣势：目前普及率低、没有Excel那么灵活、操作没有Excel那么简单、图和表同时呈现的制作烦琐、代码有难度

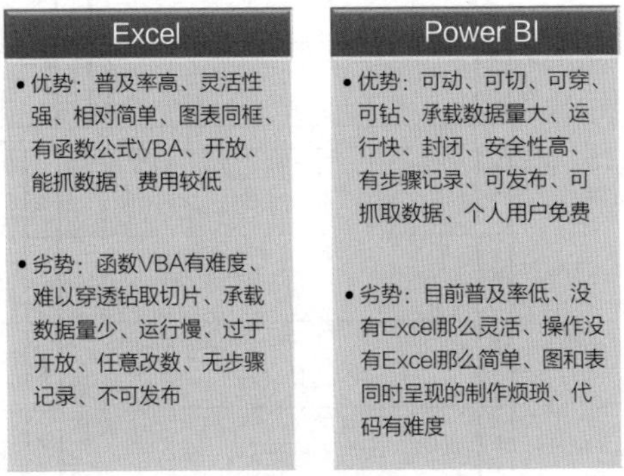

图 1-8　Excel 与 Power BI 优劣势对比

Excel 还有一个强大的编程功能就是 VBA 代码，虽然相对难度大，但一旦掌握了就如虎添翼，甚至可以与真正的编程语言媲美，因为它就是嵌入 Excel 里的，对数据处理的灵活度非常高，甚至可以直接从外部抓取数据库数据、从网站爬虫数据等，进行异常复杂的大量运算，会非常快速地呈现结果。

应用 Excel 处理数据最重要的，其实是对你将要计算的每个步骤执行相对标准化的模板思考，这是最考验操作者结构化思维的部分，也是看能否实现系统性自动化呈现的核心之处，需要操作者长期持续地学习和练习。我们会在后面的章节重点讲述如何建立数据化思维和思考结构。

Excel 的劣势也非常明显，系统过于开放，任何人随意删改数据都不会留下操作记录，甚至在大量数据中更改了哪一个单元格都难以发现。虽然每个 sheet 有 100 多万行，但如果常规计算超过 50 万行就会运行缓慢，公式函数稍微一多就会卡顿严重。数据呈现图表的穿透、钻取、切片展示较难操作，需要较高的技巧。另外利用 VBA 编程有相当的难度，对于大多数仅用 Excel 做加减乘除的人来说几乎是不可实现。

Power BI 和 Excel 就是两种完全不同的软件，完全不具有可比性。但从可视化上来说它们都包含各类图表，有很多相似之处。为了便于了解，我们就将这两个软件做一个操作体验上的对比。Power BI 相比 Excel 在可视化上的优势在于，Power BI 图表可动、可切、可穿、可钻，图表的样式比 Excel 更加直观、更加美观；Power BI 封闭性强、安全性高、有步骤记录，数据一旦进入 Power BI 以后就不可以手工更改，只能通过公式等方式加以处理，而且每一步都有操作记录，如同对真正的数据库进行操作；Power BI 承载数据量大、运行速度快，Excel 运行几十万行数据就会出现卡顿，Power BI 运行几千万甚至几亿行数据都几乎立即呈现结果，它对批量数据的处理能力远高于 Excel；Power BI 能够从外部抓取数据和爬虫数据，处理起来也更加流畅；而且目前对个人用户是免费的，使用成本低；付费用户可以将呈现结果发布到网站上，让授权用户可以像浏览网页一样自由地阅读和操作切换图表，真正实现友好的交互。

Power BI 与 Excel 相比的劣势在于，尽管 Power BI 功能十分强大，但的确目前的普及率不高，掌握的人不多；其实操作起来也没有 Excel 那么灵活和简单，对数据的处理也没有那么直观；想要实现灵活自如的图表钻取、切片、分层分类展示，需要掌握它自己的公式语言，对于普通操作者来说也有一定的难度。

最好的方式是将这两个工具组合起来使用。在数据清洗和逻辑计算环节让 Excel 发挥更大的作用，毕竟普通企业处理的数据量没有那么大，Excel 的算力足够承载，它的灵活性优势就相当明显。让 Excel 承担读取、清洗、匹配、计算等数据处理工作，将结果用 Power BI 来展示。当然你如果对 Power BI 的使用没有那么熟练，那么就用 Excel 画图然后在 PowerPoint 上呈现，这样也完全没问题。当公司有更高的呈现要求时，你真的就要学习一下跟 Power BI 同类的软件功能，让这类软件叠加上对外发布来对更多的授权用户开放，既能自如浏览又不会对源数据做任何修改。

五、财务可视化的范围和与其他可视化的关系

（一）财务可视化的特征

企业内几乎所有信息都可以用财务可视化呈现。财务可视化与其他可视化最大的不同就是底层架构和数据来源不同，最终的目的完全相同，都是为管理决策服务。

财务数据天然具备"可验证"性，并不是非财务数据不可验证，只是其构建的"可验证"不像财务那么"绝对"。财务是从其底层的"借贷平衡"结构上直接构建起来的可验证，而且这种平衡直接落点在金额上，最终落点在经营成果和经营状态上，还能够根据业务逻辑将所有数据都贯穿起来，达到互相解释互相验证的效果。

企业内部一定还存在着许多功能的可视化，诸如图 1-9 所示的绩效可视化、业务可视化、管理可视化、战略可视化等，也通常分别由不同的部门编制和维护，其目的和呈现内容也各不相同。一些企业管理软件系统诸如 ERP、数据中台等也会自带一些可视化分析图表，这些跟财务可视化的关系又是怎样的呢？

图 1-9　各类分析可视化

（二）绩效可视化与财务可视化的关系

绩效可视化通常是公司考核什么就呈现什么，尽管考核的信息绝大多数都是公司管理的重要信息，但公司不考核的信息中往往也可能隐藏着需要密切关注的内容。财务可视化的出发点往往是从企业整体经营和资源的全局视角出发，在相互贯穿的数据信息中对绩效可视化会有很好的补充，特别是在尚未考核的内容中，如果出现了平时不太关注的并未进入绩效考核的信息异常，那么财务可视化就可能发挥一些作用。例如公司会关注对收入、成本、毛利、费用、净利、现金、存货等的考核和数据呈现，假如这段时间恰好收款并不特别及时而又需要花费较多资金去购买设备，那么这笔投资的资金来源受限就可以在财务可视化上体现出现金存量的多少以及未来资金使用情况的预计。同时绩效可视化关注的是当下和通常不会超过本年的信息，对于公司整体发展可持续性和未来的成长性上关

注较少。

不过绩效可视化与财务可视化最大的不同就在于口径不一致。例如绩效考核里所指的"收入"可以是合同额、可以是开发票金额、可以是回款额等，哪些利于提升绩效就可以自由决定使用哪个。而财务的"收入"则必须依据会计准则的要求，是为客户提供的货物的控制权转移给客户的那个时点才产生收入，而且是不含增值税的那个数字。所以在企业里如果误将财务数据直接用来考核会出现相当多的差异，对于考核工作产生的影响不一定是正面积极的。

（三）业务可视化与财务可视化的关系

企业经常讲的"业务"在大多数人的第一反应里通常是指销售，其实只要是企业日常经营的所有重要功能，都可以称之为业务，所以当然也应该包括图 1-10 中的采购环节、生产环节、物流环节，以及设计研发、质量品控等。业务可视化可以理解为这些领域各自相对独立地呈现本业务的主要指标和重要信息。这样看来业务可视化

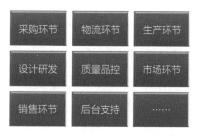

图 1-10　业务各环节

同样也具有相对片面性，不能站在公司整体视角下的呈现难免会出现各自为政的状况，甚至出现前后矛盾的可能性。更有少数管理者为了获得更多资源或得到管理层表扬，采用"避重就轻"的汇报方式，有的甚至不惜造假，而且这种情况若不通过财务"可验性"有时很难发现。可见业务可视化同样也缺少财务固有的自洽性校验，即便是对一个错误的数字，也没有太多有效验证方法来确保业务可视化的准确性。

可能你会说难道财务人员就不会犯错？当然不是，只是财务在处理业务数据的时候已经完成了"平衡"关系的自洽验证，至少在这方面哪怕是错了也是平衡的错，不会出现失衡状态。

业务可视化的优势也相当明显，就是业务视角的非常细致和符合业务逻辑的展示，会很容易被普通人理解，管理层也是会更加喜欢这样的非常符合日常管理感受的描述方式。这一点财务人员就很难做到，财务人员用自己独特的"平衡"关系"成功"地将看起来简单的业务逻辑搞成异常复杂的经营逻辑，让管理者敬而远之。

（四）管理可视化与财务可视化的关系

管理可视化与业务可视化很像，绝大多数呈现的信息也会高度一致，要说不

同之处或许是管理的范畴更加宽泛一些，关注的指标更加宏观一些，这一点反而跟财务可视化的呈现内容有着异曲同工之处。管理可视化与财务可视化最大的差异依然是数据的口径不同以及数据的可验证性。另外，管理可视化也更多地呈现非金额的量化指标，例如人数、岗位、用电量、排碳量等，比财务可视化更加多元，更加符合管理重点。现实中每个管理班子都有自己的管理重点，但很有可能并不一定是一个企业应当关注的全部经营信息。

通常管理者关注的重点是市场和盈利等，难点往往在于如何发现问题、发现隐患、如何改进、如何升级、怎样决策、怎样完成战略目标。管理关注的重点还在于对外部（投资人、政府、资本市场、公众等）监管的要求达成，以及对内部的、上级单位的管理要求的达成。这些方面很大程度上可以直接采用财务可视化的内容。

（五）战略可视化与财务可视化的关系

企业战略更在意宏观的和中长期目标，如图 1-11 所示的 SWOT 态势分析法、波士顿矩阵、波特五力模型等。真正能够将战略执行情况进行可视化的企业还非常少，更多的是以文字形式呈现的战略报告。如果战略可视化在企业中应用的话，也更多的是针对战略本身指标的呈现，对于战略执行的追踪、跟进、调整在现实企业中往往缺乏足够的关注。很少有企业财务能够关注战略层面的指标达成情况，因为多数企业的财务的确不具备战略能力，也没有从战略视角去呈现过什么指标。所以战略可视化与财务可视化的交集其实并不太多，但实际上这一点是财务部门亟待解决的重大发展问题。财务部门如果不能够从战略视角来关注企业的发展变化，那么就只能固守眼下这些历史数据，反复咀嚼。而战略如果不能够追踪其目标实现路径上的当下执行状况，也很难真的有效实现战略目标。

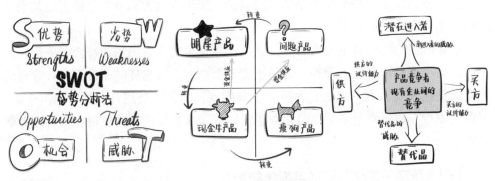

图 1-11　战略工具组图

（六）其他企业信息系统中的可视化

企业中运行着各种管理系统，每种系统中都多多少少内嵌了一些可视化分析图表，例如 ERP 系统中可能会做一些数据分析，企业的数据中台因为几乎掌握了全量数据，所以它的可视化往往很多元很丰富。这种情况下还需要财务部门建立自己的可视化分析吗？其实还是需要的，我们以企业内部数据中台为例，简单罗列以下财务口径可视化与已有管理系统的关系。

1）数据中台注重整合数据，财务可视化注重分析；

2）数据中台的分析更加固化和通用，财务可视化的分析更加聚焦问题和灵活调整；

3）数据中台更注重企业内部管理需求，财务可视化不仅注重内部管理，同时也关注外部需求，注重内外结合；

4）数据中台往往比较缺乏财务逻辑而导致只能用于不可验证的数据呈现，财务可视化是基于财务双轨多维最小单元分类的自洽系统来呈现经过验证的分析结果；

5）数据中台负责收集数据、清洗数据，但极少能按照最终资本市场需求的模式以财务口径来梳理全数据，财务分析的视角始终紧盯三大报表。

六、财务可视化应具备功能的底层逻辑

想要将财务可视化用好，就必须要搞懂其底层逻辑，知其然知其所以然。不能浮于表面，只看到图表的美观而忽略其本来应当具有的功能。财务可视化的本质必须是能够快速有效地发现问题、洞察现状，以此来判断一个图表是否有效，如图 1-12 所示。

（一）量化指标背后的业务分析

好的财务可视化应当是直接反映业务状况的，而且是定量的展示而非仅定性的报告，脱离业务的财务是没有生命力的。大多数的财务可视化要全面客观地展示公司当前的状况和一个阶段的经

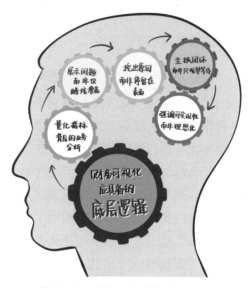

图 1-12 财务可视化的底层逻辑

营成果，这些指标背后的业务需要有明确的对应性。例如展示"资产负债率"的时候不仅要说出其变化的幅度，还要说明变化的具体原因是什么，是因为给供应商付款不及时导致负债率增加，还是虽然销售大幅增加，看起来负债率降低，但因为没有回收现金而增加了公司风险。这种业务描述必须贴合实际，能够说明问题和发现隐患。

财务可视化尽管展示的大多数都是财务指标，但切记不能太过"财务化"，因为财务语言在大多数管理者眼中都是艰涩的，甚至有些管理者不愿意看财务指标，这就要求财务可视化编制者尽可能地在不打破财务逻辑的基础上用业务语言呈现。即便是必须要呈现的财务指标，也有必要用文字加以说明。

（二）展示问题而非仅酷炫漂亮

财务可视化的重点突出尤为重要，就是要发现问题。企业在正常的经营中虽然不可能总是处处爆雷，但绝大多数企业一定存在着各种各样或大或小的问题却长期得不到改善，原因之一就是管理者不是总能看得见。而这些被忽视的问题往往长期隐藏下来，一旦爆发将对企业经营产生不小的影响。所以财务可视化的一项重要功能就是将问题摆在桌面上。

我们当然喜欢看好看的图表，但如果图表的漂亮掩盖了企业的问题，那就是相当失败的，除非你的目的就是为了掩盖问题。坦白地说，一张十分酷炫漂亮的图表是很具有吸引力的，让人眼前一亮，而人类有限的注意力一旦欣赏了漂亮就会忽视问题。有些时候对外呈现推广宣传就需要使用这样的图表，但对内管理就力求简单直观明了，能让人一眼看到问题。

（三）挖出原因而非停留在表面

发现了问题一定不是财务可视化的终点，而应由此开启对问题形成的追索。尽管作为财务人员很难独立判断业务问题产生的真实原因，但我们还是需要尽可能地去业务部门落实情况，然后在可视化工具上加以判断和说明。绝大多数管理者尽管会忘记或忽略问题，但绝对不会不知道问题的存在，只是对问题严重性的判断因人而异罢了。除了将客观差异摆出来，还应当将你落实的原因一并呈现，并对问题根源做出判断。当明确了问题的根源，排除阻碍和制定解决方案就变得非常可行，这也正是财务可视化发挥价值的时刻。切记：财务可视化分析人员一定不是"咨询顾问"角色，也不是独善其身的旁观者和指责者，而是在飓风中同一艘船上缺一不可的水手。

（四）主抓闭环而非只观望等待

制定出执行方案以后，财务人员就很少能参与更多的执行工作了，这个阶段好像看起来跟可视化本身没有什么关系，其实财务人员在这个阶段里一个很重要的角色就是需要借用可视化手段来呈现改善措施执行的效果是否与预期一致，在可预见的目标中是否能够闭环，而不是让其放任自流或者仅是旁观。

具体执行措施的业务人员很少能够得到即时的量化指标反馈，自己的执行效果呈现就会滞后，是不利于工作开展的。财务可视化恰恰就可以承载起实时追踪的功能，协助措施执行者看到变化效果。当然这个阶段的指标读取有一定的难度，工作量也会非常大，多数企业都难以真正实现。但作为财务可视化的践行者至少要有这样的思考，在工作中有意识地持续构建这种能力，一旦形成模板就会大范围地实现对落实进度的跟踪呈现。

对于长期持续的问题很难在短时间内完成闭环，这类执行就需要制定一系列阶段性目标用来逐级闭环，或者是制定一个临时闭环点，等待相关阻碍解除以后再重新开启追踪，这样既不占用额外资源，又能够不遗忘问题。

（五）强调可实现性而非理想化

最后一点也是编制财务可视化最为实际的一点，就是一定要可实现。别因为领导提出了难以企及的要求你就陷入窘境中不能自拔，或者费尽周折付出巨大代价去搞一个效果展示，这十分不值得。更加不要因为追求所谓的好看而过于理想化地总期望找到更好的展现形式，这种高期望往往会让人忽略财务可视化真正的价值，以及消耗大量的时间在图表上，而没有更多的精力去探求现实中存在问题的真正原因。所以当你自己已经能够从图表中发现问题了，或者虽然尚未发现问题但你经过思考已经决定要突出哪些要点了，只要找到差不多的图形就可以，不要过于纠结图形本身的效果，只要把已经出现的问题强化展示或者标识出来，配以简短问题加以解释即可。真正需要你花时间的恰恰就是要离开你的电脑，走出办公室，进入业务一线去了解、访谈、观察、分析，做出正确的判断。要知道，财务可视化永远都只是一个发现问题、洞察现状的工具，它不是问题本身，也不是现状本身，而是那个问题和现状的影子，分析者如果不能找到根源并给出有效的合理化建议，那么再美、再直观的财务可视化也将毫无价值。

可实现性的一个重要维度是需要考虑你编制这个可视化的价值大小和理解的难易程度，以及编制操作的难易程度，如图 1-13 所示。

图 1-13　可视化的价值大小与理解难易四象限

　　价值有大小，理解有难易，最好的就是价值又大理解起来又容易的，这类图表会让阅读者立即洞察信息，效率极高，效果也很好，能够帮助管理者快速做出决策。例如客户的销售数据，各区域、各渠道、各产品销售等状况，其信息价值非常大，理解起来也没有难度，这类信息是首选需要呈现的。

　　有些信息理解起来没有难度但本身价值没那么大，这就需要考虑是否在每次提供信息的时候都作为重点展示。例如一家公司的资产规模非常稳定，设备更新频率很低，设备清单很容易获取，每台设备的价值和极其稳定的折旧曲线这类信息显然就没有那么重要，价值也显得没有那么大。

　　再看理解难度大又没有什么价值的信息，基本上就不要耗费你自己和管理层的时间了，至少在现阶段当你还没有能力挖掘出其价值之前，放弃是最佳选择。例如某些西方国家广泛应用的著名指标是判断公司未来是否会倒闭的，这种测算的过程较为复杂，同时这种指标在中国的应用并不是很有效，而且即便是达到了所谓的破产边界，也有大量的公司是长期持续稳定经营的，并没有倒闭，每月都向管理层展示这个指标不仅会给管理层造成困扰，其本身的价值在短期看也不会体现出来。

　　应当重点关注那些价值比较大、理解比较难的信息，因为只要价值大就代表对公司经营有重大影响，理解难是因为目前还没有找到一个合适的解释方式，既然没有找到这个方式就表示公司有很大的管理提升空间。例如公司的股东权益报酬率或者投入资本回报率。在普通管理者眼中这两个指标距离日常经营十分遥远，理解上也有不少盲区，为了让日常经营变得简单直接，很少有公司在管理层会议上解读这些重要指标。但其实这些指标直接揭示了公司的整体运行效果，而且这些指标也能够从不同层次或维度进行分解和解释。这不仅是给管理层提出的理解上的挑战，更加是给财务部门提出的解释难度很高的挑战。比如"杜邦分析法"让世界瞩目，流行几十年经久不衰，却很少有财务人员能把这个方法给管理层讲透。这类指标不应当被财务可视化撤弃，而要想尽办法搞清楚。

可实现性的另外一个重要维度是在你编制的这个可视化价值大小与操作的难易程度之间做取舍，如图 1-14 所示。

图 1-14　可视化的价值大小与操作难易四象限

价值大、易操作的当然是首选呈现的，公司的收入、利润、现金、回款、周转等指标很容易编制，管理价值也很大。第二个维度就是易操作、价值小的指标，这类指标通常会在其他价值更大的指标都讲完以后还有空余才考虑使用的，否则就会造成过度占用管理精力而消耗资源，例如公司在整体费用非常平稳的状况下去分析每个月都固定产生的金额不太大的交通费组成：是地铁多一点，还是公交车更多一点。这样的描述看起来很荒唐，谁会做这种分析呢？的确有些公司在发现没有什么可分析的时候，就拿出费用细致拆解来填满汇报的时间。如果管理层制止还好，如果没有制止反而参与讨论，那么就有一些避重就轻、浪费管理资源了。还有一个维度是操作难度大、经营价值小的，例如员工占用会议室办会所获得的收益是否能够覆盖参会人员的人工成本、会议室租金或者折旧等的消耗。首先，这种收益很难量化；其次，你也很难用常规手段检测参与人员进出会议室的频次以及量化会议内容所产生的价值。对这类信息直接放弃就好，不必浪费大家的时间。

第四个维度是价值大、难操作的，这类信息展示的是财务部门应当长期持续加以改进的部分。因为只要是有价值的信息就一定是对管理、对经营至关重要的信息，能力不及的时候难以获取，但不能因此而停滞不前，想尽办法也要呈现出来。例如某些生产性企业生产线上每台设备都会产生大量数据，公司已经拥有 MES 系统收集这些信息，但由于这些信息很难由财务系统直接采集，这样财务分析生产效率的时候就会严重滞后。这种情况下，财务就应当主导企业内外部资源，促使将 MES 系统数据经过转换与公司 ERP 对接，然后公司的 ERP 系统再与财务系统对接，这样一来就能够及时掌握生产信息并随时可以呈现生产效果了。虽然这样的做法难度很大，但一旦突破将会对管理有非常大的提升。

财务可视化整体上必须要务实，必须要说明问题，必须要站在对方的角度上去考虑如何呈现。当财务语言与业务语言发生冲突的时候，首选业务语言而非僵化在财务领域，只是不要打破财务的基本框架，让财务可视化在管理中真正发挥价值。

02

第二章
财务可视化的基本逻辑

想要让财务可视化真正起到作用，就必须要弄清楚财务可视化的基本逻辑。我们先来看一个对公司资产负债率分析的反面案例。你可以稍微花一点时间来感受一下这张图是否能够让阅读者有所洞察。

如图 2-1 所示，第一，这张图视觉上比较乱，你并不知道这个图能说明什么问题，也没有重点提示，阅读者不清楚展示的目的是什么。如果仅仅是告诉管理

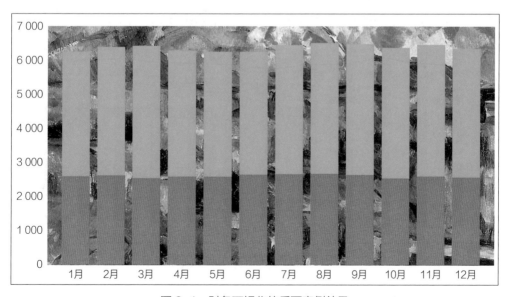

图 2-1　财务可视化的反面案例效果

者现在是什么状态了，也应当有所提示，目前健康还是不健康。第二，这里没有明确的数字，只能看到大体模样。要知道阅读者大概率不会只看特别宏观的框架，为了能够提升管理水平，一定是要对某些细节进行了解的，而图上没有出现任何数字就意味着阅读者必须要问你才能得到答案。第三，粗犷的轮廓式图表没有标准、没有对比，并不知道目前该怎样评价，如果不在图表中提示出来，那么阅读者很难在最短时间内了解图表的目的。第四，图形太花哨，颜色太多，反而会干扰阅读者的判断。当然敏锐的你可能还会发现其他的一些不尽如人意的地方，综上所述，无提示、无数字、无对比、无重点、太花哨是这张图存在的重点问题。你可能会说，这个例子有点夸张了吧，谁也不会做出这样的图来吧？虽然这个例子好像有些夸张，但的确我们见到许多财务人做出来的图都或多或少有这类问题存在。

如图 2-2 所示，如果换一个方式展现，有提示、有数字、有对比、有重点、不花哨，可能乍一看有些无趣，但只要仔细看，就能够看到许多真正有价值的信息。图就是为了更快地传递信息，只要能实现这一点，是否好看就没有那么重要了。为了杜绝这类明显的问题，我们需要对图表编制的原则做一些易于理解的阐述。

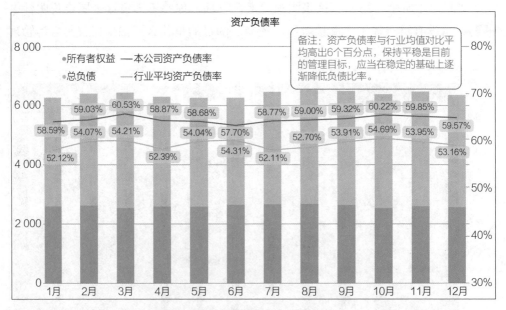

图 2-2　财务可视化的正面案例效果

一、建立财务可视化的基本原则

财务可视化的基本原则可以聚焦在重点要突出、数据要准确、展示有对标（见图 2-3）。

图 2-3　财务可视化基本原则

（一）重点要突出

无论做怎样的图表，都要考虑这个图表是给谁看的，想要传递给对方什么信息，有什么需要特别提示的。提示必须要十分明确，哪怕是在原图表上直接画上一个提示标记，用文字简单描述一下此处的问题和对应的后果，都比一个酷炫漂亮的图所能传递出来的信息多。如图 2-4 所示，在所有需要突出的信息中，只要是重点、要点、问题和难点，都可以显著标识。

图 2-4　财务可视化的四突出

1. 突出重点

任何一家公司的重点几乎都相同，诸如业务收入、利润、效率等。一家公司或某个行业特有的重点一般包括客单价、客流量、采购率等。只要是公司的重点，那么财务就应当高度重视这些数字与财务指标的关联度。例如客流量，财务报表上虽然不记录这个信息，但如果编制一个模型，测算出付费率多少，再叠加上客单价就能够跟收入关联上。当客流量发生变化或者客单价发生变化的时候，收入就会直接受到影响，在此基础上再分析收入变动的原因就有了业务的支撑，而突出展示客流量与收入的关系就容易让管理者理解。需要提醒的是，各个变量之间并非是简单的线性关系，流量转化率、费效比等在不同流量质量、不同规模下会有所不同，这些因素在构建模型时都要予以考虑。

2. 突出要点

每家公司或每个行业的重点都很相像，但每家公司也都会有自己特别在意的要点，是个性化的，财务人员不能只从报表上看所谓的收入、成本、费用、利润等，也要看公司的管理者更加在意什么信息，如何能够将这些信息与财务指标相挂钩，然后进行突出展示。例如一家平时产品质量非常稳定的公司突然在近期出现大量的客户投诉，退货率骤然提升，财务人员可能不会在第一时间看到客户投诉，但是退货率的变化还是可以马上发现的。此时，财务人员可以从与退货率相关的信息入手，对相应的生产量、出货量、产线良率、客户投诉量、退货率等信息进行分析，对可能存在的相关性、可能的问题根源或需要进一步调查的情况加以突出展示。

3. 突出问题

没有哪家公司是毫无问题的，一定存在各种简单的或难以解决的问题，有的是短期的、偶发性的，有的是长期的、持续性的。总之公司里的问题一大堆，那么作为财务人员也应当关注到这些问题的存在，从而进行突出展示。

公司的应收账款居高不下，给供应商付款又比较积极，资金自然就会出现吃紧状况。究竟问题出在哪里？是公司销售政策失误，客户普遍刁蛮，销售员催款不积极，采购政策过于宽松，还是采购员跟供应商关系太密切。这些问题统统都是管理者可能会思考的，当然财务不可能通过一张图表把这些问题全部展示出来，但你可以将采购与产量做对照、产量与销量做对照、销量与回款做对照、回款政策与实际回款期做对照，然后加以说明就能够把问题暴露在桌面上，如图 2-5 所示。

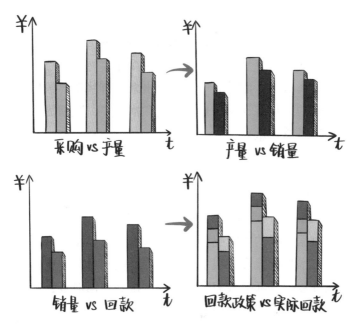

图 2-5 财务可视化前后脉络关系

4. 突出难点

企业里有些问题长期得不到解决，上下都知道，就是不知道怎么办。这些都是企业亟待解决的棘手问题，但现实是这些问题经常变成了"房间里的大象"，大家反而视而不见了。财务可以做的就是针对这些看起来毫无可能改变的难点，通过由此引发的相关问题而将其作为重要事项持续地突出展示出来。例如公司的内控出现状况，每次库存盘点都有大额差异，公司也安装了摄像头、增加了扫码仪、规定了闲暇人等不得进入库房重地，但还是没法改变库存不准确的问题。那么财务人员就应当对这些棘手问题带来的后果加以阐述，尽管这会让管理层或者相关部门的人很不舒服，但作为公司最为客观的部门，财务部门有责任、有义务去暴露问题，督促所有相关人员集思广益，共同解决。

突出展示的方式有很多，如果图表本身能够实现固然很好，如果图表本身不能够起到强调作用，那么就手工进行强调标注。如同前面我们展示的突出问题图表，尽管已经能够从图上看到比较明显的差异了，但还是需要进一步做出明示，并配以文字解释。如果有其他更详细的内容，也可以建立索引链接，便于阅读者打开进行更加细致的了解。这样你的图表所反映的问题就会有所聚焦。当然很多图表的价值体现不仅依靠编制者的洞察力，还需要阅读者的洞察，因为阅读者可能会掌握更多的信息。所以，一张图中的突出展示不宜过多，也不要因为线条太粗而遮挡了其他信息。

关于突出的另外一个要素就是图表必须要尽可能简单，不需要太多的装饰。前面多次提到简单才更加容易突出，太过复杂往往会掩盖重点。这里所说的简单可不是说简单地收集数据，而是简单地展示出来。有些重要数据源是需要花费很大力气建立起传输的，只有让数据自动采集和推送了，数据的可视化维度才能更加丰富，也更加容易抓住重点。

（二）数据要准确

数据准确的重要性毋庸置疑，但可惜我们发现非常多的真实案例中常常出现错误的数据。前面我们一直肯定财务数据的可验证性和记账自身所具备的自洽性，怎么还会有数据错误的可能呢？是的，这也是我们非常不愿看到的事实。

尽管财务记账本身看起来有很多验证过程，但到目前为止绝大多数企业的财务数据依然跟业务数据是部分或完全断层的，没有任何对接，这就意味着财务的数据很有可能是不完整或者不准确的。

我们曾经为某家企业做财务咨询，这家企业内部有几十套各类软件同时运行。企业具备相当强的开发能力，各类软件之间的数据也打通了，更厉害的是已经完全实现了财务所有数据均由系统自动生成。这家企业的会计人数是零，全部财务人员主要做财务分析和相关的各部门支持工作。当我们将其业务数据与财务数据进行比对的时候发现有很多核对点都不一致，为此，我们找到了财务部，他们的反馈是"不可能，系统自动生成的不会错，你去问问物流仓储部门"。于是我们找到了物流仓储部门，得到的答案依然是"不可能，系统自动生成的不会错，你去问问 IT 部门"。你肯定也猜到了，IT 部门给我的答复依然是"不可能，系统自动生成的不会错，一定是你们搞错了"。于是我们把所有差异的金额和数量全部摆出来，让他们给一个明确的解释。结果三天以后他们主动来跟我们说，是一个已经辞职的开发人员擅自更改了一个参数导致这些数据的错误，他们已经进行了修复。而这个错误，其实已经运行了几个年头了。多么可怕的事情，以前如果是会计人员手工做错账，那么也就只是错了这一笔，如今系统自动做账的逻辑错误就会导致一系列持续性的、系统性的数据错误，而且无论是开发人员还是财务人员都毫无察觉。

所以数据的准确性在任何时候都需要额外重视。要保证数据的准确性，除了在过程中有所监管以外，最为重要的就是建立验证体系，包括同步验证和逆向验证。

（三）展示有对标

数据可以展示静态的，也可以展示动态的，但最好不要让其孤立地存在。一定要有所对比，比前期、比预期、比对手、比行业、环比、同比、变比、滚动比等。差异本身就是一种洞见渠道，特别是当某个本不应当的巨大差异出现时，就更需要突出展示，重点解读。

关于财务数据，最让管理层头痛的就是不知道某个数据意味着什么，不知道某个数据多高多低才算是好，而判断财务数据的好坏也恰恰需要给出许多的客观条件。例如财务中最常见的资产负债率，如果我们不分行业、不分发展阶段地去判断到底这个指标多少是合适的，没有人能够给出合适的答案。如果给出一个50%的指标作为参照，那么地产公司就会认为低得不可思议，对于刚拿到大笔股权融资的初创科技公司就会认为高得不可思议。而财务指标中大量存在着这种需要前置许多条件才能够给出标准的判断，所以财务指标的展示要尽可能给出一个对标值。

通常公司内部应该有一个最基础的目标，还以资产负债率为例。

图 2-6 是没有任何对标的，你完全不知道这个图意味着什么。当图 2-7 里叠加第一个参照目标 55% 的时候，当前的指标 59% 就已经是超出了，你需要做的管理动作就是想尽办法降低负债，或者提高净资产。

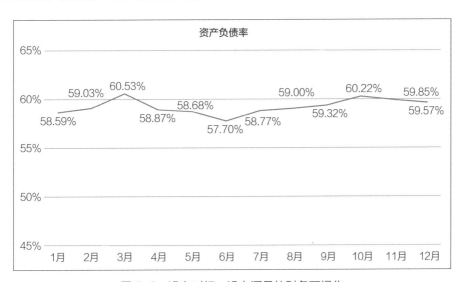

图 2-6 没有对标、没有洞见的财务可视化

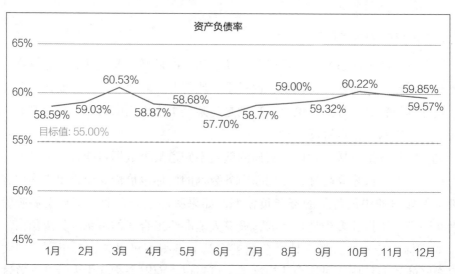

图 2-7　有目标值的财务可视化

在图 2-7 的基础上叠加第二个参考值，也就是几个竞争对手的数据时，如图 2-8 所示，你发现你的目标还不是最高的，你的强劲对手比你的目标还高，它是不是有些激进呢？这不得而知。可能你就会开始怀疑自己制定的 55% 这个指标是否太激进，保守与否、激进与否都不是重点，重点是你有了可比的数据。当你开始了有目标的判断，那么这个图自然而然就产生了价值。

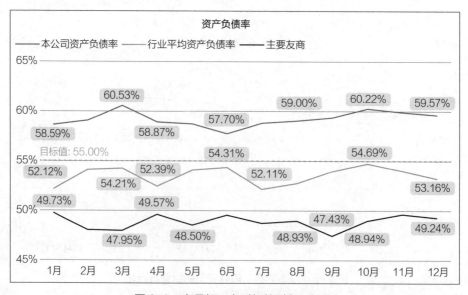

图 2-8　有目标、有对标的财务可视化

二、财务可视化图表应当实现的作用

财务可视化图表至少应当实现的作用和价值就是要呈现全貌、发现问题、洞见未来。财务分析与其他分析的逻辑不同点之一就是财务具有全局观、谨慎观和平衡观，不仅能够透过财务数据看到企业完整的数据，也能够从互相贯穿的信息中察觉问题。从这三个作用中又可以拆解出 16 个功效。

（一）呈现全貌

财务可视化图表的第一个作用就是呈现全貌，如图 2-9 所示。财务可视化呈现的不仅仅是"全面"，更应当是"全貌"。也就是说要在展示全貌的基础上突出重点以便阅读者快速理解，尽可能将可比性展现出来，发现事态发展的趋势。呈现全貌也是财务人员能够第一步实现指标可视化的起点。

图 2-9 呈现全貌

1. 展示全貌

财务报表层级的指标通常都是基于组织全局性的视角，这也恰好就是财务可视化的一项重要功效，让阅读者不会忽略全局，也不会避重就轻。当用一系列量化指标全面展示组织全貌的时候，不容易出现挂一漏万的现象，更不会被另有目的的人借报喜不报忧来获得利益。

2. 突出重点

突出重点也是财务可视化必不可少的功效。图表必须能说明问题，而不是不痛不痒地展示每个月都差不多的图。企业很少能有没什么重点的经营时刻，除非是问题已经严重到厘不清了。当然，还有一种情况就是管理重点变来变去而管理目标却没达到，这在某种意义上可能也显示出没有找到最根本的问题或原因，从而导致管理上的混乱。出现这种情况更需要对问题进行深入分析与呈现。

3. 对比差异

无论跟谁比，一定要有一个"差额"存在，这个"差额"就是分析的目标和重点，没有目标的图表很难表现出价值。

4. 发现趋势

可视化图表通常都不是只展示此刻的某个数据，而是连续多期的呈现，例如一年的各月数字，连续数年的、数个季度的呈现，就很容易实现对趋势的展示。趋势未必就是必然的方向，但是趋势提供了某种信号，管理者可能需要对此进行更深入的研究，从而做出判断，并据此制定企业的应对策略。同时财务编制图表的时候也应当有意识地将未来趋势用模拟的方法来预测并展示出来，为决策者提供可量化的参考。再次提醒的是，未来是充满不确定性的，切忌只是沿着过去看未来。

（二）发现问题

财务可视化图表的第二个作用就是发现问题，如图 2-10 所示。发现问题被反复提及是因为它实在太重要，编制可视化图表的人时刻都不能忘记。发现问题的重要视角一定不是财务的视角，而是要站在阅读者的视角。

发现问题					
追索问题	查找原因	确定责任	制定措施	实施行动	完成闭环

图 2-10　发现问题

1. 追索问题

对问题的追索已经超出了大部分常规财务可视化的关注范畴，因为这需要对业务更加深入地了解和理解，以及对过程数据的紧密跟踪，除非企业的全量数据实现了互通互联，否则获取数据本身就已经是艰难的事情。但这并不意味着永远都无法实现，数据没有自动通联可以手动对接，关键点是要将追索问题的脉络搞清楚，然后加以锁定并呈现。

2. 查找原因

问题是表象，追查问题背后的真正原因才能解决问题，这十分考验数据呈现者的业务功底。不过也不是每件事都需要亲力亲为，公司内的资源协同就可以了解问题原委，有些时候真实的原因不一定是领导所能了解到的，通常一线的员工反而最清楚，只是受限于眼界和管理权限而没法汇报或者没法解决。此时，财务可视化的功效就可以发挥出来，将这些可能的原因都叠加在可视化图表中。

如图 2-11 所示，客户的回款不及时，经过调查发现是因为产品质量问题，质量问题是设备参数没有更新导致的，没有更新的原因是调试人员临时换岗所致。没有发现参数异常是因为设备生产管理系统中出现的差异没有人觉察。经过一系列调查，就可以把这些原因全部呈现出来。

3. 确定责任

确定责任不是为了处罚谁或者让谁承担责任，而是督促具体负责人在绝大多数情况下了解问题形成的根本原因，也明确了在怎样的条件下这些问题就可能得到妥善解决。

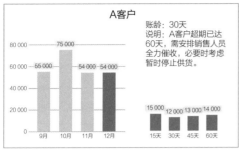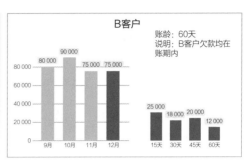
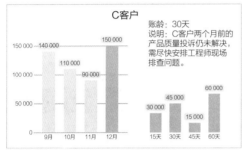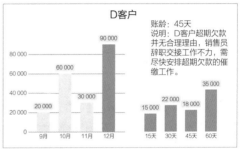

图 2-11　客户销售与回款管控看板

以客户回款不及时为例,责任人当然就是临时换岗的两位设备调试人员,他们可能会解释说太着急而忘记,也可能解释说没在意。可是这类事情在企业是常见的,如果放任不管就会导致更多的产品不合格、更多的客户不给钱,甚至会严重影响业务。问他们在怎样的情况下就绝对不会出现这类问题了呢?或许我们可能得到这样的答案,交接清单需要明确建立起来,并留下交接记录;生产管理系统采集到异常的数据应当在某个更明显的位置报警,让班组长或者操作工人看到;品控质检人员提高对某部位或功能的检验抽查率。你看,最终我们获得了一系列效果明显的建议,完全可以参考这些建议采取明确的措施。

4. 制定措施

在参考了直接责任人以及相关管理人员的共同意见并经过综合考量以后,就可以确定措施并督促执行。这些措施也需要罗列出相应的量化指标。必须要量化,没有量化就没法监管。有时措施不能一蹴而就,但你至少可以了解过程中的各个节点的进展情况,能够快速发现衍生出来的问题。而且这些量化指标又可以变成可视化跟踪的信息。

5. 实施行动

具体行动的步骤就不是可视化能够干预的了,不过行动本身就是财务可视化促成的实际管理干预动作,毕竟对任何问题如果不能采取行动,就不可能有任何改善。同时，在实施过程中通过对财务数据的分析，可能会发现原本的方案在投入产出上不一定合适，就需要对原本的方案进行调整。财务可视化所能实现的，是对行动本身的过程跟踪和闭环监督。

6. 完成闭环

行动过程必须可见可控，而且颗粒度的大小需要根据行动的特点来确定。因为修改已经存在的问题时往往是各方力量互相博弈的过程，就需要公司更多的支持，当行动效果量化为每天都能看得到的信息时，这种支持就潜移默化地形成了。

（三）洞见未来（发现机遇）

财务可视化图表的第三个作用就是洞见未来，如图 2-12 所示。当然这一点确实是难度会更大，要求你的可视化图表能够对未来的机会进行导航式测算。尽管现在绝大多数企业财务还无法实现，但这是体现财务价值

图 2-12　洞见未来

的非常重要的方面，也是将财务的身份提升到"军师"地位的最佳机会。

1. 发现机会

如同发现问题一样，对未来的机遇同样也需要有所洞见。当然机会总是需要去深度挖掘的，而挖掘的前提是要对未来有所判断并进行预估，也就是对企业发展脉络与核心能力、行业发展趋势、新技术带来的创新与挑战等有足够的认知和洞察，也需要与公司管理层有更多的深度交流。这通常不是财务分析专员所能达到的高度，大多是具备商业思维能力的财务高管才有可能做到。那么财务负责人就需要将要求提给财务分析专员，而不是让他们自己去琢磨、去猜测。财务负责人还要通过言传身教，引领和帮助团队提升财务分析能力和业务理解能力，从而提升整个团队的有效产出，让财务可视化提升一个层级，进而发现机遇。

2. 分析阻力

有机会就必然有阻力。阻力来自多个方面，或者是技术，或者是人才，或者是资源，或者是时间等。识别出核心阻力才能想办法突破它，而对阻力的展示也将会让管理层更加清晰地深度思考突破方法，以找到解决方案。

3. 制定方案

针对未来的机会制定相应的"勘察"模型，就是各种突破的方案。针对模型中的所有限制点制定多个解决方案，将其按重要程度排序并逐一进行攻坚。

4. 确定责任

这个责任不是追责的责，而是授权执行的职责。针对方案选择有效的执行人或执行团队，并明确各自的职责和目标。

5. 实施行动

如同解决问题一样，突破阻力、抓住机遇需要更大胆的行动和承担更大的风险，自然就需要企业更多的支持。而财务可视化工具在这个环节就可以不断提供各种模型测试的结果，针对行动过程所产生的差异进行模型的纠偏，对不可预见问题的容错性加以修订，如同导航仪根据不同路口动态展示到达终点不同的道路选择和到达的时间点一样，财务的测算模型同样也可以实现这个功能。

6. 完成超越

完成超越是由一个个循环闭环组成的螺旋上升的闭环，就是让行动本身可见、可控，根据进度一层一层地完成闭环，最终实现整体的突破。

我们把所有的功效全部呈现出来并不是立刻就能实现，而是给财务人员更大的思考空间，今天能实现的就尽可能地去实现，今天实现不了的就看究竟还有哪些阻力或障碍，需要怎样排除，那么今天就开始着手去排除那些阻力或障碍。

可视化是一个特别容易让更多人理解财务、了解公司的渠道，也是理解财务、了解财务难处的极佳渠道，所以尽可能地去践行这三大作用16大功效，财务工作所能实现的价值将会完全不一样。

三、可视化常用图表的种类

打开电脑里的Excel图表，就可以看到非常丰富的模板图，只要有数据，找到相应的模板就可以轻松地实现图表展示。为了便于理解，我们将这些图形做了如图2-13所示的分类。

Excel模板图涵盖了绝大多数常用的图表，而且这些模板图经过变形和处理有很丰富的样式。另外Power BI里的模板图表也非常丰富，默认设置下其美观程度还要好于Excel，并且它的扩展性更好，全球用户都可以将自己的创意分享给其他用户作为模板使用。不过虽然图

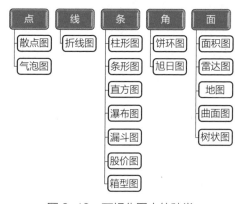

图2-13　可视化图表的种类

形的创意无穷无尽，但对于使用者来说基本上都脱离不开点、线、条、角、面这五大类，我们只要掌握了这五大类中常用的一些图表的适用场景，就可以自由地做更大范围的扩展。我们就借用 Excel 的模板图形针对财务可视化的适用场景逐一阐述。

1. 点

点状图主要包括散点图和气泡图。如果将散点图中的点连成线就跟折线图几乎相同。

（1）散点图。如图 2-14 所示，主要应用于数据量较大、分布有一定的规律但重叠性不大的数据展示。例如企业某零售产品的售价或者采购商品的价格，这类数据随着市场需求的变化而变化，甚至每天的售价和采购价都不一样，但整体上还是在某一个区间内。散点图通常不列示出每个点的具体金额，否则整个图就会非常混乱。所以散点图更适合看整体的范围和趋势，而不是关注单体价格的具体金额。将散点图的点连接在一起，很像是带数据标记的折线图，虽然有些图的平滑度不同，但其实功能已经相差无几。

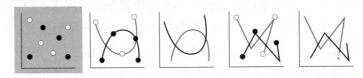

图 2-14　散点图

（2）气泡图。如图 2-15 所示，气泡图相当于是在散点图的基础上增加了一个维度，就是气泡的大小。经常用于展示三个维度的数据，例如某期间产品销售总额、销售数量以及销售单价的展示，横轴展示销量，纵轴展示单价，气泡大小是销售额。也或者是这三者互换，把气泡大小作为你的第一指标，其次是单价高低和销量大小。因为人视觉上首先关注的一定是最大的，其次会关注最高的，然后才关注最右的，这是人的第一反应。用三个维度来解释数据就更多了一层参考。

图 2-15　气泡图

2. 线

线状图主要是指折线图，分为各自折线图、堆积折线图、百分比堆积折线图、带标记的折线图、三维折线图。斜线图也是线状图的一种变形应用，只是它更多用于连线关系。

（1）折线图。如图 2-16 所示，单独的折线
图应用相对比较广，因为它可以反映某个连续
的数据。例如分析过去一年每月各产品线的销
售金额，五个产品线就可以用五条折线来表示，
这一年的销售情况一目了然。

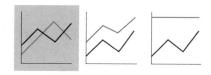

图 2-16　折线图

（2）堆积折线图。常用于总量的各自占比，例如展示各月的销售情况，你的
重点是总量到达了多少，其次是各个产品线的情况，就可以使用堆积折线图。这
种图通常用于对更高层级的领导人做整体汇报。堆积折线图的缺点在于因为叠加
了下面一级的金额，所以第二条以上的所有线都是此线之下的汇总，想要了解各
自的高低只能大体判断每条线之间的间距，这样就不够直观。堆积折线图经过变
形可以呈现为带状图（见图 2-17），就是将每个期间的变化都用一条平滑如丝带
的柱子来呈现，视觉上效果非常好，能看到每条丝带的整体走势和所处的位置。

（3）百分比堆积折线图。就是把总量设定为 100%，其他各部分占这个总量
一定的比重，也是应用于向更上一级领导人汇报。不过通常这类汇报会更多选用
柱状图或者饼图，这样看得会更直接一些。

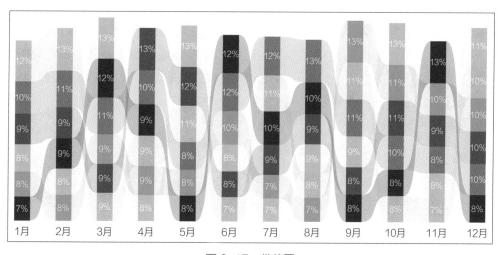

图 2-17　带状图

（4）带标记的折线图。如图 2-18 所示，跟折线图几乎完全一样，功能也基
本一致。只是增加了标记点，视觉上更容易锚定在这个点的位置而非整体的发展
趋势。同时标记点也可以标注具体金额，不过这里需要注意的是：如果折线很
多、变化不大而且几条线比较接近，那么加上数字金额就会非常混乱，同时还会
彼此遮盖，就达不到很好的展示效果。

（5）三维折线图。如图 2-19 所示，基本上日常管理中都不太建议使用三维折线图，不仅是折线图，所有的图表都不建议使用三维效果图。因为三维效果图虽然看着立体感很强，但想要观察到谁高谁低、高了多少、低了多少是很难的。这种图通常应用在对外宣传的时候，其目的就是隐蔽那些明显的差距。

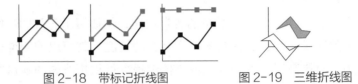

图 2-18　带标记折线图　　　　　图 2-19　三维折线图

3. 条

条状的图表中条形为横向的多称之为条形图，条形为纵向的多称之为柱形图，基本上都是以一个条形来展示。

（1）柱形图。如图 2-20 所示，柱形图中的分类跟折线图非常相像，各自独立的柱称之为簇状柱形图，向上堆积的柱称之为堆积柱形图，按照占比向上堆积的称之为百分比堆积柱形图。柱形图应用起来也很像折线图，只不过从视觉上看，折线图更突出前后的趋势，柱形图更突出每一期从零开始的增长以及同期的差距。还是以销售为例，如果你的产品线不超过三个，那么用柱形图和折线图差距不大，但如果你的产品线超过五个甚至更多，那么柱形图就会显得非常拥挤，外观上就不如折线图清爽。如果你的几个产品线销量非常均衡，各月之间此消彼长，那么用柱形图就会非常合适，因为各自成柱，谁高谁低一目了然。而折线图则会交织在一起难以分辨。

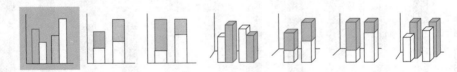

图 2-20　柱形图

（2）堆积柱形图和百分比堆积柱形图的应用基本上跟折线图类似，只不过视觉上会更加清晰一些。如果在各期的柱状每个层级都画上连线，那么开口大就表示增加，开口小就表示减少，这就很像折线图的效果。或者也可以将柱形图和折线图结合起来，这样更容易判断。

（3）条形图。如图 2-21 所示，横向的是条形图，条形图和柱形图的功能基本上完全相同。如果展示的是排名类的信息，那么条形图的优势就非常明显，例如展示公司各产品线在一个阶段的销售排名，或者同一产品在不同销售渠道的售价等。因为人在视觉上还是喜欢从上到下来判断排名，而且就算是条形图里的条很多，因为排了顺序而且有些图还可以有上下移动的功能，所以也不会让人觉得混乱。温度计图是条形图的一种变形，通常是外条里面有内条，外条可以是预算值，内条可以是实际数值。如果数据有正有负，那么展示出来的图形也被称为蝴蝶图或者旋风图。

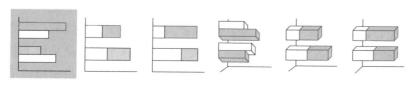

图 2-21　条形图

（4）直方图。如图 2-22 所示，直方图也是条形图的一种，只不过它有比较特别的含义。就是它主要呈现的是一种百分比分布，例如某类产品在不同季节、不同渠道销售给不同客户的售价均不同，想要看这个产品所有售价的分布情况就可以用直方图。通常均值附近就是比较靠近中间位置的量比较大，所以呈现中间高两边低的图形。直方图的另外一个应用就是排列图，很多都是柱形加平滑线，例如用柱形表示售价，可以用平滑线表示这个售价范围里的销量百分比。通常售价越高销量越低，售价越低销量越高。

（5）瀑布图。如图 2-23 所示，瀑布图也是一种条形图，或者说是一种体现差额变量的柱形图。这类图对分析利润变换、销售增量来源、企业估值变化影响因素等都非常直观。例如利润的变化虽然单一，但其影响因素非常多，可能是成本增加，管理费用减少，销售费用增加，研发费用减少。如果再细致一点，可以细分为成本里的原材料价格增加、原材料的损耗减少、人工成本增加、能源消耗减少等。如何了解每个因素对利润的影响到底是多少，瀑布图就可以体现得淋漓尽致了。

（6）漏斗图。如图 2-24 所示，漏斗图顾名思义，就是从上到下或者从下到

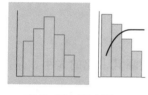

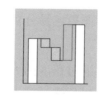
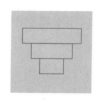

图 2-22　直方图　　　图 2-23　瀑布图　　　图 2-24　漏斗图

上的各因素变化。例如网店的销售，第一层是商品浏览量，第二层是商品点击量，第三层是商详页的阅读量，第四层是客服问询量，第五层是加购物车量，第六层是购买量等。用这个图形来展示就可以让管理者理解收入转化与流量、商详页的阅读量、咨询量等有着非常紧密的联动关系。

（7）股价图。如图2-25所示，股价图最直接的应用就是股票价格的变动。因为交易量异常大，价格变动异常的频繁，所以用开盘价、收盘价、最高价、最低价来衡量全天的变化情况。如果你的产品销售同样有这种交易量大、价格变动频繁的特质，你也可以尝试使用。例如电子产品人工装配生产线的产能数据，在流水线末端有自动采集数量系统，每分钟统计一次。这个公司就采用了股价图来展示每天的数据并在各班组中进行排名。只是把开盘价、收盘价替换成了上午平均数和下午平均数，然后叠加最高产量和最低产量，一个股价图就生成了。

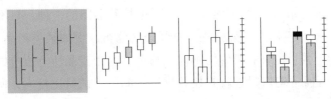

图2-25 股价图

（8）箱型图。如图2-26所示，箱型图的样式非常接近股价图，统计的模式也非常相像，只是它的分析重点是大量交易的整体区间分布。例如企业有一台需要人工操作的设备，该设备生产不同产品的单件工时都不太一样，而设备本身也能记录生产每件产品的时长，那么一天下来就会收集到所有产品每次生产的时间长度。最长时长和最短时长就是箱型图的上下两端，类似股价图的最高价和最低价。然后计算全天加权平均的中间时长作为中线，再计算上半段的加权平均时长，也就是上四分位数，及下半段的加权平均时长，也就是下四分位数，将两个四分位数连成箱体，箱型图就做成了。其用途主要在于利用中间区域的大小以及四个分位的分布情况来判断整体的工作效率分布情况。相比而言，在企业内部的应用上箱型图比股价图更容易分析出问题。

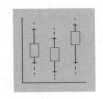

图2-26 箱型图

4. 角

接下来就是角图了。主要通过角度的大小来判断其占比的大小。角图中有饼图、环图、旭日图等。角图可以用来反映占比情况，在数值大小差距大且类别不太多的情况下会比较明显，在数据类别很多，数据与数据之间的数值差异很小的情况下，角图就会失去展现能力。

（1）饼图和环图。如图2-27所示，饼图和环图都是用角度大小或者是面积大小来表示某数据在整体中的占比的，只是环图中间是空心的。不过空心也有好处，就是可以用多期的环套环来反映不止一个期间的占比情况，这样各期之间就有了对比。饼图还可分为子母饼图和复合条饼图，当数据类别过多的时候可以将那些金额小但类别多的数据统统都放在子饼中，在主饼里赋予一个汇总数。指针仪表盘虽然不是完整的圆，也算是一种角图，只不过它更多的是展示指针指向的那个刻度而非自然的角度。

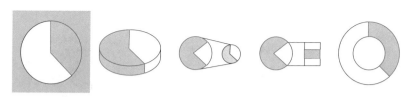

图2-27　饼图和环图

（2）旭日图。如图2-28所示，旭日图是饼图的一种升级，它相当于建立了一个每个层级都体现占比的有多个层级的环图。例如公司有三个产品线，每个产品线的销量是最内圈的环图，然后各产品线的下一级分类的销量排在第二圈。以此类推，一直可以分到最末端。旭日图与饼图相比有一个最大的优势，就是解决了饼图分类多的时候乱、分类少的时候不能看细节的问题。不过出现层级过多，每个层级里的分类也很多的情况时，旭日图也容易让人眼花缭乱。

图2-28　旭日图

5.面

常见的面图有面积图、雷达图、地图、曲面图、树状图等。

（1）面积图。如图2-29所示，面积图多用来展示一些累计增长变化的信息。例如现金存量的持续状况，就像是水池高度一样很形象地体现各期间现金保有量。面积图有三大类：面积图、堆积面积图、百分比堆积面积图。面积图跟折线图的应用几乎完全一致。在日常管理中，同样也不建议将面积图做成三维立体图。

图2-29　面积图

（2）雷达图。如图 2-30 所示，雷达图是体现某个事物几个突出特征的量化图示。图形像一个雷达一样可以分出多条向四周扩散的射线，每条射线就是一个考量维度。例如公司的总资产、总负债、总收入、总成本、总现金流入、总现金流出等。以此考量各个维度各期的变化或者与竞争对手对比的情况。

（3）地图。如图 2-31 所示，地图不是体现面积大小的，而是体现所在位置的。通常应用在哪个省份、哪个城市开展了什么业务就在这个位置上用颜色标注，表示已经进入了。标注的越多表示公司业务所覆盖的面积越大。地图也有不少弊端，例如公司只销售了一种低价产品给一个大省的四线城市下面的一个小村庄里，地图也会将这个省标注上彩色，表示已经进入了，这显然就不合理。

图 2-30　雷达图　　　　　　　　　图 2-31　地图

（4）曲面图。如图 2-32 所示，曲面图很像是一块凹凸不平的地面，在这个整体面上，用哪个位置高哪个位置低来表示数据域的大小。不过在日常管理中，曲面图很少使用，原因也很简单，就是它不能很直观地说明问题。虽然看起来好像已经分了层次，也有不同的维度来标记，但毕竟还是太粗犷，而且很难标记数字，也就没法准确地获取信息，只能是大体上有些感知。

图 2-32　曲面图

（5）树状图。如图 2-33 所示，最后介绍的是树状图，它是根据数据占比情况自动匹配大小不一的长方形，以此来表示各自的占比。可惜树状图也是粗线条的，很难看到更多细节。所以这类图在日常管理中也极少应用。华夫饼图是树状图的一种变形。它的特点是有一个个的小方块如同华夫饼一样，也像一个像素一样，数一数里面的小方块就能知道这个区间的具体大小。

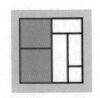

图 2-33　树状图

常见的图形基本上都介绍了一遍，整体上点、线、条、角、面中，线图和条图的应用最为广泛，因为既能够展示细节也能够展示趋势，还可以进行各种组合，自由度相对大。点图也会经常用到，只是点图多用于观察范围，难以聚焦细节。气泡图也是多用于关注头部主要信息的。角图虽然在现实工作中有很多应用，但其实许多人都用得不太好，除非在信息量不大且差异显著的情况下可以使用，或者必须要看到比例的，否则应尝试用其他图替代。面图中除了雷达图广泛应用以外，其他的图要么是很容易被替代，要么是很难说明问题，所以日常工作中应用不多。

其实主要的原型图就是这么几个，用不了多长时间就能理解各自的优点、弱点和适用场景，所以整体的理解上没有难度。真正要掌握的还是什么数据在什么场景中选择怎样的图形最为恰当、最能说明问题，这就需要反复测试来积累经验了。

6. 各种图形的有机组合

在图形应用中，各类图表的结合能实现非常好的展示，能够更加多元地展现数据之间的关联关系。例如线面结合、条线结合、条线面结合、点线条面结合、饼环结合、饼旭结合等，必要时可以将这些结合图都叠加上数据表，这样就更容易展示清楚细节。

（1）线＋面＋表。如图2-34所示，折线图叠加面积图通常可以反映某个时点的状态及其变动幅度。例如用面积图表示资产的存量，用折线图表示资产变化的幅度或者效率等，再叠加上数据表就能够反映资产的综合状况。

（2）条＋线＋表。如图2-35所示，用条来展示金额、用线来展示比例是最常见的结合应用，当然这种组合的能力绝不仅限于此。你可以用条图代表资产负债的各个时点数、用折线代表利润和现金流的各个时期数，然后再叠加上数字表就很能说明综合信息。

（3）条＋线＋面＋表。如图2-36所示，在前面的两个图的基础上，将所有元素都叠加上来。例如现金存量和现金流的对账以及净现金流的变动。当然在这个基础上还可以叠加上交易频率的点图，不过叠加多了难免就会显得图形混乱，难以突出重点，所以叠加组合也应适可而止。

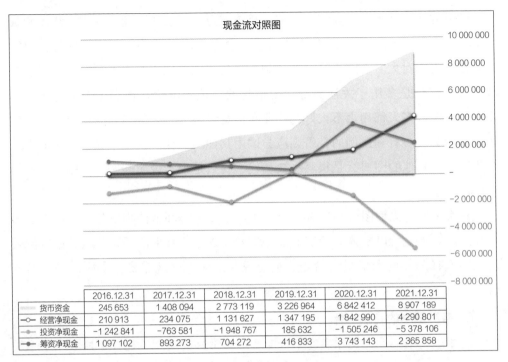

	2016.12.31	2017.12.31	2018.12.31	2019.12.31	2020.12.31	2021.12.31
货币资金	245 653	1 408 094	2 773 119	3 226 964	6 842 412	8 907 189
经营净现金	210 913	234 075	1 131 627	1 347 195	1 842 990	4 290 801
投资净现金	-1 242 841	-763 581	-1 948 767	185 632	-1 505 246	-5 378 106
筹资净现金	1 097 102	893 273	704 272	416 833	3 743 143	2 365 858

图 2-34 线面表结合图

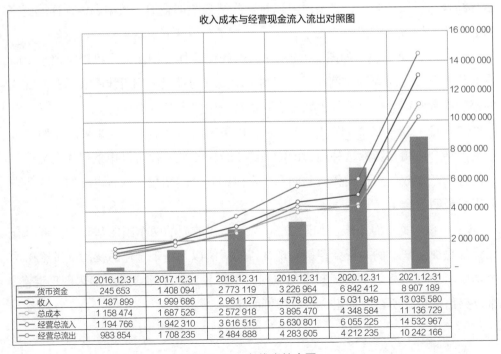

	2016.12.31	2017.12.31	2018.12.31	2019.12.31	2020.12.31	2021.12.31
货币资金	245 653	1 408 094	2 773 119	3 226 964	6 842 412	8 907 189
收入	1 487 899	1 999 686	2 961 127	4 578 802	5 031 949	13 035 580
总成本	1 158 474	1 687 526	2 572 918	3 895 470	4 348 584	11 136 729
经营总流入	1 194 766	1 942 310	3 616 515	5 630 801	6 055 225	14 532 967
经营总流出	983 854	1 708 235	2 484 888	4 283 605	4 212 235	10 242 166

图 2-35 条线表结合图

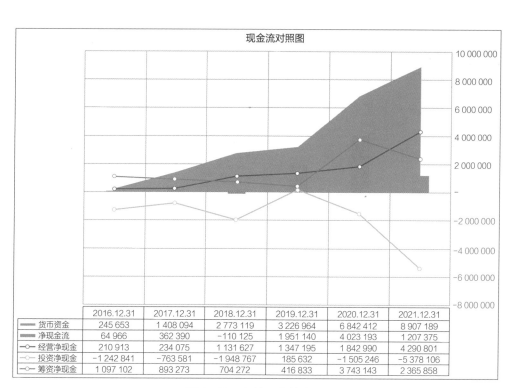

	2016.12.31	2017.12.31	2018.12.31	2019.12.31	2020.12.31	2021.12.31
货币资金	245 653	1 408 094	2 773 119	3 226 964	6 842 412	8 907 189
净现金流	64 966	362 390	-110 125	1 951 140	4 023 193	1 207 375
经营净现金	210 913	234 075	1 131 627	1 347 195	1 842 990	4 290 801
投资净现金	-1 242 841	-763 581	-1 948 767	185 632	-1 505 246	-5 378 106
筹资净现金	1 097 102	893 273	704 272	416 833	3 743 143	2 365 858

图 2-36　条线面表结合图

（4）饼图＋环图。饼图的优势是大图明显，劣势是只能显示一个期间的维度，如果将最近一期信息编制成饼图，将以前对照期间的信息编制成环图，然后将饼图嵌入画图中，就编制了一个饼环结合的图表，如图 2-37 所示。这样既可以将本期的信息突出展示，又可以有往期的数据加以对照。

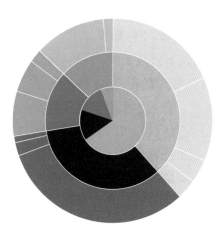

图 2-37　饼环结合图

（5）小多图。如图 2-38 所示，在 Excel 里制作小多图非常烦琐，但在 Power BI 里有第三方模板就比较容易实现。它主要是展示两个维度中不同分类的各自发展状态，虽然看不到细节的数字，但对于整体的态势则会一目了然。相当于是对一类图的多重叠加展示。

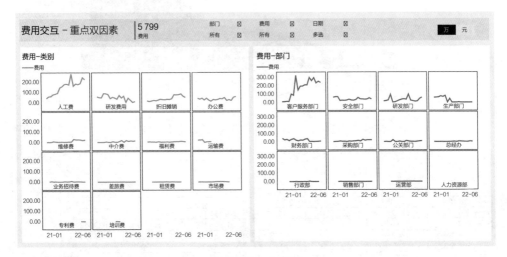

图 2-38　小多图

当然上述的结合只是抛砖引玉，还可以采用更加丰富的有创意的组合。上述的总结也难免挂一漏万，关键是无论采取怎样的组合，能够说明问题就可以了。

四、可视化图表中的用色规则

讲完了图形，就要讲颜色了。这对于没有美术功底的财务人来说的确是挺难把控的。一位艺术家曾经问我："你知道美术生眼里的黑有多少种吗？"我说："黑还有什么种类呀，除了黑不就是灰吗？"她告诉我，普通人眼中的黑最多也就只有 20 种左右，纺织工人眼中的黑有 64 种，美术生眼里的黑有 128 种，而职业艺术家眼中的黑有 256 种。在艺术家眼里有五彩斑斓的黑，太不可思议了。我不知道这位艺术家的话是否有依据，我只是瞬间意识到了我没有经过这样的训练就如同盲人一般，于是我也立即懂得了不同领域都有各自的难以想象的专业深度。所以关于颜色的使用，我除了请教专家以外别无他法。这位艺术家给我的建议是，先从三原色开始了解颜色，然后再考虑彩虹色配色，要想简单就直接选系统默认。

如图 2-39 所示，三原色是所有颜色的基础，也最容易让人产生视觉冲击。当然在我们做可视化图表的时候，用三原色会很亮，但如果用多了也就会显得不突出了。所以可以用三原色的某一个色作为突出展示。另外三原色的混合色也是比较明亮和突出的。

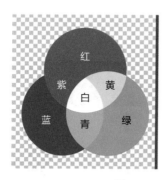

图 2-39　三原色

站在巨人肩膀上去解决复杂问题是最有效的，所以我们直接采用系统默认配色方案，如图 2-40 所示。不同的主题有不同的配色方案，从系统默认中选择一种就可以了。因为这些配色都是经过工程师与色彩艺术家打磨出来的最佳方案，没有功底的人很难有所突破。

有些企业有自己的"企业色"，这就避免了许多的选择麻烦，你完全不用去在意前面讲过的那些配色模式，使用企业色最稳妥，也最保险。企业色一般都是经过专业人士反复配制测试出来的，一般都会考虑企业用色特点，兼顾审美与实用。

无论采用系统默认色还是企业色，都不要忘记你要突出展示的内容。你可以选择将需要突出展示的图

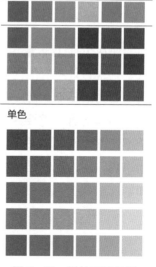

图 2-40　微软系统色组

形用三原色里的一种或几种颜色突出展示，三原色有着非常鲜亮显眼的颜色展示能力，很容易给阅读者带来冲击感。

在电脑系统中，任何一种颜色都有其编号，只要明确了颜色的编号，无论使用哪种软件都会还原到相同的颜色上，除非你的显示器分辨率有差异。

如图 2-41 所示，Excel 使用的是十六进制色号，图中显示的 #FF0000 和 #0802FE 就是这个十六进制色号。也可以使用三种颜色的各自的编号。三原色的

RGB 值全部都是 0，就是黑色，用十六进制表示就是 #000000；三原色的 RGB 值全部都是 255，就是白色，用十六进制表示就是 #FFFFFF。如果你看到哪个图表中某种颜色很好看，不妨就使用 Excel 里的颜色笔刷直接读取它的色号记录下来，下次使用的时候直接粘贴色号就可以了。

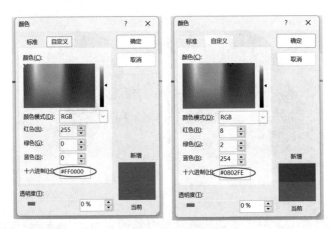

图 2-41　调色板与色号

现在市面上非常多的可视化工具都提供了很好的配色方案，也可以多去尝试。只是一定不要因为追求图形的美观而忽略了财务可视化的本质，一定要突出问题、突出重点。有一些配色方案的底色是黑色或暗色，看起来很高大上，在视觉上的确会有"重要感"和"正式感"，选择这种配色方案也可以，需要提醒的是不遮盖掉问题。关于颜色，在没有更好选择的情况下建议你使用默认色加鲜亮突出色，因为配色是一个非常耗费时间、精力的事情，与其让颜色折磨自己，不如就交给系统，把更多的时间和精力用在管理上。

第三章
财务可视化的实战逻辑

　　财务可视化的基本逻辑不难，只要稍加学习就能够了解掌握。但即便是了解了这些基本逻辑，有些财务分析专员还是没法做出一个有效的财务可视化看板，究竟问题出在哪里呢？

　　财务可视化如果无法为管理层服务、无法为业务服务，那么再好看的分析图表也无济于事。所以财务可视化必须要呈现明确的要点和问题。我们需要将财务可视化本身要实现的目标和其需要实现的功能了解清楚，否则很容易就陷入过度强调图表本身而忽略了分析需要给管理创造的价值。如图 3-1 所示，财务可视化需要化繁为简，需要做到美观克制和对标警戒。

图 3-1　化繁为简

一、财务可视化的化繁为简

（一）化繁为简，美观克制

　　可视化工具的最大价值体现就是要直观，要重点突出，要有所洞见，其次才是好看。直观的目标体现在洞察力上，不能让阅读者看着图却不知道你要表达什么，也不知道下一步该干什么。除此之外，如何组合、如何展示、如何美化都是为产生洞见服务的，不能喧宾夺主。

化繁为简不是删除已经做出来的图表内容，而是增加更为简洁的看板去链接那些相对细节的仪表盘，让各个仪表盘都分别穿透分层切片，就如同上一章讲到的那个总仪表盘一样，链接到各个分子仪表盘上，这样的方式更加容易让阅读者有重点、有层次地查看信息。这个总看板应当展示总目标，让人第一眼就能看得清、看得懂。毕竟每多看一眼，就消耗阅读者的一分忍耐度。一般认为正常的阅读者不会有超过五分忍耐度，也就是说如果让人来来回回五次都找不到想要的目标，他就会彻底失去耐心。

理解阅读者的需求，再去组织你的信息，用更适合的展示模式、展示顺序、分析角度来适应不同的分析需求。

过度美化的图其实是需要被删除的，所谓过度美化就是所有没有实质作用的装饰都不应该出现，因为这些会掩盖完整真实的分析判断。如果图表阅读者第一眼就惊叹道："这表真漂亮！"，那么你就很有可能输掉了一半的时间精力。如果阅读者第一眼看到你的图表就惊叹道："原来问题这么严重！"，那么你的成果就至少得到了一半。还是回到可视化的整体目标上来，对于日常管理的分析需求，它不需要有任何令人"心旷神怡"的美感，反而是需要更加严肃认真地去发现问题，找到应对措施，加以纠正。

只有对外的以宣传为目的的可视化图表需要好看、酷炫，因为它们不需要发现问题，其更大的价值在于回避问题，彰显优势。越是"美"的就越是让人欣赏美本身而忘记了原来的目的，这也是美的价值所在。所以除非你的目的就是让阅读者不要关注经营目标本身而只关注"美"和你的"辛苦"，否则，克制对美感的追求。把那些需要对外展示的可以留给广告公司来实现，财务自己要简单明了、直观聚焦，不要消耗阅读者一丁点儿注意力。

（二）找到对标，设置警戒

可视化的化繁为简的另一维度就是要给你的所有数据都找到对标，让阅读者立即就能对数字高低做出判断。你可以试想一下当你给管理层一个没有对标的数字时，他们会做出怎样的反应？应该不会对数字产生任何反应，因为他不知道这个数字意味着什么。但如果你告诉他这是你公司前三个月的销售收入，同时告诉他这比预期少了10%，与竞争对手比起来还相差了50%，管理层立刻就知道了这个数字的意义所在。所以无论展示什么可视化图表，尽可能先明确一个对标。

所有数字都必须要找到明确的对标，即使暂时没有也尽可能去挖掘出来一个相对可靠的对标。这个对标可以是你希望达到的目标、可以是预算、可以是去年同期值、可以是行业惯例，也可以是对手的指标。可视化就是要直接展示目标的达成情况和对标差距，在此基础上再实现各层分解、展示细节，而且在所有对标上也能够体现出目标差距的红线和黄区。所谓红线就是超出就会出现严重问题的那条线，所谓黄区就是进入就需要警戒起来并尽可能快速离开的区域，长期处在这个区域就会有更大的可能突破红线进入危机。

二、财务可视化的四加二功效

财务可视化直观上看是一个分析工具，但如果深入管理中，财务可视化其实是发现问题、跟踪问题、解决问题、闭环问题的一整套管理系统的视觉体现，我们将财务可视化总结为"四加二"六个功效。

（一）四加二的"四"是"看"

财务可视化的前四个功效如图3-2所示，主要是用来看，就是见得到、看得懂、能分析、有洞见。

1. 见得到

很显然财务可视化本身就是使用各种图形化工具将重要财务数据突出展示出来，这一点毋庸置疑。需要提示的是当信息量过大的时候，你编制的图表很有可能对方是不会看的，甚至是拒绝看的，因为烦琐、复杂、量大，或者是因为他感觉没有价值。所以分析需求是你着手编制图表的重要前提。

图3-2　四个看

提前准备收集数据源也是一项重要任务。我认识的财务分析负责人中，有一些人在做每个月财务分析时都只能用数字而没法用图表，主要是没有建立从数据到图表的自动生成模板，想要编辑图形又太麻烦，日常工作也太忙，所以给领导看的都是文字报告。我们在下一章会专门讲解如何组织数据源以及将可视化图表进行自动化呈现的全过程，避免日常消耗太多时间还得不到成效。

2. 看得懂

有了图就必须要看得懂，最佳状态就是在不用任何人解释的情况下大多数阅读者都能知道这个图想要表达的意图，这就是所谓的"用户思维"视角，是站在对方角度上的思维方式，无论财务数据多深奥都应当能够让阅读者看得懂。不过这也的确需要技巧。

看起来这是一种难以量化的能力，但这种难以量化的能力也必须要获得量化反馈。每次你做出来图表以后就找"无关第三方"去挑战，当然在数据安全性得到充分保障的前提下才可以如此。你先不做任何讲解让对方看，如果一分钟内都没有产生洞见，那么你就尝试给出一些讲解，然后再让对方看是否能够有洞见。如果讲解两次以后对方依然没有洞见，那么这个图就需要加以改动或者增加标注。你在更新之后再找其他人去测试，相信这样反复几次，这张图就能让人瞬间看得懂了。

3. 能分析

看懂图表不是目的，能分析出问题才是目的，并且能够针对问题追索出真正的原因进而采取一系列行动才是分析的终极目标。一张图表或者一系列看板仪表盘的每一个数据和每一个维度都应当是可以被分析的。当分析本身不能进行更多的量化时，可以采取反馈式的测试。在你对图表进行分析以后，尽可能地去找到跟这个业务直接相关的人去当面沟通，将你的分析结果与其分享，获得对方的观点、看法等反馈。这是最有效的一种方式，否则很可能会因为你对业务理解得不深入和不了解实际情况而得到错误的分析甚至会误入歧途。不过找当事人也需要注意，就是对方也一定是有自己观点的。存在一种可能性，就是对方为了自我保护而故意隐瞒一些事实。出现这种情况就难以察觉了，只能多进行交叉沟通、多去跨部门了解。虽然这会占用很多时间，但分析就是要深入实际、深入一线才能得到真正有效的答案，脱离实际是难以真正发现问题的。

4. 有洞见

分析的结果就可以定义为有洞见，而升级的洞见不仅要发现问题，还要找到问题的根因；不仅要发现机会，还要找到抓住机会的门槛和障碍。很多时候洞见不是来源于图表的制作者，恰恰是来源于图表的阅读者，毕竟阅读者可能比制作者更了解业务和市场状况。

我们常常给各企业的管理层讲他们同行的财务报表分析，他们会带给我们超出想象的洞见。这是因为我们不像他们那样了解这个行业，也不知道这个行业里发生过什么事情，我们的分析只能是基于数字的逻辑拆解，尽管拆解分析可以很丰富，但代替不了他们基于对业务深度理解而产生的洞见。每次他们听完我们的分析以后，立刻就会说出那个阶段发生了什么，是什么原因导致了数字的提升或者降低，是哪些因素让这家竞争对手的哪些数字发生了重大改变。管理层虽然不懂财务，但他们太懂业务、懂市场、懂行业了，只要稍稍懂一点数据之间的逻辑关系，他们立刻就能知道问题的根源，也立刻就能想到未来应当如何应对，这就是洞见力。

（二）四加二的"二"是"干"

后两个主要功效是行举措和闭成效，如图 3-3 所示，就是要行动和闭环，就是针对行动本身的效果反馈用可视化的方法跟踪推进。

1. 行举措

通常是管理者分析出问题并找到切实可行的方案后，就采取措施落地执行了。行动本身通常财务人员很难参与，或者说也不必参与，财务人员在此刻最大的贡献应该是用数据去追踪执行效果，让执行过程也能够可视化出来。

图 3-3 两个干

例如这段时期公司的收款效果不好，客户欠款增加，分析结果落点在需要集中对众多客户中的 20 家展开催款行动。当财务了解到这个举措之后，就需要建立起由这 20 家客户的欠款余额、交易额、交易频率、开票额、回款期等相关信息组织成的一张可视化图表，甚至只是一张 Excel 表也是有效的。随着公司加紧催款，对这些数字进行动态更新，而当收款周期比以前优化了，就说明这个行动有成效了，否则就证明行动到目前还没有取得任何的直接效果。这样的分析对于行动者也会是一个鞭策，会促使行动者更加努力。毕竟能及时看到的变化才更容易被感知。

2. 闭成效

最终的成果是否能够闭环，也需要一个明确的节点。企业只要继续运行，管理就没有"终点"，但对于节点式的问题还是需要有闭环的。而闭环就一定有一个明确的标志，或者问题得到了彻底的解决而消失，或者催收货款达到了正常的账期水平。改善一定是有明确的量化指标的，财务就可以将这个量化指标叠加在最终执行效果的可视化图表中，也以此作为执行目标。所以闭环行动一定是财务和业务部门共同完成的。

三、实现财务可视化的五个步骤

看了各式各样的可视化图表，也了解了各种可视化的底层逻辑，可以自己动手开始编制可视化图表了。到了自己动手的时候也许会感觉不知从何开始。如图 3-4 所示，我们提出五个实现财务可视化的步骤作为参考。

图 3-4 实现财务可视化的五个步骤

（一）选择要看到的事项和设置相应的指标

1. 选择这些事项里最为重要的首选指标

选择要看到的事项其实不是你的选择，而是你要展示给对方看的，是对方的选择，就是前面讲过的"用户思维"，让对方告诉你想要什么。或者你能够通过各种渠道了解、自己判断等得到这个答案，绝对不要以财务的身份自以为是地认为对方就是要看收入、看利润。虽然这可以也是结果，但万一不是，你就会措手不及。

你的用户可能不会告诉你具体看什么指标，但一般会告诉你他想要什么样的信息，而很多情况下这些描述都是模糊的，例如"我就是想知道公司的业绩情况"。业绩的范围就大了，有的人认为是营业收入，有的人认为是利润，有的人也会认为是收到钱，所以需要明确。还有一个方法就是参加会议和看对方写的报告，他一定会在各种场合表达自己的需求和意愿，你从中解读出哪些信息是可以满足他们的需求的，你就尝试去组织这些数据来形成你的可视化图表。在对方需要的所有信息中，一定要先把最为重要的那些提炼出来作为你的首选指标，如同上一章提到过的那些主仪表盘里的信息。不过公司内部管理远比报表层级的信息要复杂得多，确定首选信息是最重要的环节。

2. 选择那些容易被忽视但却能体现出问题所在的指标

除了"用户思维"里涉及的那些指标以外，还应当有一些可能会被忽视的但又很能说明问题的信息也需要挖掘出来，例如某个事项的问题大家都基本知道，但没人去解决，因为不愿看到或者也没法看到其带来的影响，那么你就应当想办法找到这个问题所造成的影响的量化指标并展示出来。要知道很多问题只有看到了人们才会在意。有一个案例是某集团费用管理松散，所以日常费用居高不下，大家也都习以为常，直到有一天新上任的领导拿着从公司收集来的几十种不同品牌但功能完全相同的劳保手套摆满了会议室的桌子，管理层才意识到公司的日常费用管理有多松散，从此开始认真对待日常费用支出。这就是视觉给人带来的冲击力。我们做可视化也是相同的道理，需要尽可能挖掘那些潜在的或被忽视的但能说明问题的信息作为可视化分析指标。

3. 能够完整体现整体目标的指标

整体性的目标是必须要呈现出来的，哪怕是公司管理层都不怎么提到的。因为既然是目标就一定是公司在意的，或者是上级单位在意的，如果大家都不提也看不到，那么到了年底发现没有完成那就一切都晚了，所以完整的指标和整体性指标都应当给出合适的位置来展示。

4. 初步设计出能够突出要点的仪表盘大体结构

当你收集完所有需求以后，接下来就要考虑如何将可视化仪表盘设计得更加符合视觉习惯。在上一章的案例演示里已经基本讲述清楚了，你在实践应用中还是需要获得更多的反馈来不断调整和修订结构，设计多套针对不同场景、不同用户的展示模板。

（二）选择适合体现重点的图表样式效果

1. 点、线、条、角、面、色、表组合使用

上一章对各种图形都做了详细讲解，当你遇到想要展示的信息时可能还是会不知道用哪种图形最恰当。通常我会建议你当展示多期数据的时候首选线图和条图，其次是面图。因为面图会互相遮盖，所以不作为首选。如果只有一期的且数

据类别不多的可以选择角图或者面图。但如果想要较为详细的描述信息，还是建议选择条图或者线图。只有当信息量大且分布均匀才考虑选点图。颜色选择如果有公司色的就不要有其他选择，最多就是用三原色来标注你最想要突出的。如果空间允许就尽可能地把数据表也叠加上来，便于一眼就能看到数字，而且也不会把图搞乱。

当你能熟练应用以后，最佳的方式是集中在一个图表里组合展示图形，不仅展示的信息更丰富，而且还能互相解释，更加容易产生洞见。

2. 选择不同视角的对比对象以及相应的对比指标

虽然前面你已经做了用户需求调研，在这里还是要再次考虑可能看到这个可视化图表的人都有谁，哪些是必须要考虑其习惯的，哪些不需要考虑。对于重要的用户需求，你的图表要有所顾及。

3. 选择适当的工具收集数据和展示图表

最常见的工具一定是 Excel 和 PowerPoint，因为大家最熟悉，应用最广泛，操作最简单，修改最方便。这对于绝大多数财务人员来说都不会有太大的难度，所以作为首选工具。不过如果把 Excel 跟 Power BI 比较起来，可视化的效果和功能就有些差距。如果你能够花些时间来学习使用 Power BI，再叠加上 Excel 对数据的基本处理，那么你能展示的图表样式会非常丰富，层级也会更加清晰。

4. 思考和设计每幅图中显示重点问题的方式方法

当选好图形结构并排放好以后，你需要再一次搭配各图形的大小结构和排列顺序以便呈现出你想要表达的重点事项。同时也再次考虑对不同使用者以不同的仪表盘样式呈现，以及突出展示不同的注重点。在必要的位置上添加重点标记和简短文字描述以加强可视化图表的可读性。尽管作了这些安排，还是建议尽可能地去做面对面沟通汇报，因为篇幅限制很难把全部问题都写完整，面对面沟通就显得非常重要。

（三）有预警机制，建立红线黄区警戒

1. 提前定义在何种情况下需要发出警报

初步图表做完以后还需要做一个检查，就是这些数据都是否有对比了，有了对比还需要再看一看是否能够设置一个警示线，定义警示线是一个重要考虑。例如库存多少是合适的，太多太少都是不妥的，那么这个"太多"具体是多少？"太少"具体是多少？需要根据公司的实际情况逐一确定。

2. 设置红色警戒线

红色警戒线是无论如何都不应该逾越的，逾越了就表示公司将会遇到重大危机。在你的图表上最好也给这条红色警戒线留出一个位置来。红色警戒线不一定是红色，也可以是浅浅的半透明的，在指标跟警戒线相距很远的时候完全可以不用特别展示，甚至删除也没关系，但需要记得一旦接近了就必须要特别展示出来。

红色警戒线不一定是一条，有可能会是上下两条。例如库存太低了应该有警戒线，太高也要有警戒线。

3. 设置黄色预警区域

为了不让公司关键指标突然突破红线，需要在红色警戒线以内设置黄色区域，只要进入黄色区域就要提示预警，尽快离开就好，或者在黄色区域里一段时间也不会有太大影响，管理层能够关注到就可以。

4. 预警的固定与动态调整

预警线可以固定在某个指标上，也可以根据企业变化而随之变化，这就需要看指标本身的特性了。例如现金最低存量不应当用一个固定的绝对值，而是要以平均月支出的三倍作为一个黄区，一倍作为一条红线，这个平均月支出就可以采用过去一年的、半年的、一个季度的等作为参考，那么这个数值就是动态的。

（四）更新频率建立红线警戒

1. 针对不同的指标设置不同的更新频率

当前多数公司的财务可视化分析的更新频率是每月一次，因为财务人员以月为单位出具报表，好像看起来这是天经地义的，上学的时候老师也是这么教的，工作后财务经理也是这么要求的，没有人质疑。但是如果我们把财务分析上升到管理分析的层级，那么月度分析会显得太过滞后。财务本来就是为业务服务的，财务分析很大程度上也是为业务服务的，这个月都结束了好几天了才回头看经营状况，再有本事的管理者也没法改变了。所以好的财务分析就应当借助大数据分析能力去向着实时分析努力。这对于现阶段而言的确是挺难实现的目标，但可以将指标做一个区分，例如资产负债率不会因为日常经营而产生大幅变动，月度更新就没问题。但对于销量、产量、现金回款等指标，特别是交易频繁的在线销售企业，每分钟、每小时都会有大量的交易产生，那么以更小的时间单位如分钟、小时、天或周来分析数据可能就非常有必要。

2. 根据公司采集数据的能力设置更新频率

是否能够缩短更新频率，取决于公司数据系统的健全性，即数据采集能力能达到怎样的水平。大量公司内部的数据还是割裂的，想让财务实时分析显然就不现实。这类公司需要首先将企业内部关键数据互通互联，最终将数据自动传输给财务系统，这样财务人员就能够按照传输频率来规划并更新分析数据。

3. 更新周期至少不能超过一个月

财务报表每月一出，但管理层可能不一定每月都看，或者管理层会要求你半年分析一次、一个季度分析一次。不过对于财务分析的岗位，我们还是建议至少每个月都要做财务分析。尽管可能领导都看不到，但这相当于是给你自己建立了分析经验和持续提升的扩展性。多数管理层不是认为分析不重要，只是觉得财务分析对业务没有什么太大的实操价值，就是一份分析完了看看没有大纰漏就上报给董事会的材料而已。财务人员如果不把这个分析做得对日常业务实操产生价值，那么财务部就不具备真正的财务管理功能。

4. 在线业务频繁的企业，最佳实践是以小时为单位更新

就好像实时的银行交易记录，每交易一笔立刻在交易记录里出现，再比如通话记录也如此。这些对系统的要求都非常高，绝大多数企业是很难建立起性能如此强大的系统的。但如果我们把所有分析所需要的数据传输控制在一小时一次，对系统的要求就没那么高，普通电脑就能实现，投资也会非常小。按照公司目前的管理状况按小时进行数据监视和分析也足以支撑经营了。顺便说一句，数据监控往往都是由业务部门进行的，财务部门可以把每小时的数据作为分析时的原始材料，在需要时进行进一步拆解才去追踪到小时数据。待未来计算机算力和网络速度大幅提升、成本大幅下降的时候，你现在构建起来的模式也会自然跟着一起提速。

（五）时刻建立多重数据校验

1. 数据源采集渠道和方法的建立

数据能力的建设在下一章会展开来讲解，这里需要提示的是财务数据一定要建立起非常具象的测算和校验动作，否则数据出错就会是系统性的大面积错误且不易被察觉。建立校验能力的前提是数据源采集渠道和方法的建立。采集数据不是难事，从一个系统采集出来数据经过转换能够自动传输给另外一个系统。

2. 数据清洗与计算逻辑的固化

当两个不同系统的数据口径都解读清楚以后，就需要对数据源的数据按照目

标数据库的口径做适应性整理，对源数据的不规则或问题数据进行清洗。传输步骤的难点在于每一个环节的计算逻辑，针对每个细节的计算都需要将场景考虑全面后再将计算逻辑固化。

3. 数据展示结果与数据源的反向验证

当数据接通以后，你的分析才算正式开始，因为数据一旦打通了，那么你做的任何分析图表都有了强大的数据支撑，剩下的就是要组织一系列图表进行展示了。财务可视化分析的最大难点就在于数据源的自动采集，手工采集数据永远都是滞后和不可靠的，将这些简单工作交给机器是最稳妥的做法。不过当你编制完数据图表以后，最好还是增加一个反向验证，让你展示出来的数据再次跟数据源进行校验。如果有必要，可以将校验结果放在你的可视化图表上，这就更加明确地让阅读者知道这个数字是经过校验而呈现出来的，增加了数据的可信度。

04

第四章
报表层级经营成果可视化

报表层级的财务可视化是不复杂的，但却是让人最难以理解的。因为财报是一个高度浓缩的商业全貌，不用说没学过财务的人，就是学了财务没有深度理解的人都不一定能全部消化这其中的精髓。另外，这些数字就摆在财务报表上，非常容易取得，而且财务指标大多数都是非常标准化的，所以编制起来很容易，价值也相对较大，绝大多数企业在刚开始做可视化的时候都会从这里入手，那么我们也先从这个价值大易入手的开始讲解。当然如果想要把这类图表做好，不仅要对前面章节讲过的基本知识和图形本身的基本特点有所掌握，同时也必须理解使用者的需求。

财务人做得最多的财务可视化就是报表层级的分析，我们就先从这一部分开始，一边复习前面学到的原则和逻辑，一边看看如何灵活应用这些知识让你的财务可视化更自如。

我们在后续描述中会用到的"仪表盘""主仪表盘""子仪表盘""图表""主图""子图""分析图表""看板"等，都是对财务可视化图表的称谓。

企业管理者通常最关心的是销售收入、毛利率、利润、利润率。销售收入是分析的重要内容，财务报表层级的分析会聚焦在利润表中。而利润表肯定不仅仅有销售收入，还有利润的来源和组成，各种因素交织在一起，就需要财务可视化能够有一个综合统御的视角来理解和分析展示。

图4-1为日常管理核心关注层，暂时不考虑利润表的细节，重点区域可以按照重要收支类或者利润层级分为几大块。整体上从销售到利润的脉络就如图中所示的那样，当你展示收入的同时，也需要考虑其上游的数据来源以及可以对照的

行业、友商及内部预算等。有收入通常必然要考虑毛利的实现状况，就需要分析成本，成本需要按照一定的口径与收入匹配。当然毛利率也需要与行业、友商、预算等信息对照，以此类推，图中所有列示出来的都应当有所分析。

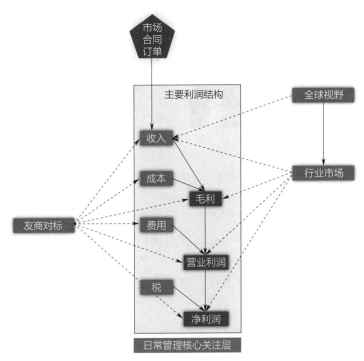

图 4-1　日常管理核心关注层

这种分析不是眉毛胡子一把抓，需要分轻重缓急，重点是要了解公司目前最在意的是什么，把重要的往前排，不重要的排后面。当然我们没法了解每个企业的需求，那么就按照企业的通常做法来分析和展示。

一、销售收入、应收账款与回款仪表盘

要想了解收入，就应当将与其相关的所有信息尽可能全面地展示出来。例如提到收入就一定会考虑收入的金额、增长率、业绩完成情况、平均价格、回款情况、账期是否可控、市场竞争等，以收入作为经营成果的首页仪表盘也算是合理的。

图 4-2 展示了两类信息，一类是各月的销售收入绝对值，一类是环比增长

率，目的是从整体上展示公司的销售状况。配色也采取了从浅到深的模式，这样看起来有一些变化不会让人产生视觉疲劳。环比增长率用显眼的红色线图呈现，能够清晰地看到哪个月是高增长的，哪个月是低增长的，甚至有负增长的也可以一目了然。

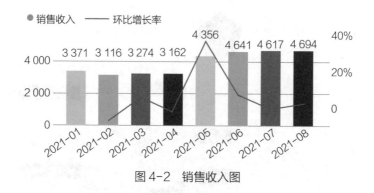

图 4-2　销售收入图

图 4-3 展示了三类信息，一类是今年的累计收入，用深色柱形图，一类是去年同期的累计收入，用浅色柱状图。一深一浅很容易分辨出差异和进行对比。同时还展示了今年的预算累计收入，用亮眼的红色线图呈现。这样不仅让收入能够跟去年对比，还能跟今年的预算对比，维度的适度增加对于阅读者的决策就会有更多的支撑。

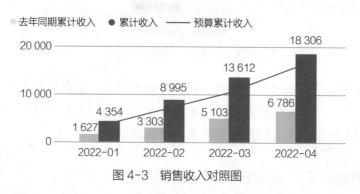

图 4-3　销售收入对照图

图 4-4 展示了三类信息，一类是累计收入，这个累计收入可以是以年为单位的，也可以是某个时期的累计，目的是知道某个阶段的整体收入量。另外两个数据是跟公司竞争关系最密切的两家友商的数据，这种对比的好处就是能够充分了解自己所处的竞争位置，也能够充分了解友商的发展步调。紧盯对手的销售本身不是目的，目的是在按照自己的业务规划执行时，随时关注市场竞争可能带来的影响，以便及时进行分析与调整。

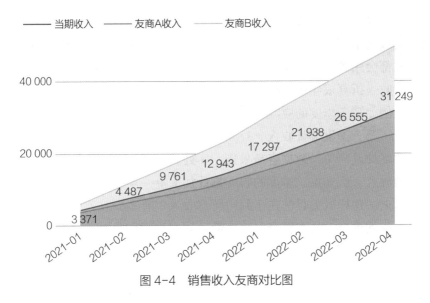

图 4-4　销售收入友商对比图

　　图 4-5 也展示了三类信息，一类是各季度的销售收入，销售收入是这几个图的主要信息，有些用柱形图，有些用线图。销售收入在图表中用红色线图显著地展示出来，另外一条红色的虚线是回款情况，都用红色表示两者有关系，用实线虚线表示两者有差异，一个是收入，一个是回款。而柱形图是应收账款，同样也是按照季度颜色由浅到深。销售收入和现金回款都是时期数，应收账款余额是时点数，用线图和柱形图做区分很容易让阅读者理解这两者的差别。

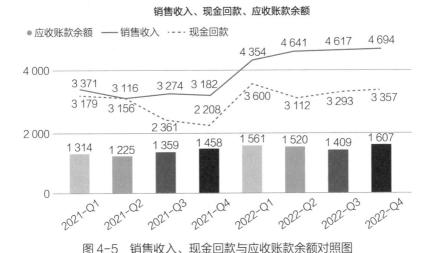

图 4-5　销售收入、现金回款与应收账款余额对照图

图 4-6 同样给出了三类信息，分别是三个主体的应收率，应收率就是应收账款除以本期或者本年含税销售收入，通常像收入这类时期数与应收账款时点数做比率的时候都会用到年度数据，或者选择本期收入之前滚动一年的数据，或者就用本期累计收入折算成年度数据来计算，本图中采用的是本期累计收入折算成年累计数据，例如第三季度的应收率计算公式是：第三季度的应收率 = 第三季度应收账款余额 ÷ 第三季度累计收入 ÷ 3×4×（1 + 税率），表示分母也是含增值税的。这样计算的好处是简单，数据容易采集，坏处就是不太准确。最佳的方法是滚动计算一年的收入，例如第三季度的收入累计加上上一年第四季度收入作为年度收入放在分母上。这样做的目的在于判断所有收入中有多少收到现金了，还有多少销售额尚未收到现金，是否符合欠款政策。同时与同行业友商对比看看各家的比例孰高孰低，如果都是同一批客户，那就可以判断客户对你的友商付款政策是否比你更优。

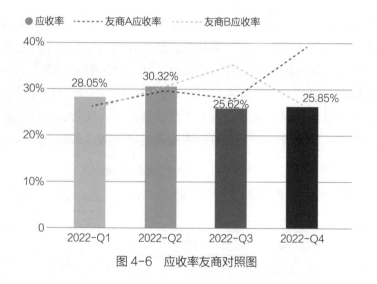

图 4-6　应收率友商对照图

图 4-7 与图 4-6 很类似，三个主体的收现率，就是销售商品、提供劳务收到的现金与含税销售收入的对比，由于现金流和收入都是时期数，所以用本期数据就没问题。不过如果为了跟上一个图有共通性，也可以采取累计年度的现金流和收入做对比，这样计算出来的数字更加符合客观事实。

图 4-6 和图 4-7 都是线图和柱形图的结合，本公司用柱形图，友商用线图，突出本公司。而且本公司也用从浅到深的颜色组合，这样容易分辨出各季度的不同。

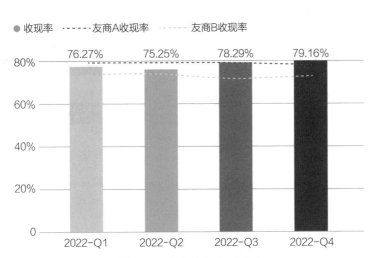

图 4-7　收现率友商对照图

图 4-8 是综合前面几张图的一个组图。图中给出了三个区域，左边的三个小图是一个区域，右边上面一个大图和下面两个小图。一个仪表盘式的图表通常可以放下许多信息，这些信息最好都在一个脉络里，这个脉络可以是自然的，例如与销售收入有关的所有周边信息；可以是人为设置的，例如公司近期的几项重点工作。因为这类信息在公司内部已经被熟知，所以不会产生太多歧义。

一张图中最重要的几个位置会首先被阅读者关注，通常是最大的一个图、左上角的不太小的图、表头位置等。我们展示出来的这张图，多数人首先会关注最大的图表，就是右上位置的图，这是一个销售收入、应收账款、回款的综合对照图，信息量很大，但不利于第一时间理解。当阅读者第一眼看到大图只能了解个大概的时候，通常会马上将视线移到左上标题的位置。所以在标题中一定要将这个仪表盘的全貌描述到位，否则会引起歧义。看清标题以后，阅读者会习惯性地将视线直接向下移到左上第一个图上。这个过程是一个关键环节，图表一定要让阅读者一眼就能看明白，否则阅读者立刻就会对整张图产生抗拒感，就算你做得再到位也很难扭转局面。所以这张图里的左上方就只给了销售收入排列和销售增长率，而且在图上直接标注了说明，不需要做任何解释阅读者就能看明白。这就让阅读者将整张仪表盘锚定在了销售分析上。当然不是每个人都按照这样的顺序来阅读，但这种视觉流动是很多人都会有的，所以这样的安排也是最通用的。

接下来就是左中的图。理解了上面的图以后，阅读者就会希望了解这些数字形成的过程以及如何判断是好是坏，所以第二张图直接给出两个对比，一个是预算、一个是去年同期。这就立刻解答了阅读者心中的疑问。这时阅读者又会想起

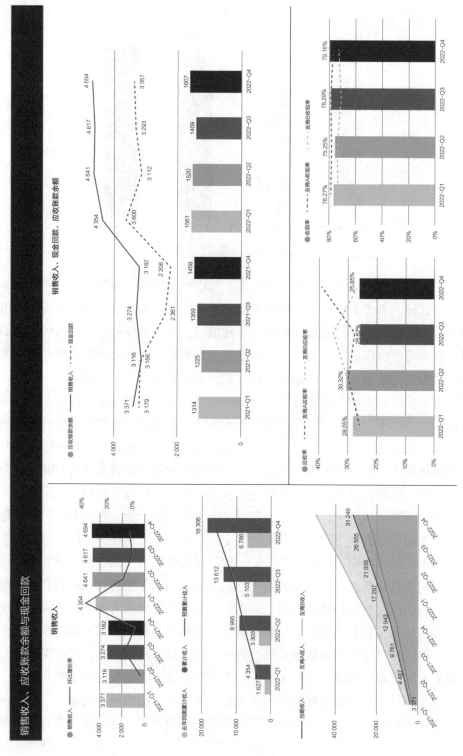

图4-8 销售收入、应收账款余额与现金回款仪表盘

来，竞争对手们是不是也都干得不错呢？我们公司在行业里会是怎样的状况呢？于是左下第三张图就给出了答案：跟竞争对手的对比图。这里需要提示的是如果跟竞争对手的体量差距非常大，那么用绝对值来对比就显得很难看，除非你就是要追赶对手，那么再大的差距也要展示，否则，用某个相对值来对比会更加妥当一些，例如可以替换成市场份额或毛利率等。

快速读完左面的信息以后，整张图的焦点再次回到了最大的这张图表上，就是我们第一眼看到的右上位置。这里也是需要重点理解和解释的。如果没有人讲解，最好在这里增加文字叙述，否则对财务知识不太了解的人很难理解你想要表达什么。例如图中想要解释的其实是公司的销售额持续扩大的同时，应收账款的涨幅更大，回款的速度在下降，大量客户欠款的产生会直接导致公司资金紧张，需要管理层做好应对准备。这种情况在以前的某个阶段出现过，可以描述当时的增长"诅咒"是怎样度过的，今天是否可以效仿等。你可以在几个关键位置用红色圆圈进行标注以示提醒。如果你是现场讲解，那么对这个图一定需要重点阐述。

阅读者看到这里也会心存疑虑，对手们会不会有不一样的状况呢？于是视线再次下移到右侧底端的两张图上，一张是对手的欠款情况对照，一张是对手的回款情况对照。看到这，基本上大致的销售状况就掌握了。

其实这个阅读顺序也可以作为你的现场汇报顺序，也可以引导参加经营分析会议的人跟着你的思路前行。如果你的公司里已经有一套固化的汇报模式，你想要大范围更改位置和顺序要格外谨慎，这会很容易打破原先管理层对公司分析的判断架构。除非前面的模式被严重诟病，你作为革新者获批去颠覆陈旧的模式，否则任何大的改动所面临的压力都会非常大。

二、收入支出与现金流看板

看完第一张仪表盘，接下来就应当是每个专项内容的子仪表盘展示了，就是从首页仪表盘穿透到更加细一点的层级展示。例如竞争对手们的经营情况都怎样呢？我们给出第二页的展示，将竞争对手的表现全部都展示出来。

图4-9展示的是N公司五项信息的数据和图表。这张图里的数据本身与图4-8的数据并不相同，这里仅是为了展示这种图表样式。在真实场景中这些数据一定要建立起联动关系，否则就会出现理解偏差。

这张图的信息量非常大，虽然仅有五项信息，但其实包含了三大财务报表中的重要信息。收入和总成本来自利润表，货币资金来自资产负债表，经营性现金

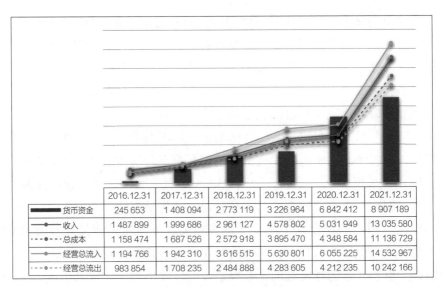

	2016.12.31	2017.12.31	2018.12.31	2019.12.31	2020.12.31	2021.12.31
货币资金	245 653	1 408 094	2 773 119	3 226 964	6 842 412	8 907 189
收入	1 487 899	1 999 686	2 961 127	4 578 802	5 031 949	13 035 580
总成本	1 158 474	1 687 526	2 572 918	3 895 470	4 348 584	11 136 729
经营总流入	1 194 766	1 942 310	3 616 515	5 630 801	6 055 225	14 532 967
经营总流出	983 854	1 708 235	2 484 888	4 283 605	4 212 235	10 242 166

图 4-9　N 公司收入成本与现金收支存量图

流的流入和流出来自现金流量表。三表信息本来就应当是一体的，如同一项业务的三个展示角度，在一起展示才能够把业务分析透彻。

首先看红色实线代表的收入和红色虚线代表的总成本，这两条线的距离其实就是利润空间，随着时间的推移这家公司的收入大幅增长，利润空间也随之增加，意味着公司整体业绩增长带来了更加丰厚的利润。

蓝色实线代表经营总流入，蓝色虚线代表总流出，这两条线的距离表示经营性净现金流的空间，随着时间的推移这两条线的距离也在增加，表示公司留下的经营性净现金流非常多，看起来是很好的状况。

两条实线的距离也有关联，收入与经营总流入之间相差了增值税，也就是说经营总流入应当比收入高出 13% 左右才算是正常。图中看起来高出了十个百分点左右，看来这家公司的收现能力是很强的，而且连续多年都是收现高于收入。两条虚线是总成本与经营总流出的对比，这家公司两条线交错增长，表示有些年份总成本超过了付现金，有些年份付现金超过了总成本。

另外一个柱形图表示现金存量，很明显这家公司的现金存量非常充足，某些年份甚至超过了全年收入和全年收现总额。现金存量高虽然很安全，但其实也是一种浪费，因为现金只有投入在生意里才能够增长，现金本身其实是不能增值的。

当五个关联度很高的组合图放在一起的时候，你只要理解了它们背后的逻辑，然后再分析就会非常全面，其实也能够发现不少问题。

图 4-10 是另外一家公司的同一个图，把两张图放在一起很明显就能看出两家公司经营模式的不同。第一家现金多，第二家付款更多；第一家增长迅猛，第二家发展平稳。

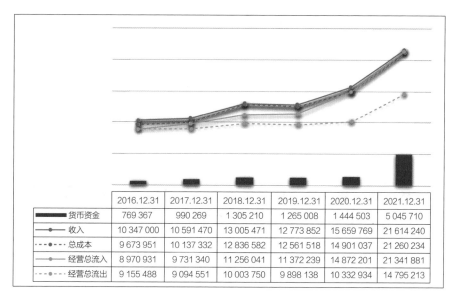

<table>
<tr><td></td><td>2016.12.31</td><td>2017.12.31</td><td>2018.12.31</td><td>2019.12.31</td><td>2020.12.31</td><td>2021.12.31</td></tr>
<tr><td>货币资金</td><td>769 367</td><td>990 269</td><td>1 305 210</td><td>1 265 008</td><td>1 444 503</td><td>5 045 710</td></tr>
<tr><td>收入</td><td>10 347 000</td><td>10 591 470</td><td>13 005 471</td><td>12 773 852</td><td>15 659 769</td><td>21 614 240</td></tr>
<tr><td>总成本</td><td>9 673 951</td><td>10 137 332</td><td>12 836 582</td><td>12 561 518</td><td>14 901 037</td><td>21 260 234</td></tr>
<tr><td>经营总流入</td><td>8 970 931</td><td>9 731 340</td><td>11 256 041</td><td>11 372 239</td><td>14 872 201</td><td>21 341 881</td></tr>
<tr><td>经营总流出</td><td>9 155 488</td><td>9 094 551</td><td>10 003 750</td><td>9 898 138</td><td>10 332 934</td><td>14 795 213</td></tr>
</table>

图 4-10　H 公司收入成本与现金收支存量图

这张图依然采用了时期数用线图、时点数用柱形图的模式。你也可以按照这个原则来设计，当然这也不是绝对的，还是要看借助图想要表达的重点。这张图中颜色最鲜艳的是收入和总成本两条线，都是大红色，可以吸引阅读者关注，因为红色是很亮眼的。你可以考虑在所有图表中都找出一个最应当被关注的指标，用大红色表示，其他图形用一个色系来表示，这样就更加容易突出。

图 4-11 是将五家相关公司的同一类图表放在同一个仪表盘上同步展示，让阅读者一眼就能看到几家公司的不同之处和各自的经营特点。你也可以用完全相同的色系来展示，也可以用五种不同的色系分别表示不同的公司。最后一张图是五家公司的销售收入对比，目的是区分前面五张图中因为刻度不同无法对比各自高低的问题，看第六张图就能够知道究竟哪一家的销售收入最高，各自的排名是多少。如果前面五张图的柱形图采用了不同的颜色，那么第六张图就可以采用一种颜色展示，这样就又可以更加清晰地理解了。

这个步骤的展示通常不用太过在意阅读顺序或者排版美观，还是那句话，用最小的代价做最多的事，只是能说明问题就行。

当阅读者跟着你的思路将所有竞争对手的收入、收款、应收的发展状况都看

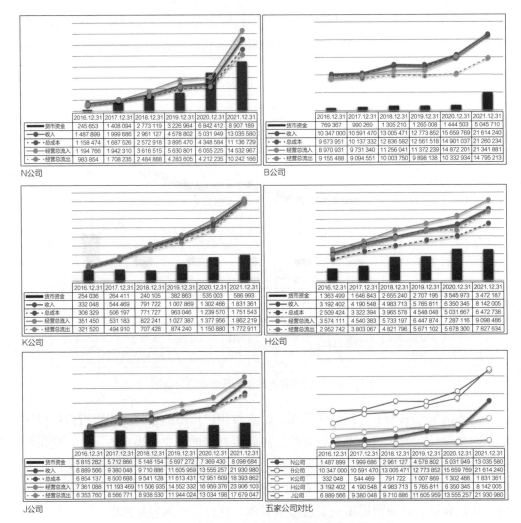

図 4-11 五家公司收入成本与现金收支存量看板

完了，基本上就能理解你公司目前的处境和状况。这六张图里最后一张也给出了销售额绝对值的对比，是因为这几家公司的市场规模差距并不十分大，在一张图里展示能看到全貌，甚至这整张仪表盘都可以把这张图作为中心，其他几个图作为辅助性展示。

对于子仪表盘的设计，原则上主仪表盘上所有的图表都应当有多个子仪表盘作为支撑，或者作为不同的层级、不同的视角的对比，总之就是需要给阅读者提供更多的信息。

三、收入成本对标看板

下面我们再换一个角度和图表来展示公司的收入与成本之间的对比关系，也就是最终对毛利的对比呈现。

图 4-12 展示了某家公司收入和成本的柱形图，看起来很简单，并没有太多其他的信息。如果这张图是单独呈现的，的确信息量不足以做更多的分析。但是如果将不同的公司放在同一个看板上做对比，效果就不同了，后面我们会展示出来。虽说信息量不大，但如果需要还是可以进行分析的。随着销售额的大幅增长，这家公司的毛利空间也开始加大，视觉上还是能看得出变化。如果对视觉信心不足的话，可以看下方的数字，这样的图表最大的好处就是数字与图形同时存在，图上不会太乱，数字也列示得很工整，可以满足阅读者的直观需求。

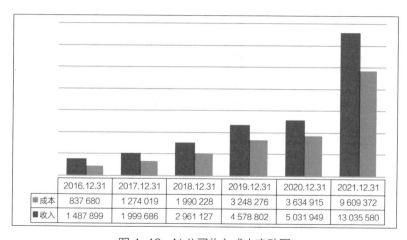

	2016.12.31	2017.12.31	2018.12.31	2019.12.31	2020.12.31	2021.12.31
■成本	837 680	1 274 019	1 990 228	3 248 276	3 634 915	9 609 372
■收入	1 487 899	1 999 686	2 961 127	4 578 802	5 031 949	13 035 580

图 4-12　N 公司收入成本变动图

图 4-13 展示了另外一家公司的收入和成本。很明显这家公司的毛利率要比上一家大得多，虽然绝对值没法一眼看出，但相对值很容易辨别。

因为组图的分析目标是毛利，所以下面这张图的毛利对比就更加直观。

图 4-14 列示了五家公司各自的收入成本对比情况，以及五家公司连续多年毛利绝对值的对比。不同规模公司的绝对值一定是大相径庭的，所以在做绝对值对比的时候需要另外考虑彼此是否在同一体量上。例如主仪表盘左下有一个毛利状况，如果用明细来展示的话，可以将各家公司的数值都排列出来，类似前面提到的子仪表盘。这组仪表盘的特点就是每一张的销售收入柱形图都有固有的颜色，可以将主仪表盘上的颜色固化在这张图中，阅读者在最后一张毛利图上就可以清晰地分辨究竟哪一家的体量对应哪一张图表，然后用收入与成本的直接对比

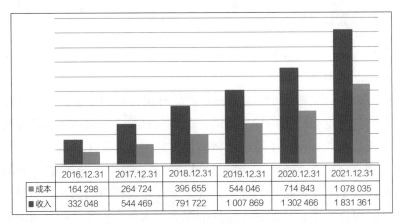

	2016.12.31	2017.12.31	2018.12.31	2019.12.31	2020.12.31	2021.12.31
■成本	164 298	264 724	395 655	544 046	714 843	1 078 035
■收入	332 048	544 469	791 722	1 007 869	1 302 466	1 831 361

图 4-13　K 公司收入成本变动图

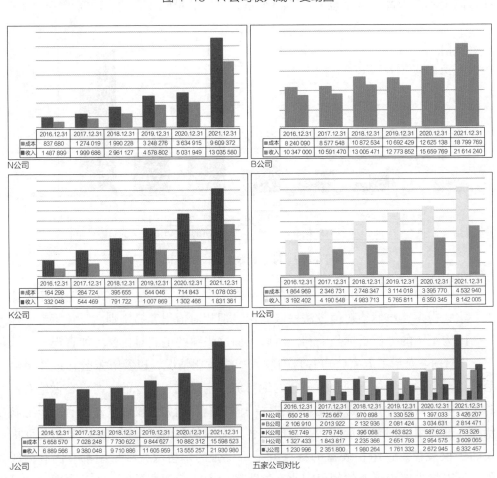

N公司

	2016.12.31	2017.12.31	2018.12.31	2019.12.31	2020.12.31	2021.12.31
■成本	837 680	1 274 019	1 990 228	3 248 276	3 634 915	9 609 372
■收入	1 487 899	1 999 686	2 961 127	4 578 802	5 031 949	13 035 580

B公司

	2016.12.31	2017.12.31	2018.12.31	2019.12.31	2020.12.31	2021.12.31
■成本	8 240 090	8 577 548	10 872 534	10 692 429	12 625 138	18 799 769
■收入	10 347 000	10 591 470	13 005 471	12 773 852	15 659 769	21 614 240

K公司

	2016.12.31	2017.12.31	2018.12.31	2019.12.31	2020.12.31	2021.12.31
■成本	164 298	264 724	395 655	544 046	714 843	1 078 035
■收入	332 048	544 469	791 722	1 007 869	1 302 466	1 831 361

H公司

	2016.12.31	2017.12.31	2018.12.31	2019.12.31	2020.12.31	2021.12.31
■成本	1 864 969	2 346 731	2 748 347	3 114 018	3 395 770	4 532 940
■收入	3 192 402	4 190 548	4 983 713	5 765 811	6 350 345	8 142 005

J公司

	2016.12.31	2017.12.31	2018.12.31	2019.12.31	2020.12.31	2021.12.31
■成本	5 658 570	7 028 248	7 730 622	9 844 627	10 882 312	15 598 523
■收入	6 889 566	9 380 048	9 710 886	11 605 959	13 555 257	21 930 980

五家公司对比

	2016.12.31	2017.12.31	2018.12.31	2019.12.31	2020.12.31	2021.12.31
■N公司	650 218	725 667	970 898	1 330 526	1 397 033	3 426 207
■B公司	2 106 910	2 013 922	2 132 936	2 081 424	3 034 631	2 814 471
■K公司	167 749	279 745	396 068	463 823	587 623	753 326
■H公司	1 327 433	1 843 817	2 235 366	2 651 793	2 954 575	3 609 065
■J公司	1 230 996	2 351 800	1 980 264	1 761 332	2 672 945	6 332 457

图 4-14　五家公司收入成本变动看板

去判断究竟谁更赚钱、谁更有优势。

可能你观察到了，尽管这些图占据了整个展示页面，每张小图已经缩小了不少，但还要尽可能地将数据嵌入每张小图的下面。从远距离来看根本没法看清数字，这还有意义吗？对于其他类图表展示数据可能意义不大，但对于财务类图表就非常有意义。当有人对某些图形产生一些疑问想要了解具体数据时，主讲人就可以立即报出来，这就大大提高了图表的解释力。所以一定要做好美观与实用的平衡，万一需要取舍，还是选择实用更好。

我们没法把所有的子仪表盘全部都编制出来，这恐怕会是一个相当庞大的工程，但我们用这样几个案例告诉你方法和判断标准，你掌握了自然就知道其他的图应当如何制作了。授人以鱼，不如授人以渔，我们后面的讲解也都采取这样的方式。

四、毛利、净利与费用看板

经营成果中最为管理者重视的可以说就是利润，而四层利润中又聚焦在毛利和净利上，虽然税前利润和营业利润也十分重要，但管理者往往看重生意本身的利润，就是毛利，以及整体公司的利润，就是净利。

图 4-15 用很简单的柱形图和折线图来展示净利润绝对值和净利率相对值。这种组合是常用的模式，也容易让人立刻理解图意，特别是企业的经营分析，能简单直接的就不要弄得太复杂。后面我们也会讲到，其实很多图的简单直接

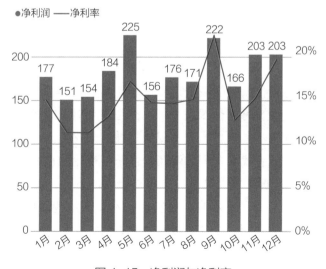

图 4-15　净利润与净利率

需要背后大量的统计计算来支持，这也是财务分析的一个重要特性。不必羡慕别人做的图多好看，而是要看图是否能与阅读者立即产生连接效应。例如这张图从表面上看好像平淡无奇，如果仔细观察会发现，5月份和9月份同样实现了较多的净利润，为什么净利率却相差了好多呢？究竟是什么原因导致的这样的状况？要知道，在一张图上直接呈现问题的答案是很难的，但直接呈现出问题本身是最有效的。当把几个月份的数值放在同一张图表上展示，就可以进行差异对比。

图4-16展示了这家公司的毛利和毛利率，与前面的净利润的展示模式完全相同。这两张图如果展示的是同一公司的数据，那么就可以从前面的净利润来反向查到毛利。例如5月份净利润很高，但5月份的毛利却相当低，这显然是很不正常的状态。9月份虽然净利润很高但毛利也比其他各月都少一大截。这显然就是追查的重点，除非是账务出错，否则一定是哪个环节出现了问题。

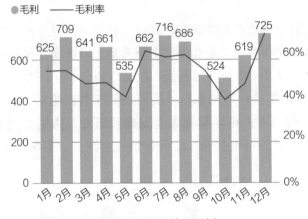

图4-16　毛利与毛利率

要知道，财务可视化图表的一个重要功能就是发现问题或异常，特别是组合几类相关信息一同查看。可视化图表大多数都是用来对上或者对外汇报，有异常不可怕，可怕的是异常不是被自己先发现而是被别人先提问。所以利用各类信息发现异常并及时解决或者找到合理的解释，也是可视化的重要功能。

图4-17展示了利润组成中除了成本以外最大的支出，就是四费。这几张图都是线图和柱形图组合，图形本身并无新意，不过从这些简单的组合对比来看，特别是将相关信息都放在同一个仪表盘上一起查看，信息量就比看几份利润表要大得多。

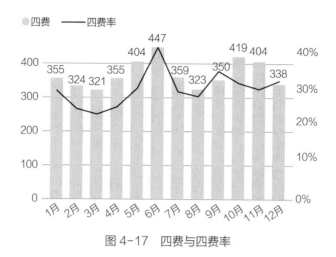

图 4-17　四费与四费率

除了净利润、毛利、四费，还有税费和税前利润的线柱组图，我们可以将它们组合在一起共同诠释公司的盈利能力，图 4-18 就是反映盈利能力的可视化看板。我们将利润的可视化分析以左、中、右三个模块来展示。几乎与收入案例相同，最大的图表放中间展示重要的净利润和净利率，其次是左上角的毛利和毛利率。这两个重要位置是这个仪表盘的重心，让人第一眼就能看得到、看得懂。在毛利下面展示四费和四费率。

右边的两个图可以分别反映税费和税费率，以及税前利润和税前利润率。公司管理层通常都比较在意公司税费，所以放在比较显眼的位置。右下位置几乎是整张图里影响力最弱的位置，这里可选的内容比较自由，只要跟利润有关系的又是公司在意的都可以放。这里我们选取了税前利润和税前利润率。税前利润是对管理层经营能力横向对比的比较重要的指标，因为税前利润以下就是净利润，之间只差了所得税，而所得税只跟企业身份及税务筹划的安排有关，与管理者对业务的运营能力关联不是特别大，所以税前利润往往也是管理层比较在意的信息。

五、四层利润对标看板

接下来我们针对这五家公司的四层利润率分别做出展示，这也是利润主仪表盘的下属子仪表盘。所谓四层利润率，就是毛利润率、营业利润率、利润总额率（也称之为税前利润率）和净利率。通过对这四个不同利润率的对比展示，体现这家公司的行业特性、盈利模式和管理方式。

图 4-19 展示了 N 公司的四层利润率的状况。其中红色的实线是净利率，在图中最为亮眼，也是阅读者最可能关注的指标；红色虚线的毛利率次之，也是

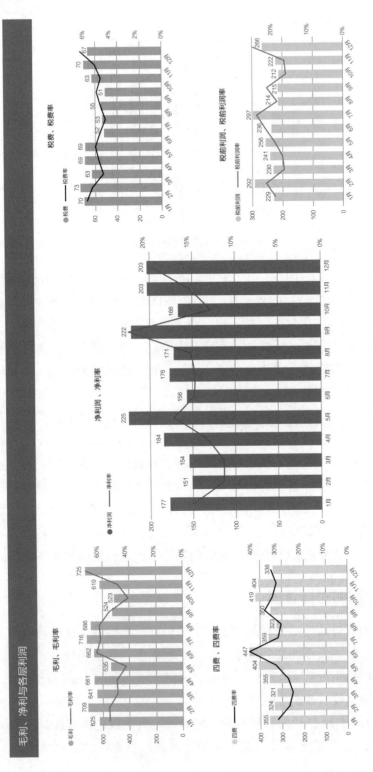

图 4-18　毛利、净利与各层利润影响看板

阅读者会关注的。另外两条线几乎是重叠的，这表示营业利润和利润总额非常接近。我们都知道营业利润和利润总额之间只相差了营业外收入和营业外支出，这两条线的贴近就表示这家公司的营业外事项不多。利润总额率与净利率之间只相差了所得税，这两条线之间的距离表示所得税的占比空间。红色虚线和绿色虚线之间的距离表示公司费用的大概占比空间。为什么说是大概呢？因为毛利润和营业利润之间除了四项费用，还包括了资产减值损失、投资收益等其他事项，但这些其他事项通常情况下都不会占比很大，所以在对整体分析的时候可以选择性暂时忽略其影响，待更深层次的分析研究时可以看到细节数据。

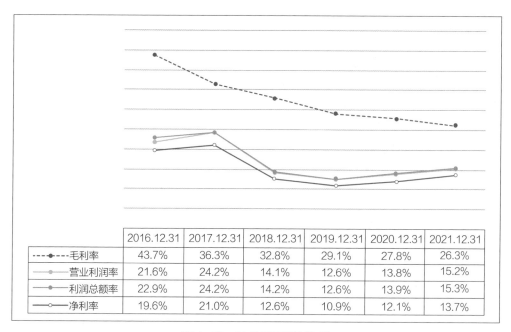

	2016.12.31	2017.12.31	2018.12.31	2019.12.31	2020.12.31	2021.12.31
----毛利率	43.7%	36.3%	32.8%	29.1%	27.8%	26.3%
营业利润率	21.6%	24.2%	14.1%	12.6%	13.8%	15.2%
利润总额率	22.9%	24.2%	14.2%	12.6%	13.9%	15.3%
净利率	19.6%	21.0%	12.6%	10.9%	12.1%	13.7%

图 4-19　N 公司四层利润图

整体上看毛利率线持续下滑，而净利率线先降后升。这很可能表明公司的内部管理收到了不错的效果，或者是一些非经常性因素导致的。因为市场竞争导致毛利空间一降再降时，企业要么推出新技术、新产品，要么从内部挖潜力，要么从产业链或商业模式上寻找突破，否则公司迟早会被市场逼成亏损。如果没有新产品，与其被逼上绝路不如主动对自己开刀，主动压缩自己的费用，内部挖潜的方式之一就是提效降费降本，从内部挖掘潜力。从这几年的发展过程来看，随着公司规模不断扩大，市场竞争激烈度不断提升，公司在毛利率不断下滑的不利情况下反而获得了更高的净利润。而其他几家公司几乎是净利率变化趋势与毛利率同向变动，很可能说明各公司的费用管理并没有显示出强劲的提升。

这个图的展示也非常简单，诸如营业利润率和利润总额率这类信息差异也没有体现出来，因为数据十分接近。做这类图形展示的时候，也需要考虑那些展示不出来的信息，几乎重叠的两条线表示了它们没有构成对公司的经营影响，这些信息也是值得了解的。

图 4-20 展示了五家公司净利润绝对值的对比，也就是先不管付出了怎样的代价，仅看哪家企业赚到了更多的钱。很显然公司经营的一个重要目标之一就是盈利，用什么样的主业或用什么样的经营方式获得了怎样的收益，就是可视化看板的阅读者所感兴趣的。例如图 4-20 中的蓝线 J 公司，连续多年处于行业盈利较低的状况，为何在前两年突然提升到行业中位，而最近一年则突破行业天花板一跃成为最赚钱的公司？如果这种状况是偶尔发生的，那么只能说明是运气好；如果这种状况是由于推出了新技术、新产品，或是革新了管理模式和产品结构，那么全行业都应当高度重视。

一家公司的四层利润率图表单独看并没有新鲜之处，做这类图表时最好是将几家竞争对手同时展示在一个看板上进行综合对比，最后再附加上净利润绝对值的对比，就有比较丰富的可分析空间了。

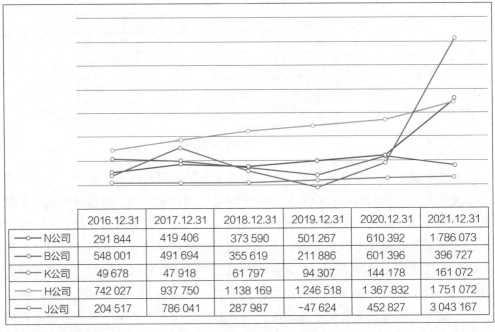

	2016.12.31	2017.12.31	2018.12.31	2019.12.31	2020.12.31	2021.12.31
N公司	291 844	419 406	373 590	501 267	610 392	1 786 073
B公司	548 001	491 694	355 619	211 886	601 396	396 727
K公司	49 678	47 918	61 797	94 307	144 178	161 072
H公司	742 027	937 750	1 138 169	1 246 518	1 367 832	1 751 072
J公司	204 517	786 041	287 987	-47 624	452 827	3 043 167

图 4-20　五家公司净利润对比图

图 4-21 展示了各家公司的四层利润走势，它可以是年度的，也可以是季度的。因为上市公司最小公告期就是季度，所以编制这类对照图的时候也只能以季度为单位。如果你编制自己公司的月度分析图表时，也可以参考上市公司的季度数据，只是用你编制的月度数据来对比上市公司的季度数据而已。虽然不是同期，但也可以作为参考做对照使用。

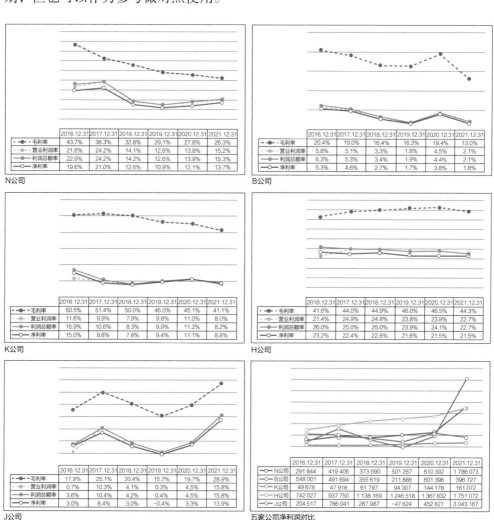

	2016.12.31	2017.12.31	2018.12.31	2019.12.31	2020.12.31	2021.12.31
毛利率	43.7%	36.3%	32.8%	29.1%	27.8%	26.3%
营业利润率	21.6%	24.2%	14.1%	12.6%	13.8%	15.2%
利润总额率	22.9%	24.2%	14.2%	12.6%	13.9%	15.3%
净利率	19.6%	21.0%	12.6%	10.9%	12.1%	13.7%

N公司

	2016.12.31	2017.12.31	2018.12.31	2019.12.31	2020.12.31	2021.12.31
毛利率	20.4%	19.0%	16.4%	16.3%	19.4%	13.0%
营业利润率	5.8%	5.1%	3.3%	1.8%	4.5%	2.1%
利润总额率	6.3%	5.3%	3.4%	1.9%	4.4%	2.1%
净利率	5.3%	4.6%	2.7%	1.7%	3.8%	1.8%

B公司

	2016.12.31	2017.12.31	2018.12.31	2019.12.31	2020.12.31	2021.12.31
毛利率	50.5%	51.4%	50.0%	46.0%	45.1%	41.1%
营业利润率	11.6%	9.9%	7.9%	9.8%	11.0%	8.0%
利润总额率	16.9%	10.6%	8.3%	9.9%	11.2%	8.2%
净利率	15.0%	8.8%	7.8%	9.4%	11.1%	8.8%

K公司

	2016.12.31	2017.12.31	2018.12.31	2019.12.31	2020.12.31	2021.12.31
毛利率	41.6%	44.0%	44.9%	46.0%	46.5%	44.3%
营业利润率	21.4%	24.9%	24.8%	23.8%	23.9%	22.7%
利润总额率	26.0%	25.0%	25.0%	23.9%	24.1%	22.7%
净利率	23.2%	22.4%	22.8%	21.6%	21.5%	21.5%

H公司

	2016.12.31	2017.12.31	2018.12.31	2019.12.31	2020.12.31	2021.12.31
毛利率	17.9%	25.1%	20.4%	15.2%	19.7%	28.9%
营业利润率	0.7%	10.3%	4.1%	0.3%	4.5%	15.8%
利润总额率	3.6%	10.4%	4.2%	0.4%	4.5%	15.8%
净利率	3.0%	8.4%	3.0%	-0.4%	3.3%	13.9%

J公司

	2016.12.31	2017.12.31	2018.12.31	2019.12.31	2020.12.31	2021.12.31
N公司	291 844	419 406	373 590	501 267	610 392	1 786 073
B公司	548 001	491 694	355 619	211 886	601 396	396 727
K公司	49 678	47 918	61 797	94 307	144 178	161 072
H公司	742 027	937 750	1 138 169	1 246 518	1 367 832	1 751 072
J公司	204 517	786 041	287 987	-47 624	452 827	3 043 167

五家公司净利润对比

图 4-21 五家公司四层利润看板

当这类图表做出来以后，建议你静下心来仔细地去观察每一个图形的变化，以及各条线之间距离的变化。仔细思考它们之间的关系。有的时候图形变化会展示问题，有的时候图形变化会掩盖问题，就必须让自己有更多的时间去思考和调研，这其实对数据分析者提出了不小的挑战。唯有不断地、细致地、多视角地反复分析、揣摩、深入研究，才能够应对这种挑战。

六、不同视角收益对标看板

如果公司十分在意与竞争对手的对比，那么在主仪表盘中最好也放入竞争对手数据加以对比。当然包括收入、利润，这些给出来的图表样式和组合仅供参考，最终还是需要从公司实际需求出发来做出相应组合的选择。

图 4-22 展示了某个行业的同类公司净利率走势的对比图，假设 N 公司是你自己的公司，就用最显眼的大红色，其他竞争对手的净利率线用不是很亮眼的颜色，这样就能显示出这张图的重点。如果大家都在同一个行业，客户群体也大致相同，那么理论上盈利能力不会相差很大，没有特别冲击时波动也不会太大。从图中很明显看到 N 公司的盈利能力整体是下降的，原先跟 H 公司在同一个水平，但是在最近几年急速下滑，与其他几家公司的利润区间相仿。说明这家公司的销售模式和市场策略发生了变化，或者是内部管理出现变化甚至异常，这就是需要思考的问题。而 J 公司看起来作为后起之秀在一年内的利润率突飞猛进，从原先的最低一跃成为这五家公司中的第二名，如此大幅度的增长是极不正常的。如果这家公司是你的竞争对手，那么你就应当高度重视它的经营变化，到底做对了什

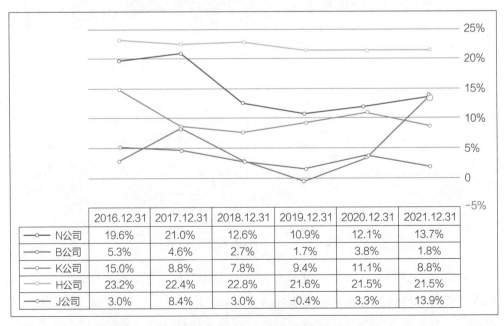

	2016.12.31	2017.12.31	2018.12.31	2019.12.31	2020.12.31	2021.12.31
N公司	19.6%	21.0%	12.6%	10.9%	12.1%	13.7%
B公司	5.3%	4.6%	2.7%	1.7%	3.8%	1.8%
K公司	15.0%	8.8%	7.8%	9.4%	11.1%	8.8%
H公司	23.2%	22.4%	22.8%	21.6%	21.5%	21.5%
J公司	3.0%	8.4%	3.0%	-0.4%	3.3%	13.9%

图 4-22　五家公司净利率走势对比图

么事情让利润如此大涨，或者是做了什么风险系数过高的决策而导致如此赚钱。

图 4-23 展示了五家公司的毛利情况。前面说的 H 公司净利率很稳定地排在高位，但从毛利上看，K 公司与 H 公司的毛利不相上下，直观的感觉就是这两家公司虽然成本模式相仿，但费用结构却大不一样，看来 H 公司是花费了比 K 公司更少的费用就实现了销售目标。N 公司的毛利率则直线下滑，说明公司始终面临市场上很强的竞争，而公司并没有更多的办法能够保得住原先的毛利润。为了抢占市场，不得不提高品质、降低售价。换句话说，如果 N 公司不能扭转这种局面，那么毛利润随着时间的推移会不断被蚕食，这不能不说是一个非常值得警醒的信号。

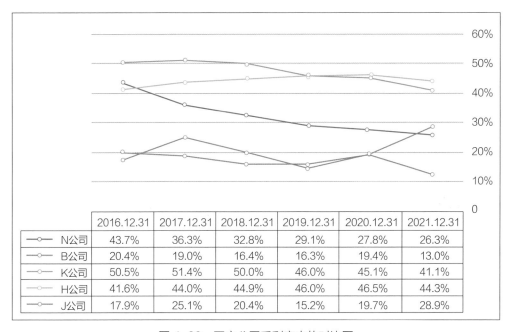

	2016.12.31	2017.12.31	2018.12.31	2019.12.31	2020.12.31	2021.12.31
N公司	43.7%	36.3%	32.8%	29.1%	27.8%	26.3%
B公司	20.4%	19.0%	16.4%	16.3%	19.4%	13.0%
K公司	50.5%	51.4%	50.0%	46.0%	45.1%	41.1%
H公司	41.6%	44.0%	44.9%	46.0%	46.5%	44.3%
J公司	17.9%	25.1%	20.4%	15.2%	19.7%	28.9%

图 4-23　五家公司毛利率走势对比图

我们之所以全部用线图呈现这种比率之间的对比，就是因为它非常直观，很容易看到彼此的差距和各自的走势，而且图面清爽简洁，将数字挪移到下面排列展示，上面看图看趋势，下面看数看具体，如此搭配会让阅读者很容易辨识问题。

图 4-24 展示的毛利净利率是不太常见的指标，它的计算方法是用净利润除以毛利润，这个指标在投资界用得比较多，用来看各个不同行业的盈利空间。要知道所谓的不同行业最大的不同就是主业，而主业的最显性的量化归集就是毛

利，就是收入减去成本的这部分结构。利润表中毛利之后的项目在很多行业的同质性非常高，几乎所有的公司都有差旅费、招待费、会议费、人工费等。主业有的赚的多、有的赚的少，但无论主业赚多少，都是要用来再分配给各项费用和留给利润的。也就是说，谁能留下的利润更多才能表示这家公司的营利性更强。例如某重资产企业毛利率只有10%，一家饮料企业毛利率达90%，这样看来好像饮料企业更赚钱。但如果重资产企业根本不怎么花费费用，净利率为8%，也就意味着毛利净利率高达80%（8%除以10%）。而这家饮料企业虽然毛利很高，净利率如果是10%，看起来比重资产的企业高一些，但毛利净利率就只有11%（10%除以90%），跟重资产80%比较起来就少了很多。这表示重资产的公司用重资产本身构建了比较高的门槛，不需要过多的营销就能销售出去。而饮料公司则恰恰相反，必须要不停地采用各种销售手段、各种管理方式，不断思考客户需求等，所以日常管理的负担很重。一旦停止了营销或者错过了最佳销售模式，那么公司就会被市场无情地淘汰。这就是这个指标考量的逻辑。

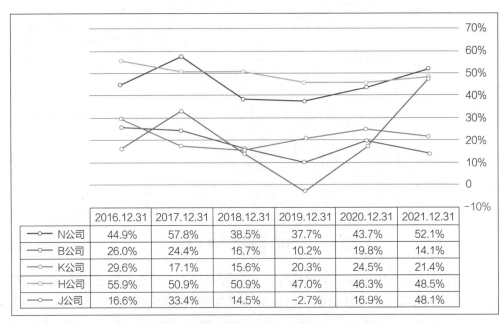

	2016.12.31	2017.12.31	2018.12.31	2019.12.31	2020.12.31	2021.12.31
N公司	44.9%	57.8%	38.5%	37.7%	43.7%	52.1%
B公司	26.0%	24.4%	16.7%	10.2%	19.8%	14.1%
K公司	29.6%	17.1%	15.6%	20.3%	24.5%	21.4%
H公司	55.9%	50.9%	50.9%	47.0%	46.3%	48.5%
J公司	16.6%	33.4%	14.5%	-2.7%	16.9%	48.1%

图4-24 五家公司毛利净利率走势对比图

从图中可以看出N公司尽管曾经下跌过，但还是呈现了整体上升的趋势，结合前面两张净利润和毛利图，就不难理解虽然公司毛利持续下滑，但公司也的确是做了管理努力，也就是采用了节省支出的手段。J公司则出现了大幅度的增长，表示这家公司采取了很强的管理手段让利润空间大大增长。当你遇到这样的

竞争对手，一定要十分谨慎地对待，因为很有可能它们在做一些同行都没有做的
事情。如果它们的创新获得了持续的成功，那么很有可能会席卷整个行业，尽管
这种描述有些夸张。

图 4-25 展示了五家公司的股权收益率，也就是站在股东角度上看赚了多少。
这张图表的图面细节不再赘述，建议采用不同的视角来分析公司的盈利状况，以及
同行业企业的水平。包括后面的图 4-26 站在总资产角度的盈利对比、图 4-27 站在
原始股东原始投入角度的盈利对比，都是不同视角、不同范围下的盈利综合对比。

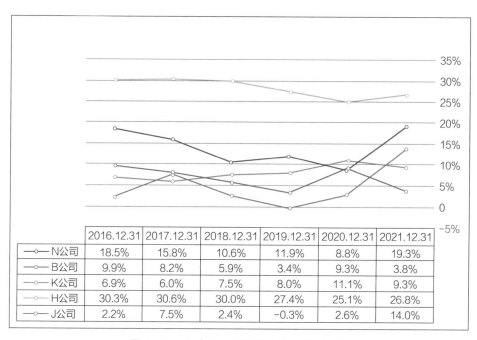

	2016.12.31	2017.12.31	2018.12.31	2019.12.31	2020.12.31	2021.12.31
N公司	18.5%	15.8%	10.6%	11.9%	8.8%	19.3%
B公司	9.9%	8.2%	5.9%	3.4%	9.3%	3.8%
K公司	6.9%	6.0%	7.5%	8.0%	11.1%	9.3%
H公司	30.3%	30.6%	30.0%	27.4%	25.1%	26.8%
J公司	2.2%	7.5%	2.4%	-0.3%	2.6%	14.0%

图 4-25　五家公司股权收益率走势对比图

图 4-28 将前面的六张不同视角、不同层面的盈利分析对比图组合成一个利
润子仪表盘。这类图表看起来很普通，编制起来也不复杂，但想要从中发现问题
需要一些对指标理解的功底。其实做财务可视化有一个重要前提，就是你自己要
对这个指标有深度理解，同时要将指标与真实业务紧密相连，需要了解数据变化
的背后业务逻辑和业务原因。一张孤立的财务可视化图表很难全面地反映客观实
际情况，多张同类的信息从不同角度的分析以及这些不同角度互相关联的分析的
图表，是帮助阅读者综合看待某个指标变化原因的有力工具。如同财务人经常提
起的杜邦分析法，就是将一个指标拆解成三个维度、三个因素来分析，这样获取
的信息量就大了很多，这种看板也是起到同样的作用。

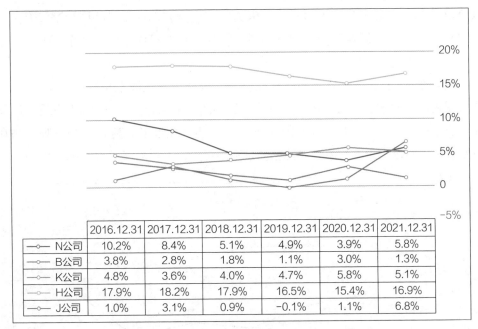

	2016.12.31	2017.12.31	2018.12.31	2019.12.31	2020.12.31	2021.12.31
N公司	10.2%	8.4%	5.1%	4.9%	3.9%	5.8%
B公司	3.8%	2.8%	1.8%	1.1%	3.0%	1.3%
K公司	4.8%	3.6%	4.0%	4.7%	5.8%	5.1%
H公司	17.9%	18.2%	17.9%	16.5%	15.4%	16.9%
J公司	1.0%	3.1%	0.9%	-0.1%	1.1%	6.8%

图 4-26 五家公司总资产收益率走势对比图

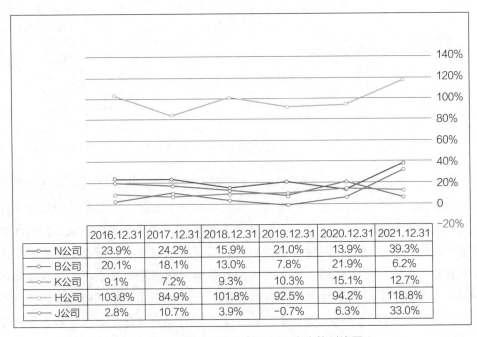

	2016.12.31	2017.12.31	2018.12.31	2019.12.31	2020.12.31	2021.12.31
N公司	23.9%	24.2%	15.9%	21.0%	13.9%	39.3%
B公司	20.1%	18.1%	13.0%	7.8%	21.9%	6.2%
K公司	9.1%	7.2%	9.3%	10.3%	15.1%	12.7%
H公司	103.8%	84.9%	101.8%	92.5%	94.2%	118.8%
J公司	2.8%	10.7%	3.9%	-0.7%	6.3%	33.0%

图 4-27 五家公司股东投入回报率走势对比图

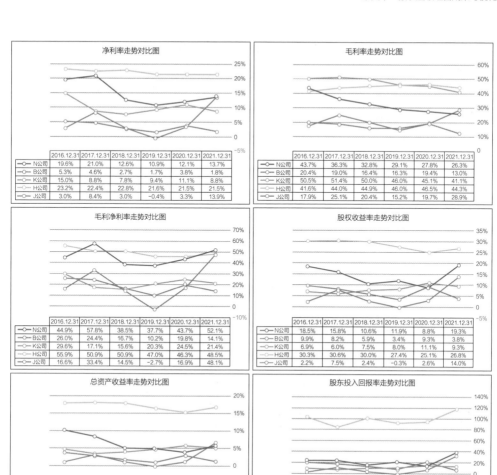

图 4-28 五家公司各类收益率走势子仪表盘

七、四费分析仪表盘

接下来再以费用为例做出图表展示。费用也是所有企业管理者都非常在意的，因为所有日常支出里，除了成本就是费用的占比最高了，而且由于费用单笔金额不大但报销频繁，想要管理到位的确需要花费不少精力，管理好费用很大程度上就相当于维护好公司的日常运营了。

费用的可视化展示特点比较突出，一方面是各项费用的综合占比，另一方面是各项费用的变化情况及其在收入框架下的比重。

图 4-29 展示了公司四项费用的各自占比以及费用中的各个分类的比重。这是旭日图的典型应用，相当于一个架构不断向下伸展。旭日图与环形图很像，应用的差异在于环形图多用在相同分类不同时期的数据对比。旭日图多用在同一时期不同分类的各层细类的拆分细化。图 4-29 中展示的是两层分类，如果销售费用分了四层或者管理费用分了三层，那么这个图的外圈边缘看起来就会很不规整，这也正是旭日图的展示特性。

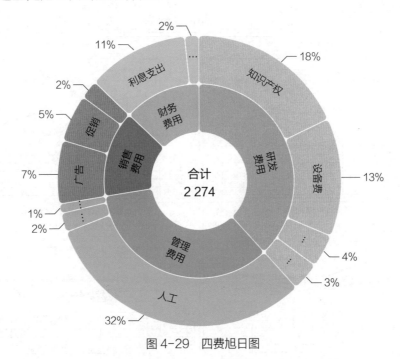

图 4-29　四费旭日图

旭日图展示的仅是一个时期的分类，想要了解各个周期的情况，还是需要用柱形图和线图。

图 4-30 展示了这家公司每个月的销售费用和销售费用的收入占比。每个月的金额肯定不相同，与收入的占比也会上下波动，但基本上都会在一定的范围内。如果某个期间突然出现大幅波动，就需要引起足够的重视。

读者们或许也发现了，我们在推荐各种图表模式的时候大量运用了柱形图和线图的结合，是因为在所有图表样式里，这两种是最容易让阅读者看清变化状态的，而且这两种图表在各种工具中也是最为常见的，操作者最容易上手的也是这两种图表。如果尚不熟悉图表这个工具，那么就可以先从线图和柱形图开始尝试。如果你很熟悉操作了，那么也可以思考还有哪个图表比线图或柱形图更容易

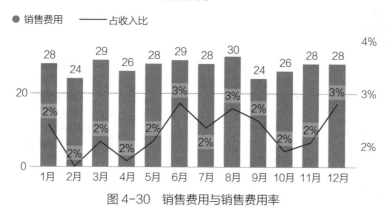

图 4-30 销售费用与销售费用率

展示状态和表达观点，也可以把这两类图表作为基础来建立思考。

图 4-31 同样是运用了柱形图和线图展示了管理费用及其与收入的占比。跟上一张图设计不同的是颜色，上一张是红色，红色的柱形图和深红色线图；这一张是蓝色的柱形图和深蓝色的线图。同一图中用相同色系不同深度的颜色来分出层次感是常用的配色方法。同一组图不同的色系区分也是一种简单的操作方式。

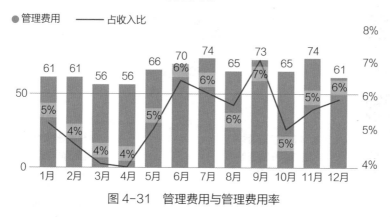

图 4-31 管理费用与管理费用率

图 4-32 将前面展示的几个图再加上其他的费用分析图组合成中间的旭日图和四周四个线柱组合图。中间的旭日图能够聚焦阅读者的第一印象，让阅读者瞬间感知四项费用中哪一项是最多的，哪一项是最少的，重要的费用又是怎样的组成结构。然后向四周延伸视线，用相同的颜色可以快速找到相应的图表，并能够了解这项费用在过去一段时间的变化走势，阅读者不会因为图表多而感到思维混

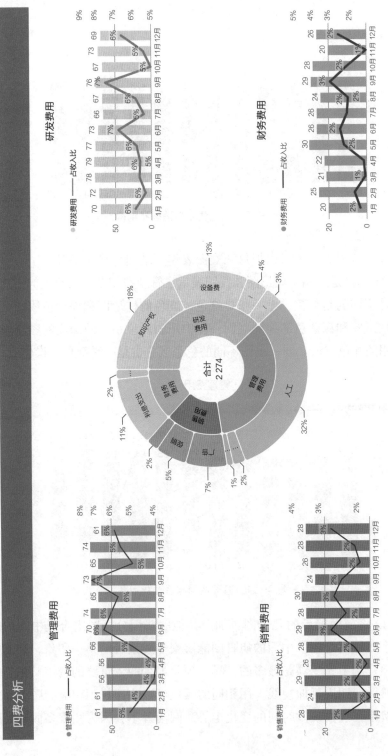

图 4-32　四费分析仪表盘

乱，在你讲解的时候也能更好地引导。

　　另外也可以换另一个思路做看板组合。四项费用中分类的同质性很高，例如销售费用中有差旅费，管理费用和研发费用中同样也有。管理费用中有人工费，销售费用和研发费用中也同样有。那么就可以把这些费用重新组合起来，将人工费全部合计、差旅费全部合计，以此类推，将四大费用合并成一个大类再重新分类，这样就可以重新定义一级类别，例如人工费、差旅费、办公费、能耗费等，然后再逐级向下一级明细分类，这样的结构用旭日图来展示就会看出效果。再四周分别放入各类费用中占比最大的，例如人工费、物流费、差旅费、招待费等，各自编制成一个线柱图排列开，用来诠释费用中各项汇总数据变化情况。有一些阅读者恐怕不太在意究竟是管理人员的工资多一些还是销售人员的工资多一些，而是想了解所有的工资在公司收入中的占比是多少，以及所有的差旅费在公司收入的占比是多少，直接呈现四费他可能不容易理解，但呈现费用各个分类的明细就符合这种分析要求。

八、费用分层对比仪表盘

　　费用类的分析图还有很多其他的模式，例如下面的这个模式，就是用四费中的一个费用的不同维度来做组合看板，与各个维度的数据进行对比分析。

　　图4-33展示了销售费用的去年同期对比。蓝色实线是本年的各月销售费用，蓝色虚线是去年各月销售费用。尽管有些公司在这两个维度上并没有非常大的可比性，因为可能面对的市场不同、销量不同、销售策略不同而导致销售费用大相径庭。但如果销售市场、销售策略等都没有太大的变化，那么这两者就有可比性了。管理者对销售费用的同比情况是有意愿了解的。

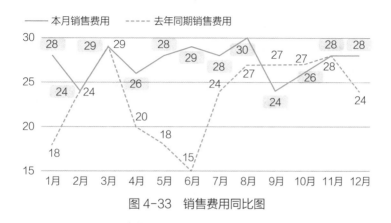

图4-33　销售费用同比图

图 4-34 展示了销售费用的实际发生额与预算额的对比图表，这个对比的意义比较大，预算是本年的规划，与规划的差异就是管理需要投入精力的地方。图中 2 月比预计低了好多，而 3 月比预计高了好多，表示编制预算时对投入实际发生的时间预计不足，或者是实际发生的投入比预计的迟了一个月。而 4 月到 9 月的实际投入都比预算低很多，这不一定表示公司节省了支出，也可能是公司并没有按照原计划做必要的投入。许多公司在做销售费用预算的时候预计对市场进行投入，但真的到了那个时候可能因为对市场的判断出现变化，也可能对投入产出的效率有了不同的期待，还可能因为公司现金流出现问题，因而减少费用，但也有可能会错失良机。预算与实际对比会有很多的可能性，管理者用这个图表来参考判断管理决策状况和执行情况就比只是用嘴说来得扎实而实际。

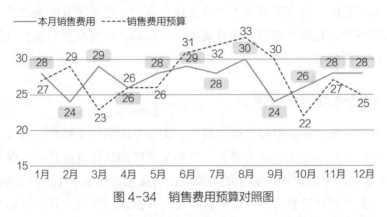

图 4-34　销售费用预算对照图

图 4-35 展示了与竞争对手销售费用的数据对比。如果是真的外部竞争对手，则很难拿到每个月的详细数字，最多能拿到上市公司每个季度的数据。所以最有可能的是公司自己做出季度累计金额与竞争对手进行对比。但如果是集团内部的或者是各个销售大区的数据，就可以按月对比了。

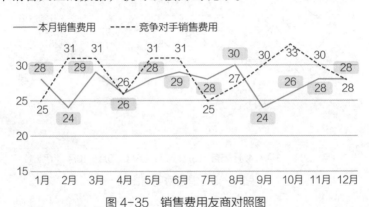

图 4-35　销售费用友商对照图

这些都是从不同维度、不同角度和不同层面的对比，当把这些都放在同一个看板上，就会有不同的对比效果。图 4-36 就将销售费用的四个维度放在同一个看板上。还可以做另外一种设计，就是四页联动的费用图，可以设计成上半部分显示四费各自的图表，下半部分显示其中一个费用的四个维度对比。例如第一页是以展示费用和销售费用率为主的，那么下面四个图别分是销售费用的环比变动图、同期对比图、预算对比图、同行对比图。第二页可以展示管理费用，同样也可以呈现四个维度的对比。这样的图形无论是用 Power BI 还是 Excel，都是可以实现的，特别是 Power BI，做这类切片呈现会非常容易实现。图中左边的选项就可以分别呈现不同费用的选择。如果全选就是四费合计的呈现，也可以组合任意两个或三个放在一起，这样的设计目的是适应某些对比公司对于一些费用的分类放置位置不同，有的放入管理费用，有的放入销售费用，组合在一起就可以暂时不管各自的分类是怎样的，放在同一个维度上做对比。Excel 做这种选项选择比较困难，虽然也能实现，但需要用到数据透视表的选项，稍微麻烦一点的也会用到 VBA 编程，就是宏命令的代码，普通使用者比较难以实现。但这并不是阻碍编制的障碍。即便不能用选项切片的选择，也可以用 Excel 编制四个 Sheet 的分析图。

九、费用对标看板

当四费都按照各自的维度来呈现以后，还可以将所有与同行对比的图再组合成一个看板，就是各项费用的同行对比图组。组图比单一图的优势更加明显，承载的信息量大，也容易做交叉分析。组图不会将完全不相干的信息放在一起，除非就是为了全面性而放不同信息作为总看板，否则就一定是同类数据以各种方式对比呈现。

图 4-37 分别展示了五家公司的管理费用率、销售费用率、财务费用率、研发费用率，以及四费率合计和叠加上成本的总成本费用率对比信息。以左上图为例，显示五家的管理费用率变动情况，几乎十分同步地从 2018 年开始各家公司的管理费用率都直线下降，而研发费用都在这一年从零开始直线上升。这种因素多半就是政策性的调整。那一年开始将原先在管理费用里的研发费用单列展示在财务报表中了，所以才会产生变化，这绝对不能解读为那一年各公司都节省了开支。这类事件不会总是发生，有一定的偶然性。但这类偶然性如果不被关注就会带来误导。

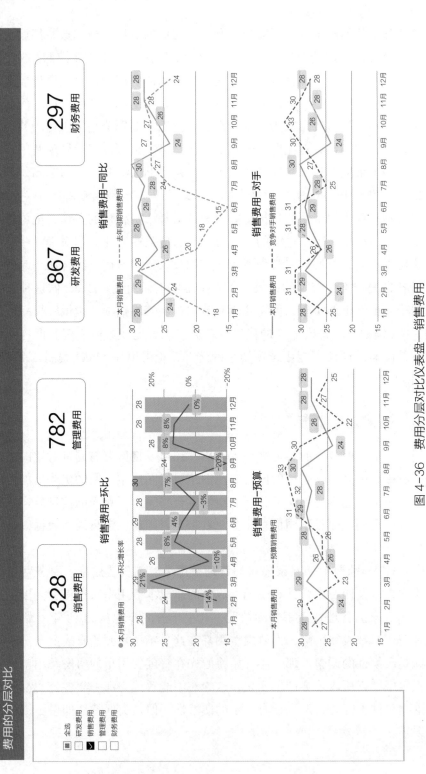

图 4-36　费用分层对比仪表盘—销售费用

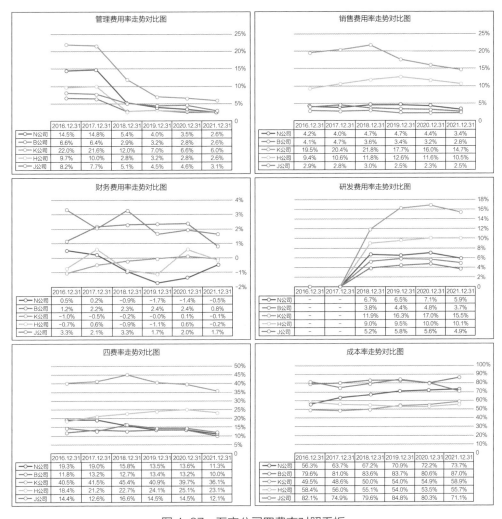

图 4-37　五家公司四费率对照看板

十、成本费用对标看板

最后再换一个角度来看公司的成本费用，这次改用带连线的柱形堆积图呈现各个公司的总成本费用。

图 4-38 呈现了 N 公司的成本费用的历年变化。柱形堆积图的好处就是能够看到总量的变化，也能看到各自变化的高低。N 公司图形中明显看到成本率的灰色柱形是在增高，红色代表公司的销售费用率，从历年的变化看近四年比重是在缩小的，黄色是管理费用率，绿色是研发费用率，在 2017 年之前是组合在一起的，从 2018 年开始是分开的。财务费用率放在了最下方，是因为唯独财务费用

率是最有可能出现负数的，那些存款利息高或汇兑收益高的公司财务费用率就会
是负数，这样就可以让图形展示在零点线之下。

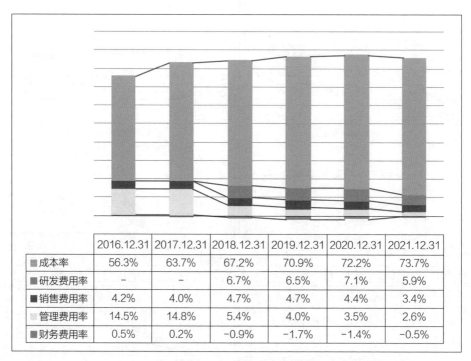

	2016.12.31	2017.12.31	2018.12.31	2019.12.31	2020.12.31	2021.12.31
■成本率	56.3%	63.7%	67.2%	70.9%	72.2%	73.7%
■研发费用率	–	–	6.7%	6.5%	7.1%	5.9%
■销售费用率	4.2%	4.0%	4.7%	4.7%	4.4%	3.4%
管理费用率	14.5%	14.8%	5.4%	4.0%	3.5%	2.6%
■财务费用率	0.5%	0.2%	−0.9%	−1.7%	−1.4%	−0.5%

图 4-38　N 公司成本费用走势图

　　图 4-39 展示了五家公司成本费用总占比的各年对比柱形图。用柱形图做群
体性对比的目的是让每年各自的占比会更加清晰，但在连续多年变化的时候还是
用折线图更加容易辨识。

　　图 4-40 展示了五家公司各自的成本费用堆积柱形图的变化走势，以及整体
占比的各年对照柱形图。前面展示利润的时候画过四根线表示四层利润，这里用
堆积柱形图展示包括成本在内的成本费用支出图，这类图的好处在于能够非常直
观地看到各条线的占比。为什么要叠加成本呢，这里不是讲费用吗？成本费用都
是公司的重要支出，而且有些公司的成本费用分类十分模糊，有的项目放在成本
里也行，放在费用里也行，有时因为交易条款的安排也会出现不同时期类似费用
放在不同项目的情况，完全割裂有时反而会造成信息的误读，所以全部展示出来
至少可以看到利润结构里主要支出项的内容。可以先把这个图展示出来，然后再
去掉成本因素，留下的就是四费。

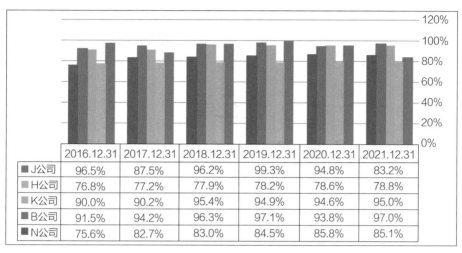

	2016.12.31	2017.12.31	2018.12.31	2019.12.31	2020.12.31	2021.12.31
J公司	96.5%	87.5%	96.2%	99.3%	94.8%	83.2%
H公司	76.8%	77.2%	77.9%	78.2%	78.6%	78.8%
K公司	90.0%	90.2%	95.4%	94.9%	94.6%	95.0%
B公司	91.5%	94.2%	96.3%	97.1%	93.8%	97.0%
N公司	75.6%	82.7%	83.0%	84.5%	85.8%	85.1%

图 4-39 五家公司成本费用走势图

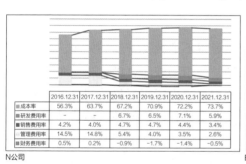

	2016.12.31	2017.12.31	2018.12.31	2019.12.31	2020.12.31	2021.12.31
成本率	56.3%	63.7%	67.2%	70.9%	72.2%	73.7%
研发费用率	–	6.7%	6.5%	7.1%	5.9%	
销售费用率	4.2%	4.0%	4.7%	4.7%	4.4%	3.4%
管理费用率	14.5%	14.8%	5.4%	4.0%	3.5%	2.6%
财务费用率	0.5%	0.2%	-0.9%	-1.7%	-1.4%	-0.5%

N公司

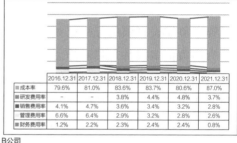

	2016.12.31	2017.12.31	2018.12.31	2019.12.31	2020.12.31	2021.12.31
成本率	79.6%	81.0%	83.6%	83.7%	80.6%	87.0%
研发费用率	–	–	3.8%	4.4%	4.8%	3.7%
销售费用率	4.1%	4.7%	3.6%	3.4%	3.2%	2.8%
管理费用率	6.6%	6.4%	2.9%	3.2%	2.8%	2.6%
财务费用率	1.2%	2.2%	2.3%	2.4%	2.4%	0.8%

B公司

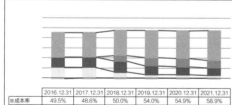

	2016.12.31	2017.12.31	2018.12.31	2019.12.31	2020.12.31	2021.12.31
成本率	49.5%	48.6%	50.0%	54.0%	54.9%	58.9%
研发费用率	–	–	11.9%	16.3%	17.0%	15.5%
销售费用率	19.5%	20.4%	21.8%	17.7%	16.0%	14.7%
管理费用率	22.0%	21.6%	12.0%	7.0%	6.6%	6.0%
财务费用率	-1.0%	-0.5%	-0.2%	-0.0%	0.1%	-0.1%

K公司

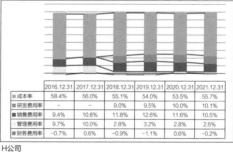

	2016.12.31	2017.12.31	2018.12.31	2019.12.31	2020.12.31	2021.12.31
成本率	58.4%	56.0%	55.1%	54.0%	53.5%	55.7%
研发费用率	–	–	9.0%	9.5%	10.0%	10.1%
销售费用率	9.4%	10.6%	11.8%	12.6%	11.6%	10.5%
管理费用率	9.7%	10.0%	2.8%	3.2%	2.8%	2.6%
财务费用率	-0.7%	0.6%	-0.9%	-1.1%	0.6%	-0.2%

H公司

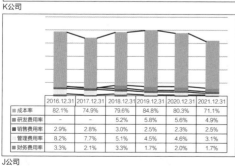

	2016.12.31	2017.12.31	2018.12.31	2019.12.31	2020.12.31	2021.12.31
成本率	82.1%	74.9%	79.6%	84.8%	80.3%	71.1%
研发费用率	–	–	5.2%	5.8%	5.6%	4.9%
销售费用率	2.9%	2.8%	3.0%	2.5%	2.3%	2.5%
管理费用率	8.2%	7.7%	5.1%	4.5%	4.6%	3.1%
财务费用率	3.3%	2.1%	3.3%	1.7%	2.0%	1.7%

J公司

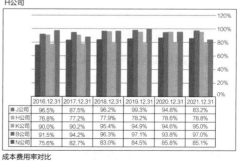

	2016.12.31	2017.12.31	2018.12.31	2019.12.31	2020.12.31	2021.12.31
J公司	96.5%	87.5%	96.2%	99.3%	94.8%	83.2%
H公司	76.8%	77.2%	77.9%	78.2%	78.6%	78.8%
K公司	90.0%	90.2%	95.4%	94.9%	94.6%	95.0%
B公司	91.5%	94.2%	96.3%	97.1%	93.8%	97.0%
N公司	75.6%	82.7%	83.0%	84.5%	85.8%	85.1%

成本费用率对比

图 4-40 五家公司成本费用走势对照看板

05

第五章
报表层级资产与现金流可视化

资产负债表事项的分析相对于利润表就显得不那么受管理层关注，原因之一就是资产负债多数都是相对静态的时点数据，与市场并非直接关联，而挖掘内部潜力的成果大多都在利润表里体现，资产负债里很少能直观感受到。再加上管理层对资产负债表也没有那么熟悉，自然就关注得比较少。但是这种认知是有偏差的，有一句玩笑话说："新手先看利润表，而老手先看资产负债表"。资产负债表之所以重要，是因为它反映的是企业的资产规模、资产质量、对企业未来业务增长的支撑能力等。就日常的运营分析而言，如果你要分析资产负债状况，除了那些常规的指标以外，重要的就是要与利润结构相关联。

我们先看一下资产负债的结构与利润结构的关联状况，如图 5-1 所示，从销售环节来看，流动资产中的应收账款与销售收入息息相关。流动资产中的生产库存（存货）与利润表里的成本息息相关，生产库存（存货）和成本又与流动负债里的应付账款息息相关，而人工成本（应付职工薪酬）又与成本、费用，以及生产库存（存货）相关，基本上资产负债的所有项目都可能跟利润息息相关。在分析资产和负债的时候，除了常见的表内分析诸如资产负债率、流动比率等，还可以大量结合利润表事项来实现。

一、资产负债健康状况仪表盘

首先可以思考资产负债中哪些是管理层最关注的或者最应该关注的，例如现金存量、日常支出现金覆盖率、应收账款天数、应付账款付款天数、存货周转天

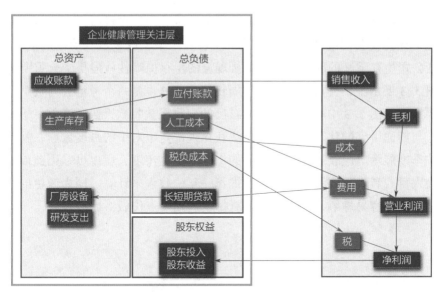

图 5-1　企业健康管理关注层

数，这几个虽然不是资产负债里最经典的，但却是绝大多数管理者都能立刻理解的。对于经典的股东权益回报率、资产负债率、总资产周转率等指标，也不能抛弃，只是需要在展示的同时有更多的解释和对比。

图 5-2 展示了现金存量滚动变化，以及存量现金能够覆盖日常支出的月度数。日常支出现金覆盖月数这个指标是用全年所有成本费用、采购支出的合计金额除以 12 得出月均支付现金数，当然也可以用现金流量表的经营性现金流出总

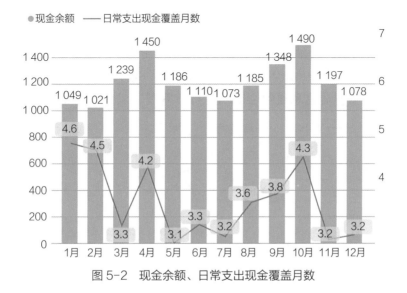

图 5-2　现金余额、日常支出现金覆盖月数

额计算。利用这个指标能清晰地了解公司目前现金余额在没有任何其他现金流入的状况下还能让公司维持多久的存活。所有资产中，现金是流动性最强的一种，也是让公司生存下来的底线，所以分析现金的生存保障性就显得十分重要。

图 5-3 展示了某公司应收账款的周转情况，这也是一个考量公司资产健康度的重要指标。图 5-3 中给出一家公司自己的应收账款收款天数和竞争对手的收款天数，与前面讲到的状况一样，你无法获得外部竞争对手的月度数据，就可以切换成按季度展示。应收账款周转天数的指标属性是年度，所以可以用此前滚动一年的收入额或者本月或者本季度累计推算一年的收入来计算。同为蓝色的实线和虚线让图表更容易理解，也容易让人对每个周期的点位做对比。

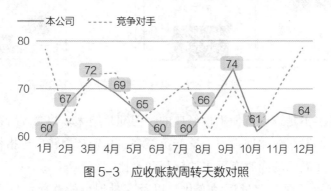

图 5-3　应收账款周转天数对照

图 5-4 展示了应付账款的周转情况，与上一张图的应收账款周转天数形成了很好的匹配。一个应收账款图一个应付账款图，一个是看客户几天给我钱，一个是我几天给供应商钱。当然最佳状态就是客户先给我钱然后我再给供应商钱，但可惜的是许多公司都是等不到客户给钱的时候，就得先给供应商钱，这就是为什么许多公司都需要获得融资支持的重要原因。图中用了红色系实线和虚线。红色通常表示重要、警戒、热烈等感受，应付账款用红色其实也是想要表达需要各位注意。上一张图的蓝色系通常会表示冷静、客观、成长等感受，应收账款用蓝

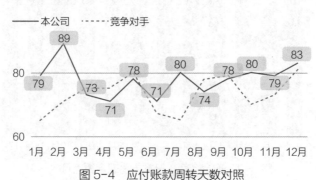

图 5-4　应付账款周转天数对照

色系表达了需要冷静面对客户的付款节奏。当然颜色的选择因人而异，思考的角度不同喜欢的色系也就不同。你自己做图表的时候只要能理解阅读者的思路模式，以及不要让一张图中色系冲突太大就可以。

图 5-5 展示了存货的周转情况，结合前面两张就构成了三张重要的周转图。存货周转隐含的状态就是既不能太高也不能太低。太高则表示太多积压物资没有得到有效利用，太低则表示随时都有可能被动停产而耽误交付。存货还有两个考虑因素，一个是零库存模式，零库存对企业日常管理的精密度要求极高，对市场需求把控度的要求也极高，否则你的零库存就是供应商的严重积压库存。如果你的客户是一家零库存模式的供应商，除非它们的订单每次都毫无更改地照单全收，否则你自己的库存将是一个无法改善的重大负累。另一个是稀缺存货模式，当你的某个原料是全球稀缺物资，那么就不能用存货周转天数来衡量，而是在你预期可控的周期内尽量多进行储备，有时甚至需要考虑调用一定的金融资源如贷款进行布局，例如某个阶段的全球芯片供应、全球芯片原料供应等。周转率或周转天数的应用不能太过机械，从财务分析的角度出发，你也必须要了解业务实质，对这些细节的考虑也需要全面到位，否则你制作出来的财务可视化看板就会被业务部门质疑。

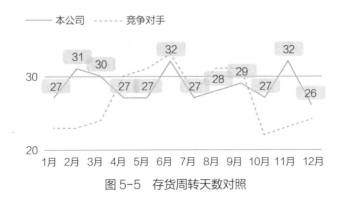

图 5-5 存货周转天数对照

图 5-6 中资产总量和资产负债率使用了堆积柱形图和折线图。堆积柱形图使用了总负债和所有者权益的数据，跟进具体情况也可以使用流动资产和非流动资产的堆积。图 5-6 中展示的效果模式，好像看起来资产负债率不像折线图表现得波动那么大，是因为折线图的展示区间非常小，所以看起来波动就大。这需要考虑你的行业或者你的公司对这个指标的敏感度有多高，如果敏感度高，则如此展示是没问题的，一点点的变化就会引起关注；如果敏感度低，你就需要放宽区间，让这个折线图跟深浅堆积图的交接点区域重合，并不会让阅读者对数字变化

过度敏感。

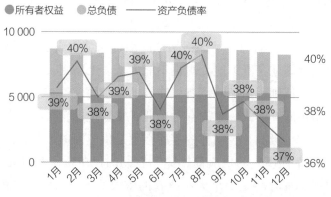

图 5-6　资产负债率对照

图5-7将前面展示的几张重要图表结合起来，再加上股权盈利和总资产效率图。这张图的设计出发点是绝大多数企业的管理层的常规关注点，并未考虑对财务精通的管理层的财务分析需求。所以你在做这个仪表盘的时候，首先要了解你公司的管理层对财务的理解程度在什么层面上，如果很懂财务，那么这个图表可能会让他们觉得信息量不多。但如果管理层不太了解财务逻辑，那么对这张图的适应度就会比较高了，可以成为大多数管理层对企业资产健康状况进行关注的起点。

整张图的中上区域我们没有放图表，而是直接放两个大数字：资产总额和现金总量。总资产不一定是管理者时刻关心的，但现金存量很有可能是管理者时刻关注的，如果这个表是能够实时变动的就更加有效。中间放了过去一段时间的每个周期的现金存量，能看得出整体的变化，以及各个阶段的日常支出现金覆盖率。前面讲过计算公式，企业需要确保现金的保有量不能低于一个月，最好是三个月以上的存量。

接下来的左边区域放了三个周转天数，其中应收账款周转天数和应付账款周转天数放在上下相邻的位置，这样就能一眼看得到哪个更积极。下面区域里放置的存货周转天数又与应付账款周转天数相邻，应付账款主要是原材料采购所致，原材料就是存货的一种，两个图表放在相邻位置就容易做出对照比对。

我们在本书中提到的大量指标都没有给出公式，是因为这些公式非常容易获取，随时需要随时搜索即可。我们更鼓励你对财务分析指标的创新创造，只要是符合公司经营状况的分析，完全可以创造出更加丰富的指标。

右边三个图表看起来跟日常经营活动的联系并没有那么紧密，其实这三个指

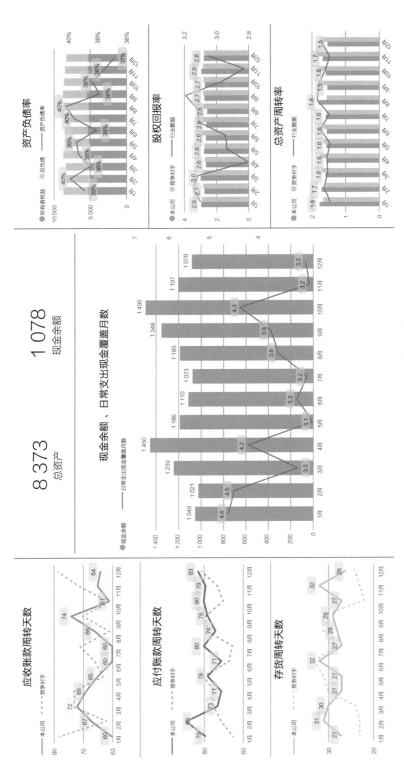

图5-7 资产健康状况看板

标是非常重要的。资产负债率用来看公司的整体负债状况和整体风险，股东回报率用来看投资者角度的投资回报状况，总资产周转率用来看公司的整体效率。如此重要的指标为何只给了这么小的区域呢，难道不应该居中放大吗？其实是因为这三个指标对于日常经营来说不容易找到抓手，短期的努力不会有任何成效，做不好反而会伤害公司的稳步成长。所以这些指标虽然非常重要，甚至可以说没有比它们更重要的指标，但这些指标每天、每月都不太会有巨大波动。所以，这些指标不能不看，但也不必占用管理层过多的时间精力。

二、薪效对比看板

接下来我们再针对公司人效方面给出一系列横向对比的子仪表盘。提到人效，通常人力资源部门会用各种人均值来对比。只是人均值有很大的误导性，因为有些组织习惯用高薪少人的策略，有些组织习惯用低薪多人的策略。并不存在谁对谁错，而是由管理风格和行业特性所决定的，所以用人均值做对比的时候就会出现很多的奇怪数据无法得到很好的诠释。但无论是人多人少，无论是高薪低薪，对于企业来说付出的代价就是薪酬等人工成本，所以用人工成本作为权数就会变得非常合理。

图 5-8 展示了五家公司每万元薪酬成本的支出所能够创造的收入对比。图 5-8 中显示，多数年份里 N 公司付出的薪酬创造的收入是最高的，一方面说

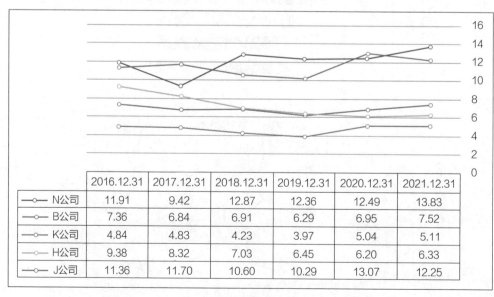

	2016.12.31	2017.12.31	2018.12.31	2019.12.31	2020.12.31	2021.12.31
N公司	11.91	9.42	12.87	12.36	12.49	13.83
B公司	7.36	6.84	6.91	6.29	6.95	7.52
K公司	4.84	4.83	4.23	3.97	5.04	5.11
H公司	9.38	8.32	7.03	6.45	6.20	6.33
J公司	11.36	11.70	10.60	10.29	13.07	12.25

图 5-8　万元薪酬创造收入走势对比

明 N 公司付出薪酬代价所创造的效果最明显，另一方面也说明可能 N 公司的薪酬水平在几家公司里相对较低。这样分析的结果喜忧参半，好的方面是效率高、效果好，忧的方面是如果竞争对手用高薪来挖人才则有可能会让公司有损失。当然这种分析结果是孤立的，还应当结合公司整体人才规划综合评判。

图 5-9 展示了每万元薪酬成本支出所创造的毛利对比情况。蓝色的 J 公司显示出了强劲的增长，而其他四家公司都是在下降的趋势中。应当在这个环节做足分析功课，给管理层一个客观的分析和合理的解释，为什么自己的公司没有如此巨大的变化。

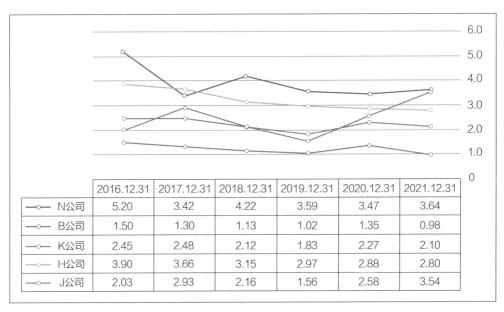

	2016.12.31	2017.12.31	2018.12.31	2019.12.31	2020.12.31	2021.12.31
N公司	5.20	3.42	4.22	3.59	3.47	3.64
B公司	1.50	1.30	1.13	1.02	1.35	0.98
K公司	2.45	2.48	2.12	1.83	2.27	2.10
H公司	3.90	3.66	3.15	2.97	2.88	2.80
J公司	2.03	2.93	2.16	1.56	2.58	3.54

图 5-9　万元薪酬创造毛利走势对比图

图 5-10 展示了五家公司每万元薪酬支出所创造的净利润对比，这也是比较核心的盈利能力体现。N 公司万元薪酬创造 1.9 万元利润，在暂不考虑其他因素的情况下，花 1 万元赚 2 万元，说起来还是划算的。而 B 公司和 K 公司花 1 万元只赚到了几千元，看起来好像公司赚到的钱还不如付给人工的薪酬多。不能简单地评价这样就是不好，而是要看公司的管理模式和行业特性。总之这个数据客观地呈现甚至是冷酷无情地袒露在管理层面前，就不得不想办法找到答案了。

图 5-11 和图 5-12 分别展示了每万元薪酬对应的总资产和总负债。这在日常管理上作用不大，但在公司整体战略规划上却有重要的意义。它说明公司在确定发展模式的时候就决定了采取重资产少人工的行业或模式，还是轻资产多人工

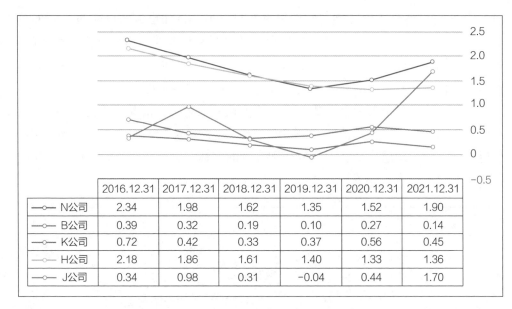

	2016.12.31	2017.12.31	2018.12.31	2019.12.31	2020.12.31	2021.12.31
—○— N公司	2.34	1.98	1.62	1.35	1.52	1.90
—— B公司	0.39	0.32	0.19	0.10	0.27	0.14
—— K公司	0.72	0.42	0.33	0.37	0.56	0.45
—○— H公司	2.18	1.86	1.61	1.40	1.33	1.36
—○— J公司	0.34	0.98	0.31	-0.04	0.44	1.70

图 5-10　万元薪酬创造净利润走势对比图

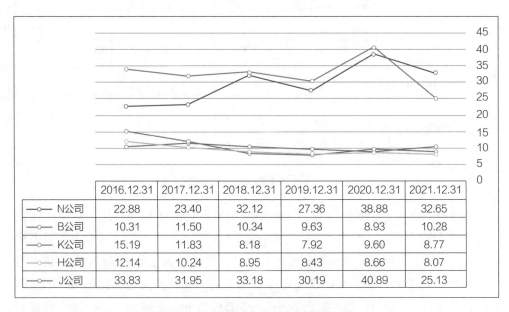

	2016.12.31	2017.12.31	2018.12.31	2019.12.31	2020.12.31	2021.12.31
—○— N公司	22.88	23.40	32.12	27.36	38.88	32.65
—○— B公司	10.31	11.50	10.34	9.63	8.93	10.28
—— K公司	15.19	11.83	8.18	7.92	9.60	8.77
—○— H公司	12.14	10.24	8.95	8.43	8.66	8.07
—○— J公司	33.83	31.95	33.18	30.19	40.89	25.13

图 5-11　万元薪酬总资产规模走势对比图

的行业或模式。在这个决定下再去精简和优化才是有效的管理方式。

　　另外，如果公司是重资产的，万元薪酬作为权数分析的结果就难以呈现经营状况，而是可以替换成每万元折旧摊销，或者每万元资产租金作为权数，这样就

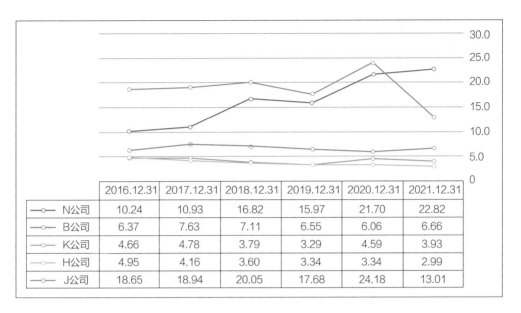

	2016.12.31	2017.12.31	2018.12.31	2019.12.31	2020.12.31	2021.12.31
N公司	10.24	10.93	16.82	15.97	21.70	22.82
B公司	6.37	7.63	7.11	6.55	6.06	6.66
K公司	4.66	4.78	3.79	3.29	4.59	3.93
H公司	4.95	4.16	3.60	3.34	3.34	2.99
J公司	18.65	18.94	20.05	17.68	24.18	13.01

图 5-12　万元薪酬总负债规模走势对比图

更加符合重资产运营的商业模式。总之，在进行权数分析时，应以公司最重大投入或代价能带来的商业回报作为权数的选择考量。

图 5-13 呈现了每万元薪酬创造的经营性净现金流。还记得前面提到的每万

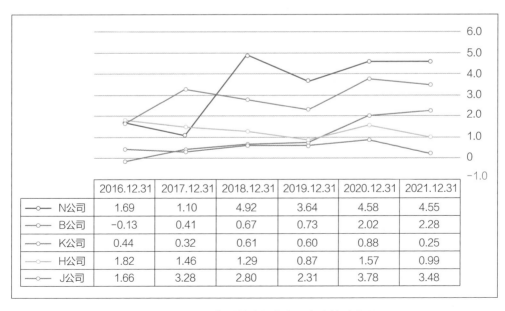

	2016.12.31	2017.12.31	2018.12.31	2019.12.31	2020.12.31	2021.12.31
N公司	1.69	1.10	4.92	3.64	4.58	4.55
B公司	-0.13	0.41	0.67	0.73	2.02	2.28
K公司	0.44	0.32	0.61	0.60	0.88	0.25
H公司	1.82	1.46	1.29	0.87	1.57	0.99
J公司	1.66	3.28	2.80	2.31	3.78	3.48

图 5-13　万元薪酬创造经营净现金走势对比图

元薪酬创造净利润那张图里的 J 公司吗？一飞冲天的出众表现跟现在这种现金流不升反降的状况形成了非常鲜明的对照。这也就是为什么我们特别强调一定要多图在同一个看板上不同视角不同维度地共同呈现，往往能够发现许多隐藏的问题。

图 5-14 就是将六张万元薪酬对比的图表放在同一个看板上，仅仅从整体上看不出什么特别之处，甚至管理者看到这张图可能立刻就会反问你到底想要表达什么。如果对这类图没有深刻的理解，建议不要展示，因为看起来也不美观，内容又太深邃，阅读者很难理解到更深的层次。不过如果你能够清晰地分析出问题点，并且也能够找出问题产生的原因，同时也能够给出合理地解决方案，那么就可以用这张图作为你分析的辅助展示，将你发现的问题圈出来明示，并配以简要的说明来呈现，效果就会非常明显了。

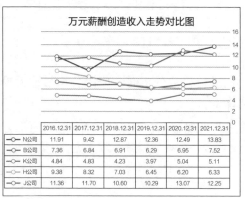

万元薪酬创造收入走势对比图

	2016.12.31	2017.12.31	2018.12.31	2019.12.31	2020.12.31	2021.12.31
N公司	11.91	9.42	12.87	12.36	12.49	13.83
B公司	7.36	6.84	6.91	6.29	6.95	7.52
K公司	4.84	4.83	4.23	3.97	5.04	5.11
H公司	9.38	8.32	7.03	6.45	6.20	6.33
J公司	11.36	11.70	10.60	10.29	13.07	12.25

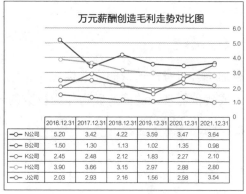

万元薪酬创造毛利走势对比图

	2016.12.31	2017.12.31	2018.12.31	2019.12.31	2020.12.31	2021.12.31
N公司	5.20	3.42	4.22	3.59	3.47	3.64
B公司	1.50	1.30	1.13	1.02	1.35	0.98
K公司	2.45	2.48	2.12	1.83	2.27	2.10
H公司	3.90	3.66	3.15	2.97	2.88	2.80
J公司	2.03	2.93	2.16	1.56	2.58	3.54

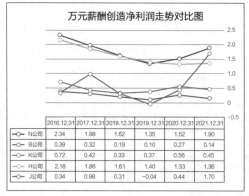

万元薪酬创造净利润走势对比图

	2016.12.31	2017.12.31	2018.12.31	2019.12.31	2020.12.31	2021.12.31
N公司	2.34	1.98	1.62	1.35	1.52	1.90
B公司	0.39	0.32	0.19	0.10	0.27	0.14
K公司	0.72	0.42	0.33	0.37	0.56	0.45
H公司	2.18	1.86	1.61	1.40	1.33	1.36
J公司	0.34	0.98	0.31	-0.04	0.44	1.70

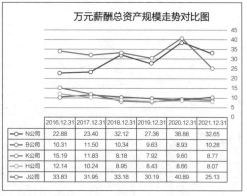

万元薪酬总资产规模走势对比图

	2016.12.31	2017.12.31	2018.12.31	2019.12.31	2020.12.31	2021.12.31
N公司	22.88	23.40	32.12	27.36	38.88	32.65
B公司	10.31	11.50	10.34	9.63	8.93	10.28
K公司	15.19	11.83	8.18	7.92	9.60	8.77
H公司	12.14	10.24	8.95	8.43	8.66	8.07
J公司	33.83	31.95	33.18	30.19	40.89	25.13

图 5-14　万元薪酬创造价值走势对比图

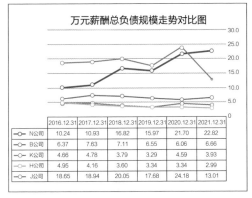
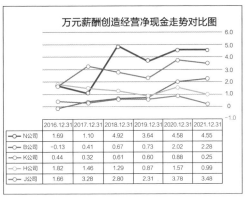

	2016.12.31	2017.12.31	2018.12.31	2019.12.31	2020.12.31	2021.12.31
N公司	10.24	10.93	16.82	15.97	21.70	22.82
B公司	6.37	7.63	7.11	6.55	6.06	6.66
K公司	4.66	4.78	3.79	3.29	4.59	3.93
H公司	4.95	4.16	3.60	3.34	3.34	2.99
J公司	18.65	18.94	20.05	17.68	24.18	13.01

	2016.12.31	2017.12.31	2018.12.31	2019.12.31	2020.12.31	2021.12.31
N公司	1.69	1.10	4.92	3.64	4.58	4.55
B公司	-0.13	0.41	0.67	0.73	2.02	2.28
K公司	0.44	0.32	0.61	0.60	0.88	0.25
H公司	1.82	1.46	1.29	0.87	1.57	0.99
J公司	1.66	3.28	2.80	2.31	3.78	3.48

图 5-14　万元薪酬创造价值走势对比图（续）

三、综合经营对标看板

再例如看图 5-15，每张小图里的元素非常多，其能说明的问题也很多。如果没有一定的财务功底或者不太了解企业业务的人很难真正把控好这类图表，因为这种图高度浓缩了企业经营主线。首先，这张图是综合的销售、采购、库存这三大企业重要经营的循环；其次，数据来自资产负债表、利润表、现金流量表这三大报表的综合信息，有时期数，也有时点数。

我们就简单分析一下如何解读这种复杂图形。

时期数用折线展示，表示其持续的流动性；时点数用柱形图展示，表示其稳定的存量状态。以图 5-15 中的第一张图为例，红色实线的折线代表不含增值税的收入，蓝色实线的折线代表含增值税的销售收到的现金。这两条线的关系可以理解为当期销售的商品有多少收到了现金，最佳状态就是蓝线比红线高13%（增值税率），表示全部都收到现金了，例如 2019 年。但在 2021 年这两条线几乎完全重叠，虽然这一年迎来巨大的增长，但同时也带来高额的应收账款。果然，我们看到黄色柱状图比前一年增高了几倍之多，表示公司在扩大销售的同时回款的能力有所下降，当年增长的销售中许多都没有收到现金。虽说这是一个增长过程中经常经历的现象，但这种现象不能不被关注。我们设想一下这个汇报场景，当我们讲到这里的时候，管理层或许会说这很正常，因为我们年底大规模促销推广，销售都是在那个时候实现的，按照账期客户也不需要付款，过了这个阶段就恢复正常了。此刻的你立即就应当想到在下个月展示这个图的时候应当对此进行延续的追踪，同时还要想到在细节展示的时候应该更多地分析账期明细和超账期明细。这样，销售情况的展示就会相对比较完整。

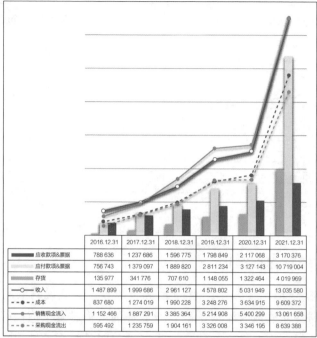

	2016.12.31	2017.12.31	2018.12.31	2019.12.31	2020.12.31	2021.12.31
应收款项&票据	788 636	1 237 686	1 596 775	1 798 849	2 117 068	3 170 376
应付款项&票据	756 743	1 379 097	1 889 820	2 811 234	3 127 143	10 719 004
存货	135 977	341 776	707 610	1 148 055	1 322 464	4 019 969
收入	1 487 899	1 999 686	2 961 127	4 578 802	5 031 949	13 035 580
成本	837 680	1 274 019	1 990 228	3 248 276	3 634 915	9 609 372
销售现金流入	1 152 466	1 887 291	3 385 364	5 214 908	5 400 299	13 061 658
采购现金流出	595 492	1 235 759	1 904 161	3 326 008	3 346 195	8 639 388

N公司

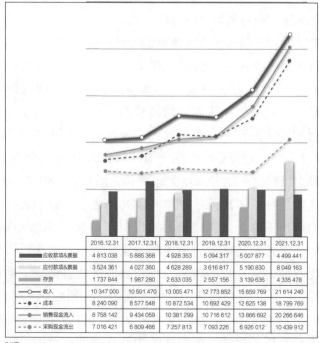

	2016.12.31	2017.12.31	2018.12.31	2019.12.31	2020.12.31	2021.12.31
应收款项&票据	4 813 038	5 885 368	4 928 353	5 094 317	5 007 877	4 499 441
应付款项&票据	3 524 361	4 027 360	4 628 289	3 616 817	5 190 830	8 049 163
存货	1 737 844	1 987 280	2 633 035	2 557 156	3 139 636	4 335 478
收入	10 347 000	10 591 040	13 005 471	12 773 852	15 659 769	21 614 240
成本	8 240 090	8 577 548	10 872 534	10 692 429	12 625 138	18 799 769
销售现金流入	8 758 142	9 434 059	10 381 299	10 716 612	13 866 692	20 266 646
采购现金流出	7 016 421	6 809 466	7 257 813	7 093 226	6 926 012	10 439 912

B公司

图 5-15　企业经营主线综合图

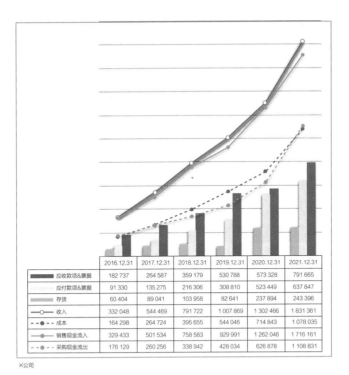

	2016.12.31	2017.12.31	2018.12.31	2019.12.31	2020.12.31	2021.12.31
应收款项&票据	182 737	264 587	359 179	530 788	573 328	791 665
应付款项&票据	91 330	135 275	216 306	308 810	523 449	637 847
存货	60 404	89 041	103 958	82 641	237 894	243 396
收入	332 048	544 469	791 722	1 007 869	1 302 466	1 831 361
成本	164 298	264 724	395 655	544 046	714 843	1 078 035
销售现金流入	329 433	501 534	758 583	929 991	1 262 046	1 716 161
采购现金流出	176 129	260 256	338 942	428 034	626 878	1 108 831

K公司

图 5-15　企业经营主线综合图（续）

　　红色虚线是成本，蓝色虚线是采购支付现金，这两条线也比较接近，但蓝线比红线略低一点，表示支付的成本类现金少于成本，原因除了折旧摊销这类不需要支付现金，很可能供应商得到货款也存在滞后性。虽然这不是坏事情，但也需要考虑这个周期不可能无限延长，否则会有供应商延迟或停止供货的风险。

　　红色实线与红色虚线之间的距离就可以理解为毛利空间，这个敞口始终是在扩大的，表示公司的经营模式是销量越大毛利越高，但敞口的扩大并非十分明显，也就是销量带来的毛利红利并不会产生重大影响，公司销售的产品中硬件成本占据了主要位置，而且供应商的降价空间也十分受限。

　　蓝色实线与蓝色虚线之间的距离就表示经营留下的现金。如同毛利空间一样，这家公司的经营现金流的净流入也在扩大，虽然净增幅没有那么明显，但也的确是获得了增长产生的红利。而蓝色虚线的供应商支付与红色柱形图的距离表示了应付款是付款总额的一小半，而前一年是付款额的一大半，这表示公司付款的积极性提高了不少，很有可能也是为了促成大规模生产而必须获得硬件资源，为了鼓励供应商及时供货，所以就采取了积极付款的方式，看来也是非常有效的举措，不过这样看来应收款项比应付款项多了好几倍，只要有足够的现金存量，那么阶段性爆发式增长的这种状态也是可以支撑的。绿色柱形图代表存货，如果不含税的存货比含税的应付款还高，表示公司采购的物资不会等到销售以后再付款，而是很可能买入就算账期，到期就付款。

整体分析下来，就会得到一个结论，公司在大规模增长的时候，用更积极的付款获得了供应商的大力支持，用更长的收款期获得了客户的青睐，从而在一定程度上占据了更大的市场空间。这一波操作很有可能会让竞争对手难过，这是你公司的优势所在。但同时也必须要警觉地看到大额应收款的瞬间爆发，甚至都已经接近了当年的总销售额。这些钱是公司增长红利的兑现，必须要全力催收，否则增长非但不会提升公司实力，反而会消耗公司的资源。

虽然资产负债里的信息极其丰富，但管理层不会关注所有信息，而只可能是重点展示的专项内容。例如这段时间公司的资金紧张，那么展示现金存量以及各贷款渠道的资金融通状况就是一个重点。所以还是需要看管理层的关注点在哪，你就应当展示这些信息并分析透彻。

四、现金流综合看板

现金是公司的生命线，从公司经营的关系脉络图上看，所有现金的收支都与公司的资产负债收入支出有关系，只是掌握这种关联关系需要更多地了解其在日常经营脉络上的运转规则和运行规律。

我们在图 5-16 上并没有将所有的连线画全，是因为真实经营场景下的连线

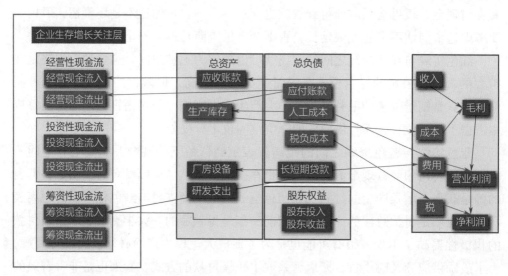

图 5-16　企业生存增长关注层

非常繁杂，很有可能画出来的线全部都混杂纠缠在一起，也就看不出来主线了。所以我们只画了日常经营的和筹集资金的连线。

首先需要理解现金流与日常经营的关系，这些关系的建立可能是你的可视化图表所关注的重点事项。现金至少需要关注流量变化、存量变化、各分类的流入流出、总流入与总流出的分析、存量与总支出的关系、存量与总资产的关系、存量与负债的关系等。

图 5-17 展示了公司现金总流入和现金总流出柱形图，以及现金净流入的折线图，如果流入比流出长表示净流入为正数，而且流入流出对比能够清楚地了解各月的收付款情况，净现金流在柱形图上呈现红色亮眼的折线图让阅读者很容易辨别净流入或净流出的金额。

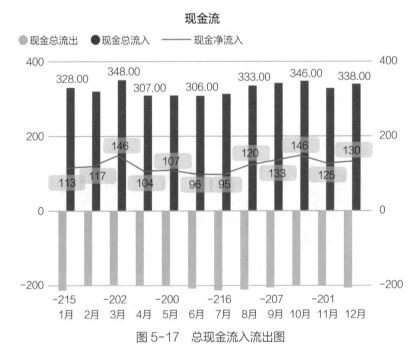

图 5-17 总现金流入流出图

图 5-18 呈现了销售收入与销售商品、提供劳务收到的现金的对比状况，其他经营现金通常是与销售无关的，如果将所有经营收现与收入对比恐怕会干扰阅读者的判断。这张图中的深色柱形图恰好就可以与红色折线图形成对照。图中显示的总现金流入很接近收入，看起来很好，但如果去掉其他流入，那么很多现金其实是一直都没有收回来的，更何况收现金是含增值税而收入是不含增值税的，这样就又差了十多个百分点。

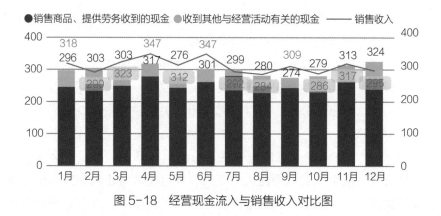

图 5-18　经营现金流入与销售收入对比图

图 5-19 展示了经营现金流出与利润总支出的对照状况。同样也是用深色的购买商品接受劳务支付的现金和支付给职工的现金来跟总成本费用做直接对照，不过这里也不能忽视总现金支出，因为在支付其他的现金流里既包括了往来款，也包括了费用报销等，所以需要根据公司的实际情况进行分析。

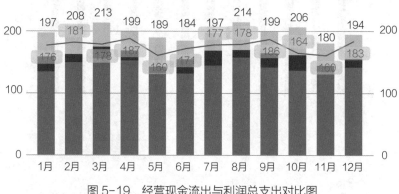

图 5-19　经营现金流出与利润总支出对比图

图 5-20 展示了经营净现金流入与净利润的对照状况，这两个数据的比率也是财务上比较有名的净利润现金保障比率。整体上看公司经营净现金流是否能够持续超过净利润，也是考量公司收款能力的一个指标。

图 5-21 展示了公司现金存量和每期的现金净流入，现金的来源只有三个，经营、投资和筹资。这张图用红色系阴影表示存量，用蓝色系柱形图表示流量。两种图形和色系形成了鲜明的对照。

图 5-22 展示了公司现金存量在总资产中的占比。这个分析的目的并非实操经营，而是让管理者了解公司总资产中流动性最强的现金存量比例。

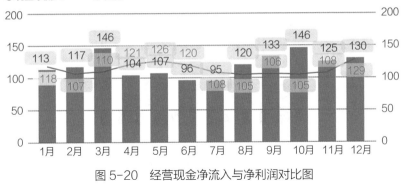

图 5-20　经营现金净流入与净利润对比图

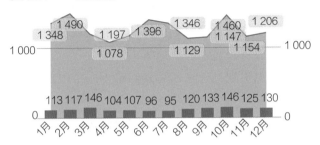

图 5-21　现金净流入与现金存量对比图

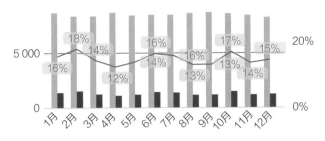

图 5-22　总资产、现金余额和现金存量占总资产比

　　图 5-23 与上一张相似，展示的是现金存量占总负债的比例，最好是将这两张图放在一起看。大多数负债最终都是用现金来偿还的，所以现金的存量以及周转模式就变成对负债健康状况的一个重要考量，了解现金与负债之间的占比情况也是综合判断负债状况的依据之一。

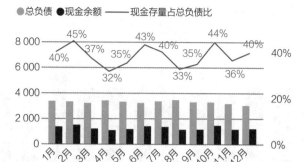

图 5-23　总负债、现金余额和现金存量占总负债比

　　将前面的这几个图完整组合在一起，形成一个如图 5-24 所示的现金流综合看板。看板整体设计采用了不规则九宫格的排列，左上摆放两个重要数字，现金净流入和现金存量。关于现金管理层最重视的可能是现在还有多少钱，这段时间赚了多少钱。然后下方放置经营性的流入流出，现金存量及日常覆盖月数。最下面这张图在其他看板中也出现过，这样就可以将不同维度的看板用某些相同的图表贯穿起来。

　　中间三张图分别是经营现金流入、支出和净流入的图，每个图都可以同时展示流量的堆积图以及变动趋势折线。经营现金支出图中每一条柱形图都是由各类经营性支出组成的，这样可以清晰地分辨出各类支出的变化趋势。流入支出两个图相邻摆放也有利于对照观察。下方净流入是最终结果，若想要留下更多，就需要在流入和支出中寻找解决方案，也就是说流入支出才是管理抓手。

　　右边的位置留给三个存量对比，或者说给投资性现金流和筹资性现金流留出两个位置。不过因为投资性和筹资性现金流在公司里发生的频率相对较低，很多情况下没有交易，图形就会是空白的，不利于空间利用，所以这里摆放了存量分析。存量是非常值得分析的。存量应当在资产负债表里存在，只是因为资产负债表中其他重要因素也很多，所以将存量分析放在现金流量表的分析图中也无可厚非。

　　将存量与三个数值做对比分析，净流入或者是经营性净流入、总资产、总负债。现金存量可以用面积图，净流入可以用柱形图，这样基本上可以看到现金变化与净流入的对照关系，以及各自的金额范围。如果叠加上经营性净流入也可以，因为这才是日常经营的现金成果，也是管理层最关心的。从存量与总资产的占比关系可以看出总资产中有多少比例的现金。总资产和现金都可以用柱形图，占比可以用折线图。如果这个数值过高，表明现金的利用率没有那么高；如果过

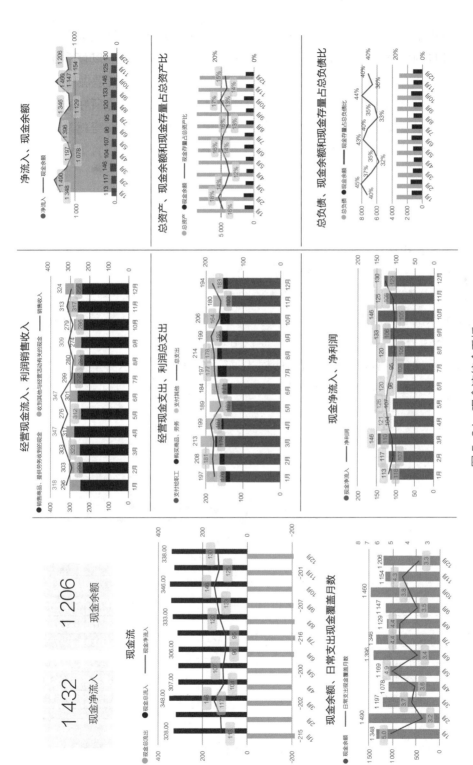

图 5-24　现金流综合看板

低，当然也不是好事。不过这里所讲的高与低并没有明确的标准，基本上是各家企业有各自的标准。存量与负债的对比也表明了负债规模中能够以存量现金偿付的比例是多少。这两个图表本身并没有非常大的实操意义，仅是供整体感知使用，类似资产负债表层级的仪表盘中的资产负债率一样。如果你所在的是创业公司，并且靠融资支撑企业的研发或运营，那么现金流对创业者而言就是需要几乎每周去关注的。此时，现金还可以维持公司几个月的运转，可以直接用大而醒目的数字做标识，让创业者及早进行规划。

五、三类现金流对标看板

接下来给出两组子仪表盘的展示建议。一组是各公司各类流量表的展示以及同行的状况，另一组是各类流量表分别与同行的对比图。

图5-25是第一组子仪表盘中的主要图表，展示了N公司三种现金流的走势、净现金流状况和存量现金。三根折线分别表示经营性净流入、投资性净流入和筹资性净流入，柱形图表示净现金流，面积图表示货币资金。看这张图就能清楚地了解公司近几年所有现金流入流出的模式，简单理解就是钱从哪里来，又花到哪里去。这部分也是需要财务功底支撑的。许多财务人不知道如何解释这类图形，

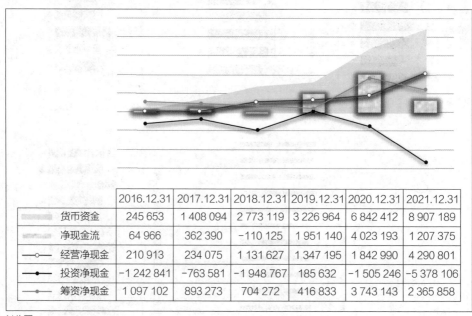

	2016.12.31	2017.12.31	2018.12.31	2019.12.31	2020.12.31	2021.12.31
货币资金	245 653	1 408 094	2 773 119	3 226 964	6 842 412	8 907 189
净现金流	64 966	362 390	-110 125	1 951 140	4 023 193	1 207 375
经营净现金	210 913	234 075	1 131 627	1 347 195	1 842 990	4 290 801
投资净现金	-1 242 841	-763 581	-1 948 767	185 632	-1 505 246	-5 378 106
筹资净现金	1 097 102	893 273	704 272	416 833	3 743 143	2 365 858

N公司

图 5-25　现金流走势情况图

也没法让不懂财务的领导理解其价值，原因就是财务人没有真的将财务数据与公司实际业务结合起来。你可以思考一件事，公司经营的原始目的就是想赚钱，只有收到了现金才算是赚钱。虽然近年来很多新的商业模式赚的不是企业经营的钱，而是企业价值增值的钱，但企业价值的增值到最后还是要变成现金，只是因为有资本的支持而将时间周期拉长而已。为了能赚到钱首先是要投入钱，让钱经过多轮转换变成更多钱，这种理解就是最朴素的叙述。只是在真实的业务中各种财务语言如资产负债权益收入成本费用利润掩盖了这种"朴素"。所以，现金是一家公司最实际的生存要件。你再回头看看这张图，日常经营让钱真的生钱了，而不仅仅是权责发生制里的利润；不仅客户给了我钱，我的投资人和银行也在给我钱，让我能更进一步扩大规模赚更多钱；拿到的钱除了投入日常生产以外，就是做对内对外投资，让产能规模更大、让上下游被我所控，这是所有企业都在遵循的扩张之路。用这样的思路你可以分析任何一家企业的生存逻辑。

图 5-26 展示了五家公司经营性净现金流的绝对值规模，若彼此是竞争对手，就看谁能赚到更多的现金，或者是暂时留下更多的现金。毕竟有现金就能生存，经营性现金就是生存能力的体现。

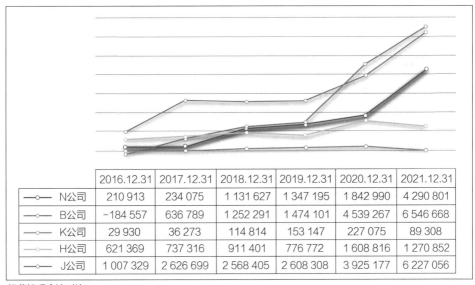

	2016.12.31	2017.12.31	2018.12.31	2019.12.31	2020.12.31	2021.12.31
N公司	210 913	234 075	1 131 627	1 347 195	1 842 990	4 290 801
B公司	-184 557	636 789	1 252 291	1 474 101	4 539 267	6 546 668
K公司	29 930	36 273	114 814	153 147	227 075	89 308
H公司	621 369	737 316	911 401	776 772	1 608 816	1 270 852
J公司	1 007 329	2 626 699	2 568 405	2 608 308	3 925 177	6 227 056

经营性现金流对比

图 5-26　净现金规模图

图 5-27 将五家公司的各自现金流分类图放在同一个看板中，可以对比它们近几年在各类现金流中的表现。这可以很容易地感知到各家公司整体上现金存量

的增加是因为日常经营还是因为获得了融资，也可以分析出在同一周期是如何获取现金和使用现金的。现金是公司的经营"血脉"，现金流向哪儿公司的"心"就在哪儿，现金从哪儿来公司就在哪里续"命"。所以，通过现金流向可以分析出各公司在某段时期的发展重心。

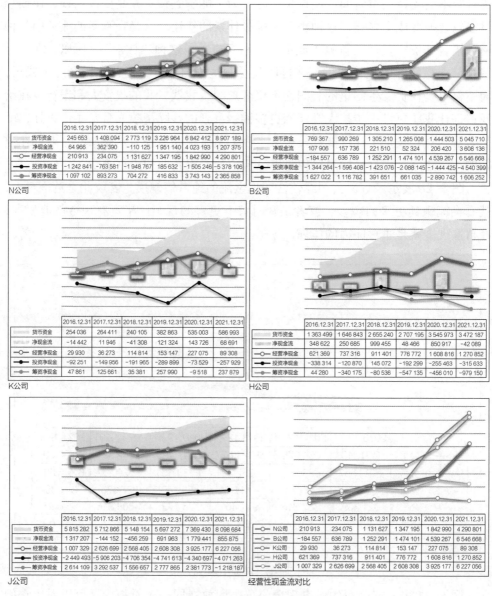

N公司

	2016.12.31	2017.12.31	2018.12.31	2019.12.31	2020.12.31	2021.12.31
货币资金	245 653	1 408 094	2 773 119	3 226 964	6 842 412	8 907 189
净现金流	64 966	362 390	-110 125	1 951 140	4 023 193	1 207 375
经营净现金	210 913	234 075	1 131 627	1 347 195	1 842 990	4 290 801
投资净现金	-1 242 841	-763 581	-1 948 767	185 632	-1 505 246	-5 378 106
筹资净现金	1 097 102	893 273	704 272	416 833	3 743 143	2 365 858

B公司

	2016.12.31	2017.12.31	2018.12.31	2019.12.31	2020.12.31	2021.12.31
货币资金	769 367	990 269	1 305 210	1 265 008	1 444 503	5 045 710
净现金流	107 906	157 736	221 510	52 324	206 420	3 608 136
经营净现金	-184 557	636 789	1 252 291	1 474 101	4 539 267	6 546 668
投资净现金	-1 344 264	-1 596 408	-1 423 076	-2 088 145	-1 444 425	-4 540 399
筹资净现金	1 627 022	1 116 782	391 651	661 035	-2 890 742	1 606 252

K公司

	2016.12.31	2017.12.31	2018.12.31	2019.12.31	2020.12.31	2021.12.31
货币资金	254 036	264 411	240 105	382 863	535 003	586 993
净现金流	-14 442	11 946	-41 308	121 324	143 726	68 691
经营净现金	29 930	36 273	114 814	153 147	227 075	89 308
投资净现金	-92 251	-149 956	-191 965	-289 899	-73 529	-257 929
筹资净现金	47 861	125 661	35 381	257 990	-9 518	237 879

H公司

	2016.12.31	2017.12.31	2018.12.31	2019.12.31	2020.12.31	2021.12.31
货币资金	1 363 499	1 646 843	2 655 240	2 707 195	3 545 973	3 472 187
净现金流	348 622	250 685	999 455	48 466	850 917	-42 089
经营净现金	621 369	737 316	911 401	776 772	1 608 816	1 270 852
投资净现金	-338 314	-120 870	145 072	-192 299	-255 463	-315 633
筹资净现金	44 280	-340 175	-80 536	-547 135	-456 010	-979 150

J公司

	2016.12.31	2017.12.31	2018.12.31	2019.12.31	2020.12.31	2021.12.31
货币资金	5 815 282	5 712 866	5 148 154	5 697 272	7 369 430	8 098 684
净现金流	1 317 207	-144 152	-456 259	691 963	1 779 441	855 875
经营净现金	1 007 329	2 626 699	2 568 405	2 608 308	3 925 177	6 227 056
投资净现金	-2 449 493	-5 906 203	-4 706 354	-4 741 613	-4 340 697	-4 071 263
筹资净现金	2 614 109	3 292 537	1 556 657	2 777 865	2 381 773	-1 218 187

经营性现金流对比

	2016.12.31	2017.12.31	2018.12.31	2019.12.31	2020.12.31	2021.12.31
N公司	210 913	234 075	1 131 627	1 347 195	1 842 990	4 290 801
B公司	-184 557	636 789	1 252 291	1 474 101	4 539 267	6 546 668
K公司	29 930	36 273	114 814	153 147	227 075	89 308
H公司	621 369	737 316	911 401	776 772	1 608 816	1 270 852
J公司	1 007 329	2 626 699	2 568 405	2 608 308	3 925 177	6 227 056

图 5-27　现金流综合看板

六、现金流的友商对比看板

图 5-28 是第二组子仪表盘，将经营性现金流、投资性现金流、筹资性现金流、净现金流、现金存量以及经营净现金流占总收入占比的对比图放在同一个看板中。这样的看板本身信息量很大，解读的难度比较大，只有在其他比较容易理解的看板都解释过了阅读者也明白了，再来解读这类看板，或许会有不同发现。以第一张图为例，展示了五家公司的经营性现金流走势对比，三家公司有一个较

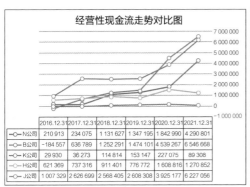

经营现金流走势对比图

	2016.12.31	2017.12.31	2018.12.31	2019.12.31	2020.12.31	2021.12.31
N公司	210 913	234 075	1 131 627	1 347 195	1 842 909	4 290 801
B公司	-184 557	636 789	1 252 291	1 474 101	4 539 267	6 546 668
K公司	29 930	36 273	114 814	153 147	227 075	89 308
H公司	621 369	737 316	911 401	776 772	1 608 816	1 270 852
J公司	1 007 329	2 626 699	2 568 405	2 608 308	3 925 177	6 227 056

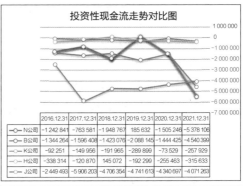

投资性现金流走势对比图

	2016.12.31	2017.12.31	2018.12.31	2019.12.31	2020.12.31	2021.12.31
N公司	-1 242 841	-763 581	-1 948 767	185 632	-1 505 246	-5 378 106
B公司	-1 344 264	-1 596 408	-1 423 076	-2 088 145	-1 444 425	-4 540 399
K公司	-92 251	-149 956	-191 965	-289 899	-73 529	-257 929
H公司	-338 314	-120 870	145 072	-192 299	-255 463	-315 633
J公司	-2 449 493	-5 906 203	-4 706 354	-4 741 613	-4 340 607	-4 071 263

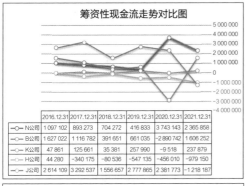

筹资性现金流走势对比图

	2016.12.31	2017.12.31	2018.12.31	2019.12.31	2020.12.31	2021.12.31
N公司	1 097 102	893 273	704 272	416 833	3 743 143	2 365 858
B公司	1 627 022	1 116 782	391 651	661 035	-2 890 742	1 606 252
K公司	47 861	125 661	35 381	257 990	-9 518	237 879
H公司	44 280	-340 175	-80 536	-547 135	-456 010	-979 150
J公司	2 614 109	3 292 537	1 556 657	2 777 865	2 381 773	-1 218 187

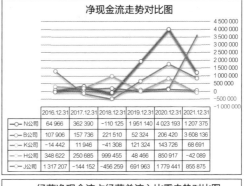

净现金流走势对比图

	2016.12.31	2017.12.31	2018.12.31	2019.12.31	2020.12.31	2021.12.31
N公司	64 966	362 390	-110 125	1 951 140	4 023 193	1 207 375
B公司	107 906	157 736	221 510	52 324	206 420	3 608 136
K公司	-14 442	11 946	-41 308	121 324	143 726	68 691
H公司	348 622	250 685	999 455	48 466	850 917	-42 089
J公司	1 317 207	-144 152	-456 259	691 963	1 779 441	855 875

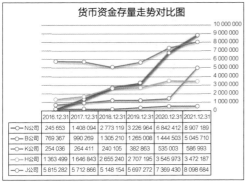

货币资金存量走势对比图

	2016.12.31	2017.12.31	2018.12.31	2019.12.31	2020.12.31	2021.12.31
N公司	245 653	1 408 094	2 773 119	2 326 964	6 842 412	8 907 189
B公司	769 367	990 269	1 305 210	1 265 008	1 444 503	5 045 710
K公司	254 036	264 411	240 105	382 863	535 003	586 993
H公司	1 363 499	1 646 843	2 655 240	2 707 195	3 545 973	3 472 187
J公司	5 815 282	5 712 866	5 148 154	5 697 272	7 369 430	8 098 684

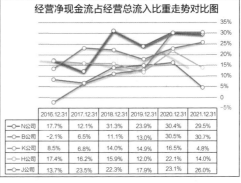

经营净现金流占经营总流入比重走势对比图

	2016.12.31	2017.12.31	2018.12.31	2019.12.31	2020.12.31	2021.12.31
N公司	17.7%	12.1%	31.3%	23.9%	30.4%	29.5%
B公司	-2.1%	6.5%	11.1%	13.0%	30.5%	30.7%
K公司	8.5%	6.8%	14.0%	14.9%	16.5%	4.8%
H公司	17.4%	16.2%	15.9%	12.0%	22.1%	14.0%
J公司	13.7%	23.5%	22.3%	17.9%	23.1%	26.0%

图 5-28　现金流友商对比看板

大幅度的提升，两家公司处于低位，而且并没有增长的苗头。值得关注的是棕色折线在 2019 年与红色折线几乎重叠，却在 2020 年发生了质的飞越，超过了红色折线一大截，这就值得红色折线所代表的 N 公司去调查一下原因了。

往往管理层等不到看到深层信息就开始繁忙地工作了，所以当你编制这样的看板时，可能主要目的是给自己来分析查看，一旦发现异常需要解读和提示管理层的时候，你再拿出来深度分析，那么这个看板的价值就体现出来了。

七、整体资源运转状况仪表盘

当三表各自相对独立地用可视化图表分析以后，其实还是应当有一个整体的仪表盘来承载这些财务分析，从而能够构建一个公司整体运转和经营业绩的主仪表盘，来连接前面讲过的所有分支分析图，这张作为全公司整体经营成果的总图。当然这部分依然采纳公司当前重点关注的管理事项，我们给出的模型也仅仅是一种思考方式。你首先需要考虑，如果公司领导只给你三分钟只让你展示一张图，不允许超时，其他所有的图都不允许展示，你有没有办法把管理层最关心的事情讲透？这是高难度的动作了。绝大多数财务分析师都在这个环节栽过跟头，哪怕是很有经验的财务分析师也不例外。原因很简单，每个公司的管理层要求都不一样，习惯也不同，关心的要点也众口难调，如同仅仅炒一盘菜就很难满足所有人的口味一样。所以这部分是需要你花费大力气去打造的，我们这里也只能给你一个考虑思路供参考。

在设计仪表盘之前，强烈建议你去跟管理层做一次深度沟通，或者至少要跟财务负责人和各部门负责人做多次深度沟通，去了解管理层的真实需求和真正在意的东西。有些管理层在意的信息恐怕很难短时间展示，那就先记录下来待以后条件成熟了再加上。当前最重要的是如何在一张 A4 纸大小的页面上摆放上最核心的信息，不能漏掉重大事项，同时也不能太过拥挤。

如果没有机会跟管理层沟通，也没有机会跟各部门负责人沟通，甚至你完全没有任何渠道去获知公司的财务分析需求，那么你应当有对业绩的基本判断。例如通常公司最关心的前五个指标会是什么？如果是管理层，通常会考虑开源节流中的收入和支出两项；将支出里的成本和费用两项分开，这就是三项了；经营成果分为净利润和毛利润两项，这加起来是五项内容。然后在这五项内容里叠加上现金收款和付款信息以及经营净现金流的信息，这就有了三项复合信息。再叠加上应收账款和库存，这就有了管理效率以及资金收付的维度，基本上这些信息就已经比较丰富了。我们暂且不考虑这些信息是否都是利润表的内容，只考虑它们是不是会帮助管理层产生洞见。

我们将前面三大类分析中各自主仪表盘里最为重要的几项预算提取出来，组成一个更上一层的主仪表盘设计。整体上，管理层还是会更加在意收入、成本、利润、现金和效率类指标。第一张图尽可能不要太复杂，一张图只说明一两个问题是最好的，就是要直接，尽可能不要让阅读者有任何迟疑的地方。

图 5-29 综合了前面讲过的许多重要图表，包含了管理层可能最为关心的经营信息，以目前这张看板为例，中间显著位置也是最大的一块区域留给了收入和净利润，左面留给了现金，右面留给了资产负债率。收入和净利润都给出了具体金额的展示，是因为这些数字对管理层是非常有冲击力的。然后在收入分析图中叠加了预算完成对比，预算用折线图，累计收入用柱形图，两个内容叠加既可以看到此刻的增长，又能知道与预算是什么对应关系。净利润也如出一辙，用柱形图表示各期净利润，用折线图表示净利预算。三张图表统一都指向了公司的经营成果，所以读起来也并不会有任何困难。

我们先来看图形的左面，左上是反复出现多次的日常支出现金覆盖月数的图，既可以看到现金存量，也可以看到存量的保有状态。另外也将现金做了大数字展示，让阅读者清晰地知道此刻还有多少钱。下面是经营现金流入和流出的折线图，表示日常经营现金收支的配比状况，如果发生了支出大于收入的情况，就是管理层需要重点改善的。下面是净利润现金负债率，用来看净利润的质量，是不是有现金支持，经营净现金除以净利润最好不要低于 1。

来到图形的右面，右上是资产负债率的金额展示，用柱形堆积图展示流动资产和非流动资产叠加的总资产变动，用折线图展示资产负债率。这就可以了解公司整体规模变化。有了负债率就可以理解负债在总资产中的占比状况，也就知道了负债的规模。不过这些都还只是了解，并不会产生什么管理行为，下面的应收应付账款与存货周转天数三折线就可以清晰地展示公司日常运营运转的效率状况。最下面的股东回报率也可以看到整体经营的大目标中股东的收益是怎样的。

八、企业综合状况仪表盘

再换一个思路和方法来展示总体状况。

图 5-30 展示了一家公司整体面貌的六张不同维度的仪表盘。整张仪表盘分为六个区域，收入成本现金的综合展示，四层利润的综合展示，整体现金流的综合展示，三条周转天数的折线，多维度收益率的展示等。以雷达图为例，展示了一家公司五年的"三总三净"雷达图，体现了公司整体发展状况，三总就是总资

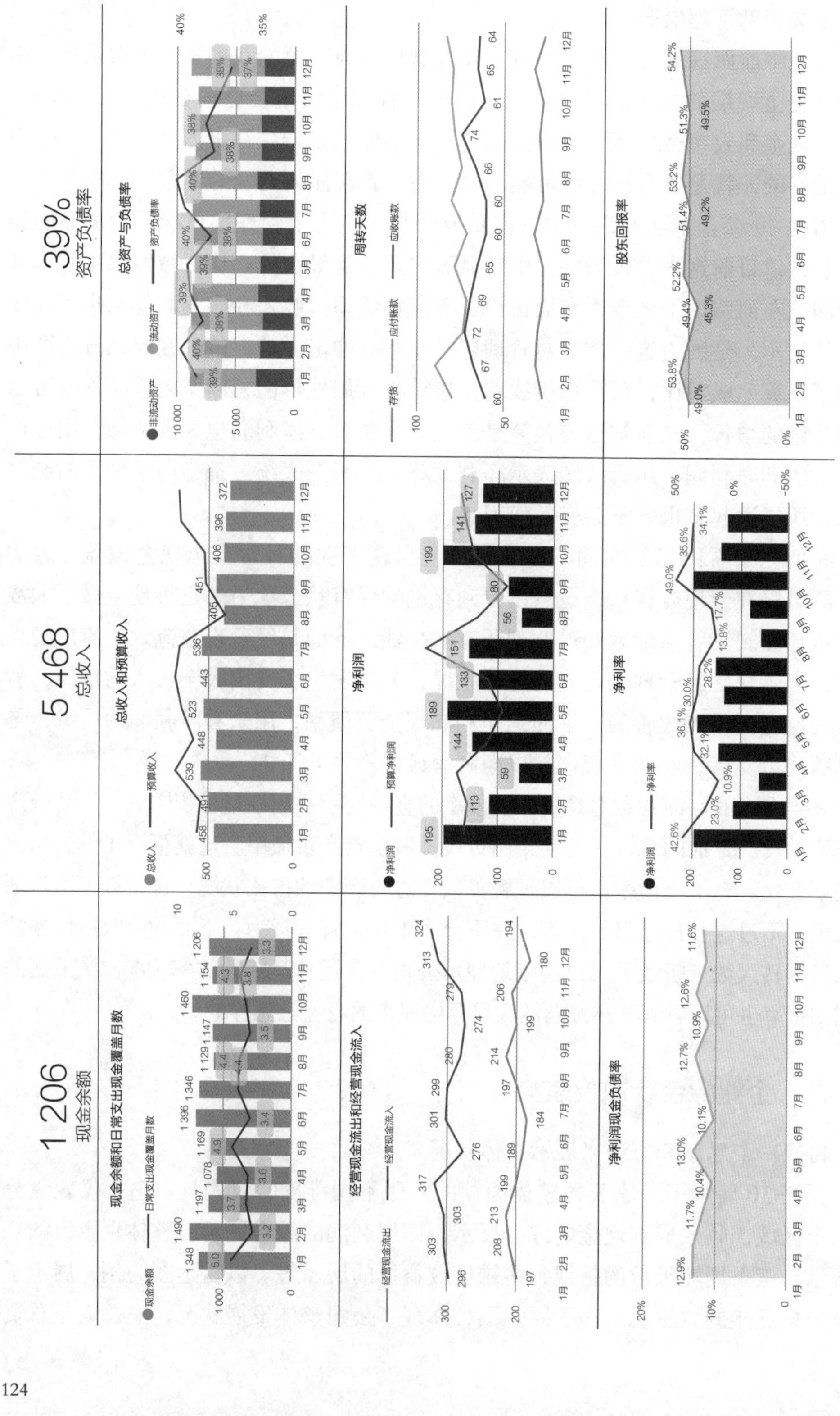

1 206
现金余额

5 468
总收入

39%
资产负债率

现金余额和日常支出现金覆盖月数
- 现金余额
- 日常支出现金覆盖月数

1 348　1 490　1 197　1 396　1 078　1 169　1 129　1 147　1 346　1 460　1 154　1 206
5.0　3.7　3.6　4.9　4　4.4　3.5　3.4　3.8　3.3

总收入和预算收入
- 总收入
- 预算收入

458　491　539　448　523　443　536　405　451　406　396　372

总资产与预算负债率
- 非流动资产
- 流动资产
- 资产负债率

39%　40%　38%　39%　40%　38%　40%　38%　38%　37%　40%　35%

经营现金流出和经营现金流入
- 经营现金流出
- 经营现金流入

303　296　301　303　280　276　213　208　199　189　197　214　199　206　184　180　194
317　313　324　279　274

净利润
- 净利润
- 预算净利润

195　113　144　189　133　151　66　80　199　141　127　59

周转天数
- 存货
- 应收账款
- 应付账款

60　67　72　69　65　60　60　66　74　61　65　64

净利润现金负债率

12.9%　11.7%　10.4%　13.0%　10.1%　12.7%　10.9%　12.6%　11.6%

净利率
- 净利率

42.6%　36.1%　30.0%　32.1%　28.2%　13.8%　17.7%　34.1%　35.6%　49.0%　23.0%　10.9%

股东回报率

49.0%　53.8%　45.3%　49.4%　52.2%　51.4%　49.2%　53.2%　51.3%　49.5%　54.2%

1月　2月　3月　4月　5月　6月　7月　8月　9月　10月　11月　12月

图5-29　综合分析仪表盘

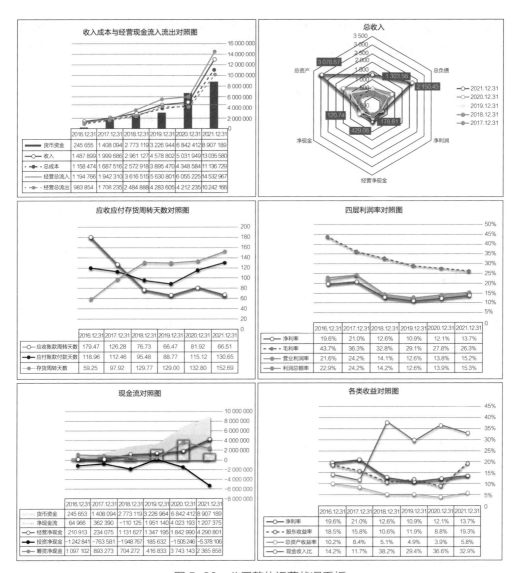

收入成本与经营现金流入流出对照图

	2016.12.31	2017.12.31	2018.12.31	2019.12.31	2020.12.31	2021.12.31
货币资金	245 655	1 408 094	2 773 119	3 226 944	6 842 412	8 907 189
收入	1 487 899	1 999 686	2 961 127	4 578 802	5 031 949	13 035 580
总成本	1 158 474	1 687 516	2 572 918	3 895 470	4 348 584	11 136 729
经营总流入	1 194 766	1 942 310	3 616 515	5 630 801	6 055 225	14 532 967
经营总流出	983 854	1 708 235	2 484 888	4 283 605	4 212 235	10 242 166

总收入

2021.12.31
2020.12.31
2019.12.31
2018.12.31
2017.12.31

总资产 3 076.67　总负债 1 303.56　2 150.45　净利润 178.61　净现金 120.74　429.08　经营净现金

应收应付存货周转天数对照图

	2016.12.31	2017.12.31	2018.12.31	2019.12.31	2020.12.31	2021.12.31
应收账款周转天数	179.47	126.28	76.73	66.47	81.92	66.51
应付账款付天数	118.96	112.46	95.48	88.77	115.12	130.65
存货周转天数	59.25	97.92	129.77	129.00	132.80	152.69

四层利润率对照图

	2016.12.31	2017.12.31	2018.12.31	2019.12.31	2020.12.31	2021.12.31
净利率	19.6%	21.0%	12.6%	10.9%	12.1%	13.7%
毛利率	43.7%	36.3%	32.8%	29.1%	27.8%	26.3%
营业利润率	21.6%	24.2%	14.1%	12.4%	13.8%	15.2%
利润总额率	22.9%	24.2%	14.2%	12.6%	13.9%	15.3%

现金流对照图

	2016.12.31	2017.12.31	2018.12.31	2019.12.31	2020.12.31	2021.12.31
货币资金	245 653	1 408 094	2 773 119	3 226 964	6 842 412	8 907 189
净现金流	64 966	362 390	-110 125	1 951 140	4 023 193	1 207 375
经营净现金	210 913	234 075	1 131 627	1 347 195	1 842 990	4 290 801
投资净现金	-1 242 841	-763 581	-1 948 767	185 632	-1 505 246	-5 378 106
筹资净现金	1 097 102	893 273	704 272	416 833	3 743 143	2 365 858

各类收益对照图

	2016.12.31	2017.12.31	2018.12.31	2019.12.31	2020.12.31	2021.12.31
净利率	19.6%	21.0%	12.6%	10.9%	12.1%	13.7%
股东收益率	18.5%	15.8%	10.6%	11.9%	8.8%	19.3%
总资产收益率	10.2%	8.4%	5.1%	4.9%	3.9%	5.8%
现金收入比	14.2%	11.7%	38.2%	29.4%	36.6%	32.9%

图 5-30　公司整体运营状况看板

产、总负债、总收入，三净就是净利润、净现金流、经营性净现金流。这张图展示了一家公司的总体形象，能综合了解一家公司，而且是连续几年的变化。用总资产了解它的体量，用总收入了解它的市场规模，用总负债了解它的债务情况，用净利润了解它的盈利能力，用净现金了解它的现金净增减，用经营净现金了解它日常经营收入的净增减。

　　这样的看板不会太容易被管理层所接受，因为信息量非常大，而且财务的描述也非常多，需要财务功底深的专业人士在充分理解业务状况的情况下对其做出管理讲解。不少财务人一方面自己对财务的理解并没有太深入，另一方面对业务的了解也不太深入，所以遇到这类图表往往就会不知如何讲解，反而让这类图表没有了存在空间。如果你尝试用"三总三净"先描述公司整体状况，月度的数据也同样适用，只是在对比收入利润现金流的时候需要折算成年化，也就是以年为单位的数据来描述会更加容易让人理解。年化的方法前面讲过，一方面可以选择累计 12 个月，一方面可以选择推算年化。然后紧接着对左上图的收入成本、现金收支和存量做日常经营的讲述，通常在这个环节就会结合存在的问题一起讲述。当现金存在问题时，最大的可能性就会是应收应付的管理，那么就直接转向"应收应付存货周转天数对照图"的三条周转线进行讲述。然后紧接着对"四层利润对照图"的盈利情况做出讲解，毕竟利润是公司关注的重中之重。我们不仅要看四层利润，还要看不同层面的利润，就转到"各类收益对照图"站在市场层面的净利率、站在股东层面的股东收益率、站在总资产规模下的总资产收益率等。最后回到中下讲解一下现金存量的来源和现金收支的整体状况。通常在讲述完这些以后，每张图的背后都应当跟随一张或多张明细图，例如收入背后要有产品、市场、渠道、客户等的销售明细；应收账款背后应当有客户、销售员、渠道、大区、账龄等的欠款明细。

九、财务可视化十六宫格仪表盘

再给出一个信息量更大、分析角度更多元、更具有整体性视角的综合仪表盘，可以全面分析一家公司的各个方面。它的整体结构也借用了三大财务报表的"三表同框"模式，我称之为"财务可视化十六宫格"仪表盘，将企业经营、企业健康、企业现金三个层面的信息都放在一张看板上，用十六个图来展示公司整体运营情况。首先针对每一张图表做一个简要讲述。

图 5-31 展示了各期的收入折线图和收入增长折线图，是绝对值和相对值的有

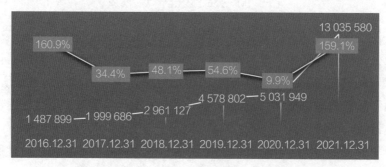

图 5-31　财务可视化十六宫格仪表盘—收入及收入增长率

机结合。如果仅看这一张图会觉得信息量不太大，因为收入只是一个整体市场规模的展示和增长发展的表现。

图 5-32 展示了公司毛利绝对值折线图和毛利率折线图。如果将这张图与图 5-31 结合起来看，信息量就大了一些，因为收入增长大概率会与毛利一同增长，但不见得毛利率会增长，很多情况下反而会下降。所以并非规模效益能让盈利效率增大，而只是让盈利绝对值增加，这很有可能并不是公司成本控制不严而是市场竞争加剧导致的售价下降，这就表示公司应当投入更多的精力研究如何更加有效地控制成本以应对价格战，否则如此直线下降的毛利将因为市场规模增大竞争加剧而导致利润空间被蚕食。

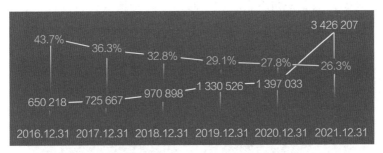

图 5-32 财务可视化十六宫格仪表盘—毛利与毛利率

图 5-33 展示了公司的四项费用的绝对值和与收入对比的相对值。费用在随着收入增加而增加，但费用率是持续下降的，下降的幅度也表现出了有条不紊的节奏。不过需要注意的是，通常费用的增幅不会跟收入的增幅有着相同的增长线性关系，而这家公司尽管费用率在下降，但由于最后一期的收入增长实在太大而掩盖了其实费用增长也十分巨大的事实，而这张图表就能让阅读者清醒地认识到这一点，不能只看到业绩增长皆大欢喜，更加要看到因此而产生的涟漪效应，一旦收入停滞，费用是否会跟着停滞？一旦收入下滑，费用是否还会停留在高位上

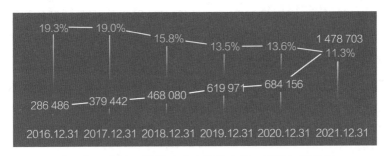

图 5-33 财务可视化十六宫格仪表盘—四费与四费率

而导致亏损加剧？有必要进一步分析各项费用中哪些增长是必需的，哪些增长是单一性的，哪些增长是持续性的。

图 5-34 展示了公司的净利润折线图和净利率折线图。整体上看公司虽然净利润大幅度增长，但净利率的增长却十分平缓，简单理解，在公司的盈利结构中，并没有因为规模的增大而让单位固定成本费用降低，反而体现出公司好像没有太多固定成本费用，都变成了变动成本费用，或者说固定成本也随着收入增加而增加，这看似极不合理的现象当你无法找到更加合理的解释时就变成了当下的事实。如果是这样的情况，那么公司销售规模的增长伴随着所有成本费用的增长是合理的，但万一出现了公司销售规模的萎缩，成本可能会随之减少，但费用很有可能不会减少，除非公司下狠心裁员减薪、降费增效，否则好不容易增长的利润很快就会被无情地吞噬。

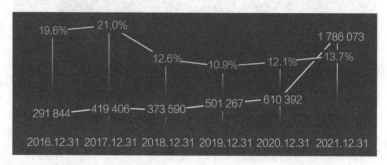

图 5-34　财务可视化十六宫格仪表盘—净利与净利率

图 5-35 是将前面展示的四张图表放在一个纵栏中整体展示，表示了公司从收入到利润的最主要的影响因素变动状况。如果你的公司盈利模式中其他因素影响更大，那么就可以替换掉现有的图表，让影响更大的因素展示出来。

这些图表样式都是折线图，但看起来并不会太乏味，其实这跟构图和数据结构都有一些关系。首先是构图，每一个图表中的两条折现都做了有机的距离结合，既不互相遮挡，也能够足够贴近，让图表显得整体均衡。颜色的搭配也选择了深底色浅线条的模式，两条折现也用了对比比较鲜明的色系。所有数字都镶嵌在折线上而不是用独立表格或者在折线的上下摆放，这样既节省了图中的展示空间，又能够不缺失量化信息。其次是自上而下的利润逻辑，最先是收入图，是所有利润的起点，接下来是毛利图和费用图，最后是净利润图。这种结构既符合利润表的模式，又符合人们对利润形成的认知，所以如此展示只要稍加讲解就能让所有人都明白。

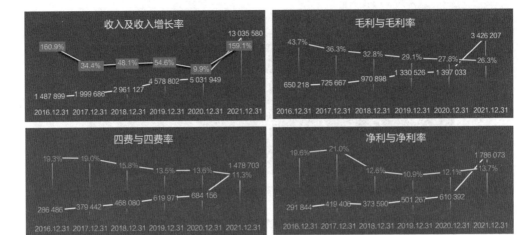

图 5-35　财务可视化十六宫格仪表盘—利润组图

图 5-36 展示了公司经营总流入量和经营总流出量，旨在体现公司日常经营中现金流的状况，两条线之间的开口越大，表示净现金流越大，当然红点黄线的流入在上表示净现金流为正，在下就是净流出的负值。这张图的数字并没有嵌入折现中，是因为数字位数过多且两根线之间的距离太小，所以采取上下结构就更加容易区分开来。

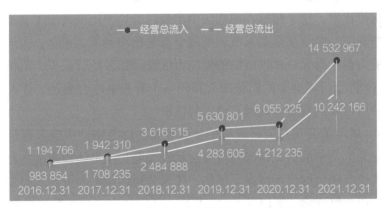

图 5-36　财务可视化十六宫格仪表盘—经营性现金流

图 5-37 展示了公司经营性净现金流的走势，与图 5-36 相辅相成，图 5-36 两根线之间的距离就是这一张图的折线，为了明确展示公司日常经营最终留下了多少具体金额的现金。

图 5-38 展示了现金与收入的比值。前两张图只是展示了现金流本身，并没有展示公司的整体市场销售规模。而这张图就展示了现金与市场规模的对应关

系，表示公司随着市场规模的变化，最终获得经营净现金的规模变化。

图 5-37　财务可视化十六宫格仪表盘—经营净现金流

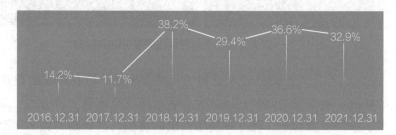

图 5-38　财务可视化十六宫格仪表盘—现金收入比

图 5-39 中右下角的图展示了公司经营性净现金与净利润之间的对比，即净利润现金保障比率。这个指标在前面图中出现过，这个比值大于 1 表示收到的现金超过了净利润，常规来说如果收到的现金总是比净利润大很多，表示这家公司收现金的能力强，对客户或供应商的管控力度强。如果持续低于 1 则相反。

图 5-39 将公司现金类的四张图放在同一个看板上综合展示，让人容易对公司日常经营所涉及的现金流规模有清晰的认识。

图 5-40 展示了公司总资产规模的整体变化，以及资产中现金存量的增减和现金存量在总资产中的占比情况。前面展示过现金，这里体现现金在总资产中的占比，了解所有现金的规模情况。当然，代表公司体量的总资产规模变化也很重要，无论公司如何变化，管理资产的规模增大无疑体现了公司掌控能力的提升。

图 5-41 展示的是在前面反复多次出现的应收应付账款周转天数，只要涉及现金、效率、经营、健康等话题，这两个指标就都会出现，这毕竟是公司销售和采购这两条经营主线中必不可少的管理要点。

图 5-42 主要展示了总资产的周转天数。这类指标虽然对日常经营的贡献不大，因为太宽泛并不会形成管理抓手，但这样的整体性指标是不能被忽略的，在考量公司整体状况的时候通常是要展示的。

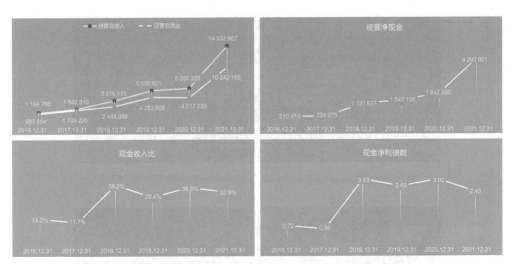

图 5-39　财务可视化十六宫格仪表盘—现金组图

图 5-40　财务可视化十六宫格仪表盘—总资产总现金和现金资产比

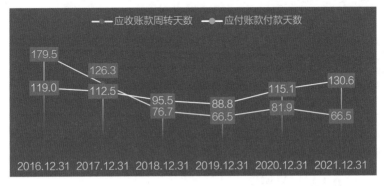

图 5-41　财务可视化十六宫格仪表盘—应收应付周转天数

图 5-43 展示了总资产收益率折线图，这是站在公司体量规模的角度看赚钱能力。

图 5-42　财务可视化十六宫格仪表盘—总资产存量与周转天数

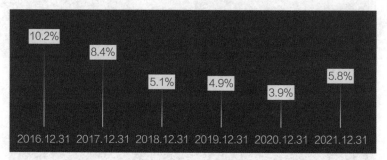

图 5-43　财务可视化十六宫格仪表盘—总资产收益率

　　图 5-44 展示了负债整体结构和流动比率的组合。流动负债率是流动负债在负债中的占比，而非流动负债多用在长期投资上，所以当一家公司规模不太大且未来预期也没有特别高的时候通常不会有非流动负债。这家公司总资产规模突增的时候流动负债和非流动负债都大幅度增加，表示日常经营的现金流需要负债支撑，同时公司也在谋划做其他的长期投资而使用了长期负债的资金来源。流动比率是流动资产与流动负债的对比，虽然课本上常讲这个指标大于 2 是好的，但其实也需要根据每家公司的管理模式和行业不同而区别看待。从整体上理解，只要不出现债主方挤兑和到期债务不能偿还的状况，流动资产与流动负债的比值大小与公司经营结构的管理方式关联度更大一些。真的出现到期债务无法偿还或者债主方挤兑的情况，那么即便是流动资产大过流动负债数倍，也难以短时间规避爆雷的危机。

　　图 5-45 展示了资产负债率，以及总负债和总权益的绝对值。其实图中总负债与总权益之间的交接点的连线就是总权益占总资产的比值，1 减去这个值就是资产负债率。

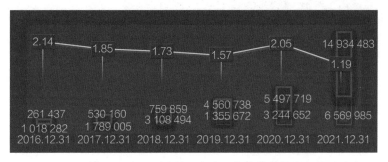

图 5-44　财务可视化十六宫格仪表盘—负债整体结构与流动比率

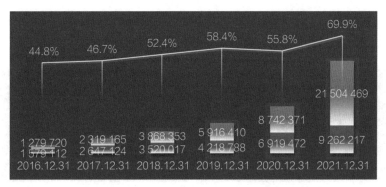

图 5-45　财务可视化十六宫格仪表盘—总负债总权益和资产负债率

图 5-46 展示了股东收益率的折线图，与前面展示过的总资产收益率、净利率很相似，都是站在不同层面不同视角的收益分析。

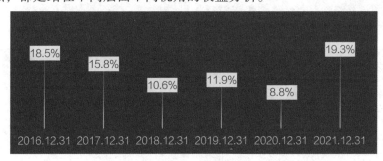

图 5-46　财务可视化十六宫格仪表盘—股东收益率

图 5-47 展示了归属母公司的净利润和净利率，这个指标跟净利润图表很像，只是净利润是全公司口径，而归母净利润是母公司的收益口径。净利润是站在完整公司的市场规模下整体看盈利情况，归母净利是所有净利润中只看归属于母公司的盈利情况。

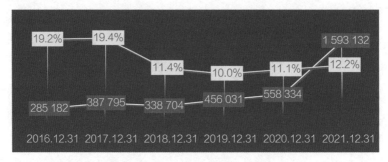

图 5-47　财务可视化十六宫格仪表盘—归母净利与净利率

图 5-48 是将前面展示的八张图放在同一个看板上整体展示，这样就能够更加全面综合地体现公司资产负债权益的现状和健康状况。

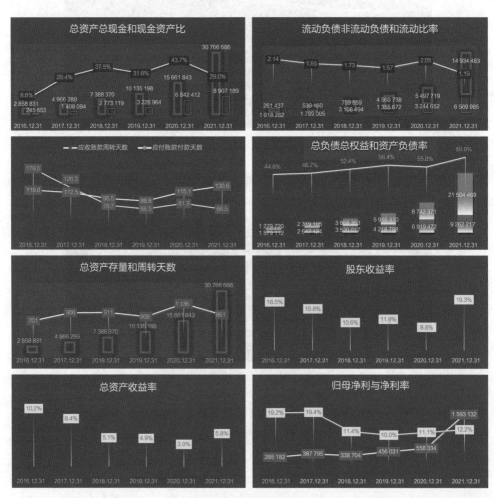

图 5-48　财务可视化十六宫格仪表盘—资产负债看板

图 5-49 将这一环节十六张图都放在这一个仪表盘上，更加综合全面地反映公司此刻的现状。我们有意识地将整个图分为三部分，中间八张图主要跟资产和负债有关，右边四张图与利润有关，左边四张图与现金有关。将这张图看懂了，那么公司的整体情况也就看透了。有兴趣的读者可以在这里停下来，细细地去阅读图 5-49 的每个细节，独立地看每张图都没有太多的信息量，但如果放在一起相互交叉地看，就能看到许多问题。作为给阅读者讲解的财务人，可以去体会它究竟揭示了什么。如果必须让你在这十六个图中标注上五个重点需要揭示的问题，你会把标注在什么位置，又会如何解释。

这个图的信息量非常大，值得所有做财务可视化的财务人细细地品味与思考，在这个基础上能否找到更加有价值的、更加有视觉冲击力和洞察力的图替换掉你认为不太重要的、能够更加有助于清晰地了解公司整体运营全貌的图，这是一个不断迭代的过程，每次更新都使自己对财务分析的理解更加深入。当你不断夯实自己的财务功底并深入理解业务关联，再来给管理层讲就会更加生动深刻。这个"财务可视化十六宫格"仪表盘每张图的背后都应当跟着多张明细看板，或者可以将这个十六宫格当作是分析一家公司业绩状况的入口，先整体后明细，从总到分，从综合到细节。

或许会有人认为这些数据都已经是历史了，还有必要这么兴师动众地分析吗？当然还是非常有必要的。想要发展就必须要了解历史。首先是认清现实，其次是建立模型，再次是构建规划，最后才是实现未来。不理解历史和当下格局，想要构建宏图大业是不太现实的。

读到这里可能会有人问，你做的这些图太普通了，看起来没有一点时代感，这真的就是企业管理层需要的财务分析吗？那就要看你是否真的把问题展示出来了。的确这些图比市面上许多的专业图表工具简单，但换一个角度想想，如果能用很简单的图表和很简单的方式完成分析并发现问题，而且实现的分析功能又不亚于美图，是否还有太大的必要去选择那些美图呢？除非你已经将同样的分析功能或者更强大的功能内嵌在自动分析系统中了，否则作图花费的时间越少越好，思考的时间越多越好。别在作图上耗费太多的时间精力是一个工作目标，思考图表给你带来的启示才是最应当实现的工作目标。请记住：简单是更高一级的复杂。

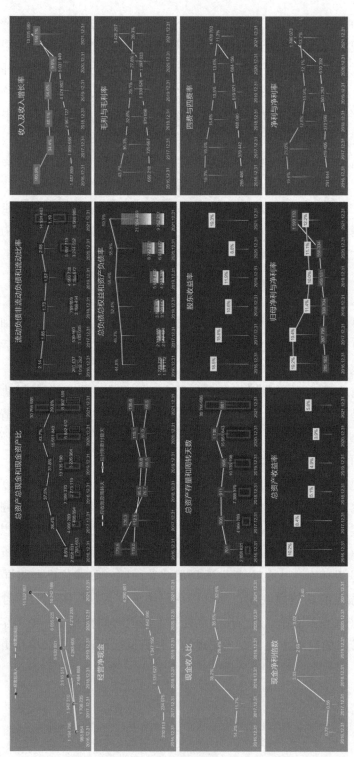

图 5-49　财务可视化十六宫格仪表盘

第六章
业财一体化的财务可视化

想要做好财务可视化，要从业财一体化的思维出发来组织数据源。财务可视化如果没有强大的数据支撑，就只能变成一个笨重呆板的毫无灵活性和创造性可言的图画。财务可视化的目的本身就是要将大量复杂多变的和不确定、不稳定的数据组织成一个清晰简洁的能给阅读者带来很好洞见、很好体验的分析看板。如果财务人不能将业务数据纳入财务分析中来，那就成了闭门造车，产出的成果也必然是雾里看花。再进一步说，如果财务系统的数据依然还依靠手工记录，那么这个财务数据大概率还是非常简单甚至是粗框分类，根本无法用财务数据反向解释业务行为，只能是丧失大量细节的高度汇总记录。在这种情况下，我们上一章讲到的那些案例你是无论如何也无法做出来的。

这一章让你了解如何打通企业内部财务与业务数据。或许有不少财务人会说，那是软件系统的事，我们公司没有那么多钱买系统，是不是就永远也无法实现业财打通了呢？这种想法在财务人中普遍存在，我要告诉你的是，业财一体化绝对不是只有大型系统才能实现，反而恰恰是有不少看起来成熟的系统做的业财一体化都相当笨拙。设计业财对接的核心难点还是财务背景的，且财务功底深厚的人员，如果财务背景人员不能给出符合业务场景的分录解读的话，那么业财一体化就仅仅停留在系统连接上了而已，根本谈不上数据的验证。所以，真正要解决的问题不是花大价钱买个系统，而是先要具备数字化思维，用你自己的能力，亲手去实现你身边的财务数字化转型。

一、业财一体化的首要任务是建立数字化思维

（一）数字化的入门槛

相信你一定知道，有着数十万员工、几百家公司、每小时处理几千万行财务数据的华为能够在月度终了 2 天内完成合并报表。而今天有许多公司还会因为每个月 15 号报税前出不了财务报表而揪心。或许你会说华为已经很大了，它们每年在系统上投入的维护费都比我公司多几百倍，我们这么一个小公司怎么可能跟人家比这些呢？

或者每当提到数字化，一堆高大上的名词就立刻映入眼帘：大数据、人工智能、移动互联网、云计算、物联网、区块链，这些我统统都不了解，是不是我永远都是一个不具备数字化思维的人了呢？

数字化思维不是让你自己去写代码、编程序，而是懂得如何将自然语言转换为结构化数据的逻辑。你可以不懂怎样把这种转换写成代码，但转换本身和转换后如何做更丰富的分类并最终与财务实现互联，这是财务数字化思维能否成长和成熟的重心。

换句话说，具备数字化思维的人，通常会对相应信息产生联想，这条信息是否能转换成结构化的？转换完以后如何跟系统对接？口径不一致的情况下如何再次转化？经过多次转化以后是否能够还原？如果你已经形成了这样的思维方式，那么恭喜你已经具备数字化思维了。

如图 6-1 所示，财务的数字化其实不难，先迈入两个门槛，一个是转换，另一个是打通。转换就是将非结构化数据转换为结构化数据，其实传统会计就是在做这个转换工作，当会计拿到发票或者报销单的时候，上面手写的或者打印的那

图 6-1　数字化的门槛

些文字都是非结构化的信息，经过核对，把其中有用的信息提取出来，在财务系统里手工录入借贷分录，当保存成功以后，就生成了一条结构化数据。因为有了这些结构化数据，财务系统就可以自动生成明细账、总账、财务报表。

如今会计拿到的信息，很多都是公司内其他系统中已经存在的结构化数据，例如 ERP、CRM、OA 等系统，如果能将这些已经结构化的数据转换为其他口径的结构化数据，数据就可以打通了。这就是第二个门槛，将其他系统中零散的口径不一的数据清洗聚合到财务系统当中。当你把转换和打通这两件事的过程理解了，其实许多细节都就可以自己去实现了。很多时候根本都不需要开发系统，只是用 Excel 就能实现，相当于你用轻量级的工具就可以实现信息化、系统化、数字化，让你的财务数据具备时效性、互通性，实现全面性的自动记账和自动展示。

（二）财务人员的数字化思维

目前依然还有许多财务人对人工智能替代会计岗位心存恐惧，不知道数字化如果全面到来之日是不是就是自己失业之时。坦白地说，会计工作因为标准程度极高，重复的劳动也很多，被机器替代也并不令人惊讶。只是 20 世纪 90 年代就宣称会计工作很快就会被替代，今天的会计也的确是在许多大企业中已经被自动人所替代，为什么全社会所有企业会计的被替代还依然没有任何迹象？或者说那些大企业中已经被替代的会计的工作成果也不尽如人意呢？其核心问题依然是在当下会计人群对数字化的理解和对业务本身的理解不够。

我先给你一句话，你先自己体会一下怎么理解：

"小王去电视台开会来回打车花了 55 元，他每天都要去很多地方开会。"

就这么一句话，此刻你的想法是什么？让你理解这句话的含义易如反掌，你有没有想过计算机是否能理解这句话，如果让计算机来理解的话，它会如何拆解呢？给你几分钟先思考一下，再往下看。

首先计算机一定是一个词义一个词义地理解，也就是先需要把这句话拆解出独立的词，然后把每个词单独去做标准化处理以后才能够真的理解，所谓真的理解是它在自己的系统中找到与之对应的记录或者参数，这才叫计算机的初级的理解。我们就尝试把这句话按照计算机的初级的理解方式拆解一下。

如图 6-2 所示，首先是称谓"小王"，哪个小王？小王的全名是什么？他是哪个部门的？哪个公司的？什么岗位？什么级别？上级是谁？工号是多少？公司里姓王的人太多了，必须要明确知道是哪个工号的小王，只要知道了工号，或者知道了身份证号码，那么你就有了对这个小王的唯一标识码，就可以在公司数据库中自动匹配上唯一的档案，那么瞬间就知道了他的岗位、他的部门、他的职务级别，这就是计算机对小王这个人的理解。

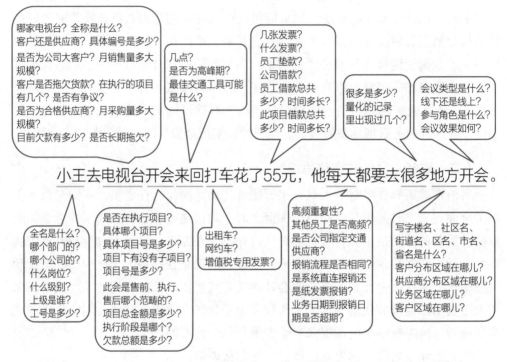

图 6-2　自然语言的结构化思维模式

接着看"电视台"，哪家电视台？全称是什么？客户还是供应商？具体编号是多少？如果是客户，那是不是公司的大客户？月销售量多大规模？客户是否拖欠货款？在执行的项目有几个？是否有争议？如果是供应商，那是不是合格供应商？月采购量多大规模？目前欠款有多少？是否长期拖欠？看到这估计你会懵，就这么一句话而已，怎么会有这么多疑问呢？不就是电视台吗？这谁不知道。对人来说可能人人都知道，但对计算机来说如果无法找到那个唯一的辨识信息，计算机就是不知道。你需要做的就是必须要找到这家电视台的全称，然后找到社会统一代码，或者公司内部的公司代码，这就实现了唯一识别。当能够实现唯一识别，前面问的那些问题就全部迎刃而解，因为可以从公司系统里直接检索出这家电视台与公司的关系。

再看"开会"，开的是什么会？是否在执行项目？具体哪个项目？具体项目号是多少？项目下有没有子项目？此会是售前、执行、售后哪个范畴的？项目总金额是多少？处于哪个执行阶段？欠款总额是多少？又是一系列问题。到这恐怕会计就会很生气：为什么这么多问题？可是对计算机就是这样，只要找不到唯一的识别性，那么就是没有答案。如果这里的开会直接给出项目号，那么计算机就可以检索到上面所有问题的答案，其实到这里，去开会的小王这段时间所消耗的人工成本，是不是就可以直接记入项目成本了呢？你已经具备了记入成本所有的信息了。

再来看"来回"，是几点到几点呢？是否为高峰期？最佳交通工具可能是什么？只要有了时间和路线，那么计算机就会对此进行分析，对上述答案都会给出对当天事件的最优方案建议。

"打车"，打的什么车？出租车还是网约车？有没有开发票？能不能开增值税专用发票？如果是网约车，是不是在公司签约的平台叫的车？

"55元"是一条量化信息，那么计算机依然还有许多疑问，这是什么票据？发票还是出租车票？谁付的钱？是员工自己的垫款还是公司预先结果备用金？备用金借了多少？时间多长了？这个项目里所有员工的借款总共有多少？时间多长？

"每天"，算是高频重复性的活动了，其他员工是否也有如此高频的活动？是否使用了公司指定交通供应商的服务？报销流程是否相同？是系统直连报销还是纸质发票报销？业务日期到报销日期是否超期？

"很多"，很多是多少？量化的记录里出现过几次？

"地方"，具体是什么地方？写字楼名、社区名、街道名、区名、市名、省名是什么？是公司的哪个客户分布区域？业务区域是哪个？

"开会"，都有什么会议？会议类型都是什么？是线下还是线上？什么人会参与会议？如何考量会议是否达到了预期的效果？

这就是计算机的思考，也就是数字化思维的雏形，只有具备了把每句自然语言所传递出来的信息都逐一拆解成结构化数据的思考方式，你才能够理解信息数据在各个数据库之间传递的障碍是什么。如果你也同时能够把这些信息所处的层级理解到位，你就能很清楚地意识到这个信息向上、向下如何关联，信息之间的脉络就打通了。具备了这一系列的思考模式，就可以说你已经具备了初步的数字化思维了。它直接带给你的价值就在于你能够真正理解数据之间传输的脉络和如何打通现存的障碍。

（三）从无纸化到业财一体化最终实现无人会计

财务无纸化的基础早已经在许多企业内部实现了，尽管为了稳妥起见，许多企业还是要打印各种账簿表单，但其实在系统中已经存留了所有的电子文档，完全达到了无纸化的程度。随着国内金税系统推行的不断深化，原本不可替代的"以票管税"的纸质发票已然成为历史，取而代之的"以数治税"逐渐成为常态。当然，无纸化与业财一体化还是有不少距离，至少它们关注的重点不同。

业财一体化的数据链打通在许多大企业已经成为日常状态，因为技术上已经没有什么门槛，只是财务人员还需要从自己的角度去充分理解它们的运行原理，从而掌握其数据的执行脉络。做到所有数据都实现真正的可验证，才是业财一体化稳妥存在的保障。

前面我们讲过，财务会计其实就是一个将非结构化数据变为结构化数据录入计算机系统的角色，只要机会成熟，大量的会计岗位会被更加智能的计算机算法所替代，如同全球数以百万计的电话接线员因为有了自动交换机而导致岗位消失。目前，还没有真正在社会层面实现智能会计，那是不是会计人员就不会被替代了呢？大概率这只是时间问题。作为今天的会计人员如果还不能主动武装自己，使自己成为一个有数字化思维的会计人员，当人工智能真的到来时只会让自己措手不及。我们一方面要了解人工智能的运行规则，另一方面要理解和驾驭这种工具，你的作用应该是企业军师而不是传令官。其实人工智能计算和传输财务数据也没有太高的门槛，我们通过一张图来理解财务数据的整体模式。

如图 6-3 所示，基本上财务数据有两大元数据，这里的"元"表示最初生成的那些可以用来记账的数据。这两大元数据一类是非结构化的，一类是结构化的。

非结构化的数据又分为两大类，一大类是不在计算机系统中的那些物理形态（如在纸上）所记载的数据，这类信息原先是由会计用肉眼看、头脑思考将结构化数据摘录出来变换成借贷分录记在财务系统中，从而变为结构化数据。另外一大类是在计算机系统中的自然语言文档，对这类数据如果计算机无法结构化识别的话，同样需要会计手工记账。这两大类非结构化数据目前都有很好的解读方式，那就是 OCR 识别（机器扫描识别文字和数字并将其结构化记录进入数据库），将相应信息从照片里解构出来成为计算机可读的结构化数据，然后再赋予一定的借贷规则变为会计分录并自动记入财务系统中。

已经在公司其他系统中存在的其他结构化数据例如 ERP 中的信息，目前虽然还有许多企业会计是从系统中导出 Excel 表格进行计算加工处理后手工记入财

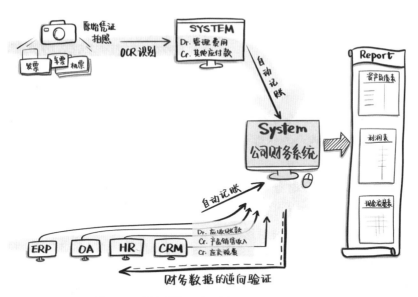

图 6-3 财务数据源与财务记录的脉络关系图

务系统中，但这种做法是传统的会计工作。许多企业已经实现了企业内部的系统互通互联，只要 ERP 系统中产生了相应数据，一天内就可以自动写入财务系统中成为借贷分录，进而可以自动生成财务账套、财务报表。

这两类数据都已经完全实现自动记账，会计人员就能够有更多的时间精力去做分析、去做可视化的沟通，做真正对管理有支撑价值的工作。不过还有一种是目前系统普遍不具备的能力，依然需要会计人员去完成的，就是对财务数据的逆向验证。前面我们反复提到过财务数据的准确性是不能有任何折扣的，必须要建立多重验证才能保证计算机不会因为某个参数微调而导致最终计算结果错误。而财务人员也只有在了解了这些数据运行传输的所有细节以后才有能力去构建自己的检验校验体系。用不了多久全社会层面的全数据化工作状态就会大面积普及，无论你现在身处怎样的组织，都应当完全透彻地理解业财一体化。

二、业财一体化的突破口是数据打通

（一）数据源整合的障碍

如果数据源本身就是你可以直接拿来就用的，不需要做任何处理就直接生成借贷分录，就不会有任何的障碍。可惜所有数据源对会计来说都需要有许多的分析计算，甚至有各种问题层层叠加在一起，导致会计无法直接使用，就必须先查

清问题本质才能够开展下一步工作。如图 6-4 所示，我们总结了数据源整合的四
个障碍。

1. 相同性质，不同平台

首先企业内不同系统平台中存在相同
性质的数据，例如业务系统与财务系统的
客户名称等档案性资料。虽然性质相同，
但很有可能存在状态不一致。如图 6-5 所
示，A 系统中叫作"北京财务可视化科技
发展公司"，而 B 系统很有可能有多个完
全不同的名字，尽管我们很清楚这是一家
公司，但计算机就会认为他们是完全不相
关的几家公司。这种状况今天在大量企业
中存在。因为各个系统按照自己的规则生

图 6-4　数据源整合的障碍

成各自的数据，重叠数据就会频繁出现，系统间各自为政，互不相连。如果不解
决则完全没法互联数据，但解决起来工作量很大，很容易错上加错。不仅工作效
率低，而且会难以核对、验证。

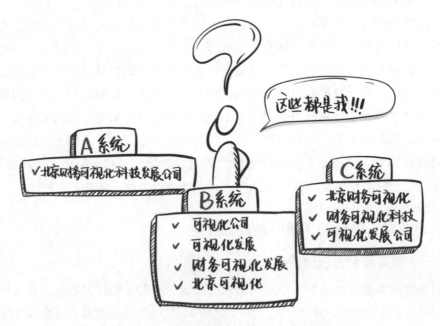

图 6-5　不同系统中相同单位的不同名称

2. 相同数据，不同口径

如图 6-6 所示，在各种系统中存在的本该完全相同的数据，却由于口径不同或分类方式不同而导致这些数据无法衔接。

统计口径不同。同样都是销售数据，A 系统按照华东地区、华北地区、华中地区来划分；而 B 系统按照省份、直辖市划分，不仅如此，公司也会根据管理需要，将不同销售大区负责人的协作省份人为地划分到一起，这就失去了所谓行政辖区分类的可能性。

图 6-6　口径不同导致数据无法衔接

计算口径不同。同样都是销售数据，有些系统是含税的，有些系统是不含税的，而且由于销售产品不同，税率也不同。如果没有每一笔的税率记录，那么无论如何都没法让两个数据库的信息百分百吻合。

分类方式不同。有的系统按照产品线来划分，有的系统按照销售区域划分，有的系统按照技术类别划分，有的系统按照市场领域划分，等等。各自都有充分的划分理由，如果不想办法融合，就没有任何可能性将数据打通。

现实企业中存在更加复杂的分类口径，而且有一些是非常专业的描述，外行人根本就无法辨识。这些不同口径造成的直接后果就是公司到处都是信息孤岛，各自独立成为体系，互不相容。

3. 相同数据，不同来源

即便是相同的数据，也有来自不同系统的。如图 6-7 所示，销售数据有可能是销售系统的，有可能是 ERP 系统的，也会有外部第三方系统回传给公司的交易数据。这些理论上全部应该是同一个数据，但若是没有实现数据互联，则会产生数据相互独立，很多情况下就会是某一个或几个系统的数据产生偏差后当时没

有察觉，越积越多，就无法查清究竟哪
个系统的数据才是最真实的数据了。更
夸张的是，如果所有系统中的数据都产
生了不同的偏差，反而找不到财务真的
可以信赖的记账依据，这就是公司的财
务与业务数据总是无法吻合一致的真正
原因。

图 6-7　企业内存在各种数据系统

4. 不同主体，同类数据

如果是集团型企业，在集团内不同主体中运行的也会有同类数据，各自依
据各自的模式流转，互相不校验。例如集团内部的交易，A 卖给了 B，应当是 A
的销售额与 B 的采购额相等，可现实当中集团内上下游数据不对接的情况非常
普遍，不同主体在统一的大流程中实现 ERP 数据交互，但上下游所产生的数据
并没有真正归集到不同主体中进行会计记录，A 与 B 出现无法核对的状况就会
层出不穷。即便是同一单主体内的工作上下游关系同样存在诸多口径不同、时期
不同、模式不同、分类不同的衔接问题，造成数据只能通过人工转换和手工录入
的方式处理。这种情况目前依然大量存在于各个公司的财务部门与业务部门。当
需要交互数据或者汇总抵消数据时，往往花费非常高的人力、物力、时间成本。

（二）数据源整合六步骤

各个系统都已经存在了，数据也都已经结构化了，可就是打通信息系统的
"最后 500 米"实现不了。还是那句话，财务人如果自己不想办法整合，那么公
司里是不会有人主动来帮你整合的。财务人必须时刻问自己：我如何能够真的实
现数据打通？跟谁通？怎么通？应该从哪个系统找到最佳的数据源？整体上应该
如何去分类才更利于管理？各种分类是否可以分层次？我的系统是否能够支持这
种分层？如果不支持我应该怎样迂回？我会通过什么关键元素实现建模？选择哪
个关键元素来实现各个数据库中同类或有关联关系数据的唯一识别关系？这些问
题应当时常出现在你的脑海中，直到找到答案为止。

如图 6-8 所示，为了能够解答这些问题，我们整理出来了数据源整合的六步
骤供你参考。

1. 全系统数据规划和数据结构整合

常常遇到一些公司在进行系统建设的时候只考虑系统本身实现的功能，而忽
略最终产生数据成果如何传输给财务使用，而财务部门常常自己也没有想清楚这

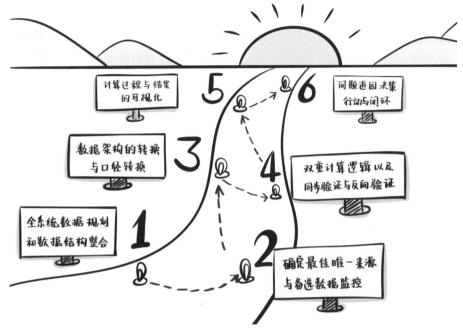

图6-8　数据源整合六步骤

些数据对财务有什么价值，所以导致公司内几十个系统上线各自运行正常以后，产生的数据都无法为财务使用。这就需要财务以更高的视角做出整体数据脉络规划，最终都需要为财务系统提供更加有效的支持数据。

2. 确定最佳唯一来源与备选数据监控

首先考虑要如何选择你的数据源，哪些数据源具备唯一性和强关联性。具体选择的做法可以先参考原先的手工计算为脉络，追溯到源头的数据明细。这个源头并不是你的上游，而是你的上游的上游的上游，最佳的源头就是存放在系统中的某个数据。然后从各个系统中选择最符合你财务记账确认原则的数据时点，如果存在多个时点的数据，可作为验证用数据源。若多个数据源有高度一致性，则选择最直接、最稳定、最简洁的一个确定下来使用。

对于弱关联性或非唯一数据源则考虑作为备选数据监控。系统化、自动化采集数据传输记账最怕的就是不可验证。财务数据一旦是单向无验证的，出错就只是时间问题。所以你在选择实时数据源的时候，一定要找到可以作为验证或者监控的数据源进行旁路验证，也就是以不同的公式再次计算，或者以不同口径的数据再次换算来验证数据准确度，专门计算这些数据与正式记账的数据进行互相校验。

3. 数据架构的转换与口径转换

当全公司所有系统都经过了整体规划，并且在各个输入／输出节点都确定了唯一数据源和验证数据源，接下来要做的是架构转换和口径转换。

第一步的架构转换就是需要找到两个系统不能对接的原因，将下游的数据系统中增加多个新的对接字段。数据表结构不同时用增加相应对接字段的方法来确保不会引起其他冲突。

接下来就是要对基础数据进行清洗。通常数据本身不能直接使用，前面说过有各种口径不一或者有垃圾数据的情况，不规范的基础数据需要按照规划好的模式在新架构下清洗干净，成为可使用数据源。数据清洗的步骤大致可以采取先将格式不标准的数据转换为标准格式，对垃圾数据条目发掘规则后自动删除；再将那些顺序不固定的排列好，对接口不稳定的设置好相应的规则固化数据对接。当然清洗是一种数据处理技术，作为财务人员，你需要做的就是要将规则建立好，只有给出明确的清洗规则，数据技术人员才能够把数据处理妥当。

第二步就是进行口径转化。首先是口径最小化，查看数据是否可以做到适应性向下向细一层级拆解，或者是向上向粗一层级合并。如果一个是大分类，一个是小分类，那么就只能让小分类向上一层与大分类对接，否则就需要把原先大分类的全部拆解。如果是拆解大分类就会是一个非常繁重的工作，而且由于没有合适的拆解标准，往往难以实现。拆解成最小单元或者最适合的单元后，应当多维度地标记此数据，最佳方式是将上一数据源采集到的全部数据均加以读取和记录。

与下一系统对接就可能存在经过计算后的数据，要么就编制"中间件"系统每次重新计算，要么就在本系统中直接计算并增加结果字段或者增加单独的计算结果表，将上一步计算结果直接写入数据表中，作为可查验的历史记录。计算必须要实现能够随时更新、重新计算的灵活性。

当完成这一步的时候，建议你按照图 6-9 所示，问自己几个问题，当这些问题都有正向答案了，就证明工作基本做到位了：

（1）业务逻辑的贯穿是否通顺？

（2）不同口径数据是否能够统一？

（3）不同周期数据是否能够同期？

（4）不同维度数据是否可以互适？

（5）计算逻辑是否全部已经找到？

（6）计算逻辑是否已经手工测算成功？

（7）能否找到超过 2 个计算逻辑？

（8）能否将测算逻辑反向推回？

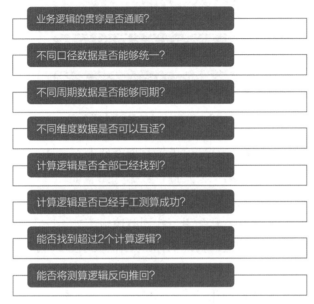

图 6-9　数据架构与口径转换八问

4. 双重计算逻辑以及同步验证与反向验证

再次提到数据的验证。那是因为见过太多不验证而导致严重后果的企业数字化财务建设。数据一旦进入"黑匣子"，就很难复现计算逻辑，万一存在非常规事件出现而导致的计算错误，将难以发现，会引发长期的系统性错误而无法感知。只有找到可同步验证的数据源，经过旁路"相同逻辑不同算法"的计算加以验证，才能确保数据本身计算无误。若无法找到同步验证数据，也应当就此源数据按照"相同逻辑不同算法"加以测算。系统越复杂，数据越细化，就越容易隐藏错误。所以每增加一类数据结构就要考虑数据前后对接的验证。

下游处理数据的反向验证模式是双重验证的再验证。当数据传输给下一系统后，应当将下一系统所生成的成果数据反向与原始数据源进行测试。按照"相同逻辑相同算法"的反向计算，将成果数据还原为数据源模式并加以验证，确保计算逻辑本身没有问题，结果可信。

你应当把自己看成是"产品经理"来验证目标，分解出计算逻辑和所有可能引发的连锁问题，同时需要考虑如何验证数据的有效性、正确性和完整性，然后再次按照图 6-10 所示问自己几个问题。

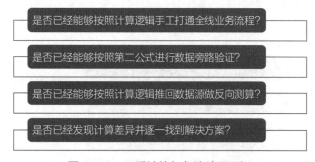

是否已经能够按照计算逻辑手工打通全线业务流程？

是否已经能够按照第二公式进行数据旁路验证？

是否已经能够按照计算逻辑推回数据源做反向测算？

是否已经发现计算差异并逐一找到解决方案？

图 6-10　双重计算与各路验证四问

（1）是否已经能够按照计算逻辑手工打通全线业务流程？

（2）是否已经能够按照第二公式进行数据旁路验证？

（3）是否已经能够按照计算逻辑推回数据源做反向测算？

（4）是否已经发现计算差异并逐一找到解决方案？

当你能够回答这几个问题，就说明你的工作做到位了。接下来就是请软件工程师进行开发和实施了。

5. 计算过程与结果的可视化

终于说回我们的财务可视化了，想要实现有效的可视化，就需要提前做大量的工作来整合数据。

可视化的数据不仅要给管理者提供决策价值，同样也应当为自己服务。当财务人员计算出来的数据没法证明是否准确的时候，往往非常担心一旦发出一份错误的分析，管理层就会质疑你的工作能力。所以财务人员在获取其他数据的时候，一定要尽可能地让他看到所有的计算公式，并能够将所有公式全部都重新运算一遍，至少在运算过程中不要存在明显的错算漏算。然后将所有的验证结果——无论是旁路验证还是逆向验证都在可视化图表中加以呈现，确保经过验证的数字准确无误，才会给财务人员一个定心丸。

确保这些数据无误以后，就是让数据产生决策价值的时候了。当然这个价值除了体现在可视化本身有一定的洞见性，更在于阅读者对这些数据和形式的熟识度。想要熟悉就必须要经常看到，对这些分析和图示的细微变化就会有敏锐的感知力，只有这样的财务可视化才能对决策起到重要作用。经常看到图表的前提是不能手工编制图表，只有数字化穿透自动生成、自动呈现才是唯一的办法。

6. 问题追因决策行动与闭环

数据打通前后一致甚至可以实现无人会计自动记账也不一定就是真正的业财融合，真正用财务数据解释业务状态才是业财融合的典型模式。解释了状态就要发现问题，发现问题就要追踪闭环。同样用财务数据来追踪问题的执行过程和执行结果，才能真正实现业财融合。

三、具有业务重塑功能的分录组设计

讲完了数据打通的全过程，其实还需要重点打通一个关键环节，这是令几乎所有大数据专家最挠头的地方，也是几乎所有财务人员无法从现有的教材里能学到的内容，就是建立一整套具有业务重塑功能的业务分录组。

首先说一下什么叫业务分录组，相信你一定知道成本会计。在手工账的时代，公司都愿意聘请"老会计"，因为他们经验丰富，这个经验其实很多都来自于制造行业的成本分配分摊核算。成本核算是基于生产流程的，也就是说生产上有几个生产环节，成本核算就可能会有几套对应的分录计算，每个工序都有可能计算出原料消耗、辅料消耗、直接人工、水电热气、设备折旧、厂房折旧等各项费用的消耗与分摊，而且每一种消耗都会编制一个借贷分录来记入财务系统中，这个过程还是相当复杂的。当然今天因为有了许多生产管理系统，这些计算分摊都已经内嵌在计算机系统中可以自动执行了。那为什么这种按照生产步骤编制分录的能力会被重视呢？因为这样就可以让财务记录业务的每一个关键环节，用财务信息来解释业务状况，传统的成本会计就是业务分录组的初级应用场景，可惜会计教育并没有将其进一步推广，让如此有价值的记录方法只停留在成本阶段，而且当计算机替代这种能力以后，懂得用分录记录业务流程的会计越来越少了。

意识到了这个问题，我们完全可以将成本核算的分录记录能力扩展到公司所有业务所有流程的各个环节，将每个流程、每个节点都编制出对应的业务分录，财务系统中就可以承载更多的、更完整的业务信息，财务就可以解释完整的公司业务了，也只有完成了这一步才能真正算是业财融合。这个设计过程，目前计算机和智能系统是无法自动实现的，会计人员应当学会用这种业务分录组去驾驭计算机。也就是说，你学会这种分录设计，然后让计算机替你去计算，你训练它成为你的工具，当掌握了有借贷分录底层逻辑的经过验证的大量业务数据以后，你的财务可视化分析将会比现在丰富百倍。

（一）分录组的设计思路

整体上公司的主业务线基本包括销售、采购、生产、研发等，以及包含人力资源管理、项目管理、质量管理、综合事务管理等。在主业务线中通常都会有计算机管理系统运行，而运行的这些系统针对每个环节都会产生大量的数据。以会计人员最容易理解的成本核算为例，工人从库房领用原材料生产 A 产品进入第一道工序中，这个过程可以从 ERP 系统中读取领料数据，可以从生产管理系统中读取 BOM 物料清单的消耗量，可以从 MES 制造管理系统中读取第一台设备的生产数量，同时在系统中也可以读取这台设备的能耗、标准产量、生产这道工序的单耗时长、这台机器每分钟的折旧等。有了这些数据，你就可以非常轻松地将这台设备在这段时间里对这个产品工序的加工编制出分录。数据源全部不需要你再进行过多的计算，几乎都在各个系统中存储着，你只需要知道从哪找到它们然后知道如何编制分录就可以。换句话说，只要从系统中传输出来的数据，在每一个步骤中你都给它赋予一个分录记录到财务系统中，这样你的财务系统就记录下了完整的业务步骤。

如果把这种能力扩展到所有主业务流程中，就意味着公司所有的业务系统中产生和存储的数据，财务都可以完整地应用起来了。不像今天还只是把一整月收入数据高度汇总成一笔分录，这样的财务记录本身当然没有错，只是对大量的业务细节财务就完全错过了，财务的管理功能几乎完全丧失了，所有不掌握信息细节的职能部门都没法对业务有更多的发言权。

我们用采购和销售两个主业务流程中最简单的模拟业务场景来叙述业务分录组的设计过程，你就能在此基础上进一步发挥，进一步细化，编制出适合你公司的业务分录。

（二）模拟采购环节的分录组设计

首先是采购环节。采购环节可能涉及的节点很多，在真正入库之前的采购需求、采购招标、合格供应商选择、签订合同、发出订单、供应商接受订单安排生产等这些环节在财务系统中都是不记录的，因为权利义务并没有发生转移。到供应商采购入库的环节，财务才开始对会计分录进行记录，仅仅这一个入库动作，还需要考虑不同的场景。例如材料入库的时候有没有收到发票、这个时点有没有付款，如何能够将这一个时点的几种不同的状态都用会计分录来记录下来。或者换句话说，我是否能够用一套分录组独立地记录各种状态，无论是收货在前还是收款在前，无论是收款在后还是收票在后，都完全不会受到任何影响，就如同

ERP 系统中的记录一样，客观、直接、简单、明确。

你可以将采购动作拆解成四个行动，用四个明细科目的八个发生额和八种余额可能来记录十六种状态。如图 6-11 所示，先来看四个行动。

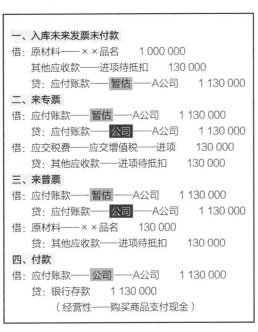

一、入库未来发票未付款
借：原材料——××品名　　　1 000 000
　　其他应收款——进项待抵扣　130 000
　　　贷：应付账款——暂估——A公司　1 130 000
二、来专票
借：应付账款——暂估——A公司　1 130 000
　　　贷：应付账款——公司——A公司　1 130 000
借：应交税费——应交增值税——进项　130 000
　　　贷：其他应收款——进项待抵扣　130 000
三、来普票
借：应付账款——暂估——A公司　1 130 000
　　　贷：应付账款——公司——A公司　1 130 000
借：原材料——××品名　　　130 000
　　　贷：其他应收款——进项待抵扣　130 000
四、付款
借：应付账款——公司——A公司　1 130 000
　　　贷：银行存款　1 130 000
（经营性——购买商品支付现金）

图 6-11　以元数据状态为辨识的会计分录设计

1. 采购环节的四个动作对应的分录组设计

采购环节至少会有三种交易状态，商品入库、提供发票、支付货款。为了将这三个环节彻底独立，无论谁先谁后都可以互不干扰地见到数据就直接写分录，你可以在一些明细科目上做足文章。

（1）入库未来发票未付款

借：原材料——　××品名　　　　　　1 000 000
　　其他应收款——进项待抵扣　　　　130 000
　　贷：应付账款——暂估—— A 公司　　　1 130 000

借方原材料下设品类名称的辅助核算，如果品类有大分类，也可以设置二级科目来归类，然后在附加辅助核算去记录明确的采购品名。这部分数据在 ERP 里都完整存在，只要采集过来写进分录即可。

如果是一般纳税人，这里的金额一定是不含增值税的，无论未来是否收取增值税专用发票。只不过这里记录的是暂时未收到专票的状态，所以，我们在"其他应收款"或者"其他流动资产"下设一个"进项待抵扣"明细科目，来记录到货未收发票的金额。这个金额也是可以从 ERP 中轻松采集到的。你会问，如果对方提供的是普通发票呢？先别急，这个分录设计的前提就是只看此刻此笔数据而固化分录，用其他方式来应对其不确定性的调整，下面讲到收普票时就会解释清楚。

贷方就是传统的应付账款，只是因为考虑到没有收到发票，所以可以在应付账款下设一个"暂估"明细科目，这些管理口径的明细科目名称你可以任意设计，只要能理解就可以。然后再暂估下设供应商名称的辅助核算，这样就能够在账面上记录此供应商的欠款。为什么要增加一个暂估呢？就是要区分有无发票的状态。

我们见过太多公司的财务账上由于没有记录供应商发票状态，时间一长、采购员一离职、交易一多起来就再也没人记得供应商哪些有票哪些没票了，每次付款都要把过去几年的账都翻出来挨个去查一遍，这完全是毫无价值的工作。

（2）收到增值税专用发票

借：应付账款——暂估—— A 公司　　1 130 000

　　贷：应付账款——公司—— A 公司　　　　1 130 000

借：应交税费——应交增值税——进项　130 000

　　贷：其他应收款——进项待抵扣　　　　　130 000

当收到供应商增值税专用发票的时候，可以完全不管有没有收货、有没有付款，就直接做这笔分录。

首先借方冲掉原先记入暂估的应付账款，相当于收货环节的欠款事项转移状态。这里也不必在意金额大小，来多少票就记多少数字。然后贷方转入应付账款下设的"公司"明细科目的辅助核算里。这个动作让应付账款一级科目完全没有任何变化，但状态却发生了本质的变化。按照权责发生制，收到货就要确认存货、确认欠款，但如果没有收发票通常企业是不会支付货款的，那么就需要用不同的状态来区分对待。

当收到的发票做了进项税认证时，就需要将原先记入待抵扣的金额转入应交税费——应交增值税的进项税中，这符合客观的状态和核算的要求。这一笔，相当于也把当时编制的入库环节暂估的几笔分录做了冲销并转移到合理的位置上。

（3）收到增值税普通发票

借：应付账款——暂估——A 公司　　　　1 130 000
　　贷：应付账款——公司——A 公司　　　　　1 130 000
借：原材料——×× 品名　　　　130 000
　　贷：其他应收款——进项待抵扣　　　　　130 000

如果收到的是普通发票呢？这里与收到专用发票的应付账款分录完全相同，没有任何差别，直接就可以编制。区别在于进项税需要转入原材料作为成本存在。所以就将原先的待抵扣金额转入原材料中。企业采购的商品非常多，可能同一笔发票里存在各种商品，那么这笔原材料应该给谁呢？这就需要用计算机记录状况了，如果发票与采购是一一对应的，就可以直接将原先采购入库的订单记录读取出来将各个进项税分别转入各自的存货成本中。这里需要小心的是，因为是叠加上的金额，所以在将来出库的时候不能把这笔成本忘掉，就需要在系统中做出特别标识。出库必须捆绑一起，否则成本就会被低估。但如果这笔发票并非与采购一一对应，那就只能采取其他方法了。

非一一对应的发票可以考虑其对应的采购期间，将此期间里所采购的商品和数量进行权重匹配，对应分解这一笔待抵扣税款，然后按照不变的分录写入系统中。当然也有一种做法就是将所有待抵扣转入成本的都用一个单独的明细科目来记录，到月底一次性全部转入生产成本做均摊消耗，由于金额不大所以也不会有重大影响。当然这种做法需要跟你的审计师沟通，获得审计师的认可。

（4）给供应商支付货款

借：应付账款——公司——A 公司　　　　1 130 000
　　贷：银行存款　　　　　1 130 000
　　（经营性——购买商品支付现金）

接下来考虑付款。先说贷方的银行存款减少，只要是采集到银行交易明细中的对供应商付款就直接写这笔分录即可。当然不要忘记叠加上现金流的辅助核算。现金流辅助核算也可以按照层级设计更多的明细，未来做财务可视化的时候，分类层级越丰富，分析的维度就会更丰富。对应的借方就直接应付账款下设的公司对应辅助核算具体公司名称即可。

在付款环节，完全不用考虑供应商有没有供货、发票有没有收到、普票还是专票，就只管做这笔分录就可以，即便是提前收到预付款也完全不受任何影响。这种做法的好处就在于，只要是系统里产生了数据，就只针对这笔数据编制分录，让分录本身所承载的状态来记录业务状态，而不必考虑各种可能性去修改分录。对于计算机来说，这一笔分录可以写得很长、可以写得很复杂，但逻辑不能变，这件事就非常简单。如果还要根据逻辑去人工判断，那么计算机基本上就无法实现自动记账。在现实工作中绝大多数这类分录都是依靠人为的判断来选择不同的分录去写，虽然看起来适应性强，分录灵活，但这样反而是非常不利于信息传递的。一旦后续人员用不同的思路编制分录，那么逻辑就全乱了，如果有几个会计分别按各自的理解去写分录，那未来的查账将会变成一项困难重重的、不可实现的工作。

如果在你编制这类分录的时候没有记录现金流，那么现金流量表就很难自动生成。特别是对于历史上并未用自动记账的方式写分录，那就需要请数据处理专家来做一个技术处理。你需要提出的要求就是找到所有银行交易的对方科目来判断这笔交易的属性，这对于财务人员来说太难了，但对于数据处理专家来说却不难，确定了属性以后单独给这笔交易赋予一个现金流量分类，汇总起来就可以成为现金流量表了。

2. 采购环节的十六种状态记录

我们采取用一个数据产生一个固定分录的模式，就是为了让这个科目的任何一个状态都可以反映业务本来的状态。如图 6-12 所示，只有这样才能让财务反向去分析业务。

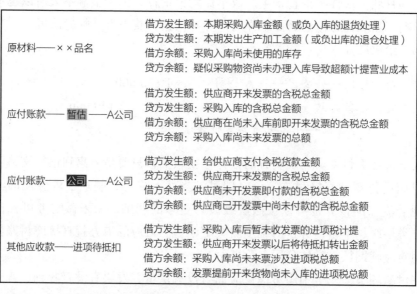

图 6-12　采购环节会计分录产生的十六种状态记录

　　传统财务认为损益类科目余额不重要，发生额才重要；而资产负债类科目的余额才重要，发生额没有那么重要。如果你将所有的分录都按照我们给出的业务分录组方式编制，你就会发现所有科目的所有发生额、所有余额都重要，都能够承载巨大的信息状态。就以我们前面做的这几笔分录为例，如果你进入这些明细科目的里面，就会发现无论是余额还是发生额，都直接反映了业务此刻的状态。这一部分非常重要，也提示所有会计人员按照业务逻辑来记账，而不是按照所谓的余额重要还是发生额重要来记账，必须要给每个分录的每个状态都赋予独立的辨识度极强的定义。有必要的话这一章的内容你可以反复多读几遍多去理解，一旦这部分攻克了，那么你的数字化思维能力就会再一次大幅度提升。

　　我们来看案例里的各科目状态。原材料——××品名这个科目本期的借方发生额就是本期采购入库金额，如果是退给供应商的也做相同的分录，就是退库退货，所以只要看到这个科目的借方发生额就可以立即判断此期间这个商品总共采购入库了多少不含税的金额。贷方发生额表示本期发出生产加工的金额，退库也同样是相同的分录用负数记录。只要看到贷方数字，就立即可以判断这个月生产消耗了多少这个原材料的金额。

　　原材料——××品名的借方余额就很正常，是采购入库尚未使用的库存金额。但如果出现了贷方余额，你会立即质疑是不是出现了采购物资尚未办理入库就直接进入生产环节而导致超额计提生产成本或者是营业成本。由于不是对整个原材料大数据的检视，而是单独查看每个原材料的明细，万一有不规范操作就很容易出现贷方余额这种异常现象，所以财务也就很轻松地发现日常管理上的漏洞了。

　　再看应付账款——暂估——A公司的借方发生额就只是表示供应商开来发票的含税总金额，它并不表示对此供应商的欠款减少，而是此供应商总欠款中的尚未开票的金额减少了。此科目的贷方发生额就表示采购入库的含税总金额，也就是表示本期对此供应采购的全部。

　　应付账款——暂估——A公司的借方余额表示供应商在尚未入库前就开来发票的含税总金额。这种情况不太正常也不合规，但在企业里也会偶尔发生。例如企业这段时间需要进项税发票抵税，实在找不到了，就让供应商提前送货立即开具发票。如果采用传统记账方法就无法分辨，但现在的分录就很清晰地看到应付账款明细中存留下来的不应该有的借方余额。贷方余额表示采购入库尚未开来发票的总额，这就非常正常了，是常规的状态。

　　再看应付账款——公司——A公司的借方发生额表示给供应商支付了含税货款金额，最好是在设计业务分录的时候就只给这个借方发生额这一个定义，这样只要看到借方发生额就应当与银行交易记录完全吻合一分钱都不差，这样也造就了一个天然的对账工具。只要一发现金额不相符就可以立刻报错，这样的内控才是十分有效的。贷方发生额表示供应商开来发票的含税总金额，而这个数字同样也与公司的收票清单吻合，如果你能做到收票就记账或者收票就认证，那么这个记账记录就可以来源于认证清单，或者是认证清单作为对此数据的校验对照，这样就又建立了一个数字化内控手段。

应付账款——公司—— A 公司的借方余额就是供应商未开发票即付款的含税总金额。这看起来就不太正常，多数企业是见票才付款的，如果某供应商总是出现借方余额，就表示总是无票付款，那么公司会对此引起足够的重视。不是说不可以付款，而是公司应当看到这种状态。别让这个现象隐藏在黑匣子里，而是摆在桌面上。如果是贷方余额就表示供应商已开发票中尚未付款的含税总金额，这部分虽然不一定是对供应商的欠款总额，但一定是收到发票的欠款总额。那么在考虑能给供应商付款的列表中也就清晰地知道哪些开票了哪些还没有开票。

再来看其他应收款——进项待抵扣的借方发生额表示采购入库后暂未收发票的进项税计提，贷方发生额表示供应商开来发票以后将待抵扣转出金额。如果是借方余额，则表示采购入库尚未来票涉及进项税的总额；如果是贷方余额，则表示发票提前开来货物尚未入库的进项税总额。

这样分析下来，财务的记录就更加像业务数据了。如果你的设计更加精细，对每一个业务数据状态的改变都赋予一个业务分录，那么就真的可以把几乎所有的业务信息都记录在财务数据中了，而且这样的动作完全不会打乱报表和总账。当你做数据分析和财务可视化的时候，你的元素就会相当丰富。

（三）模拟销售环节的分录组设计

如图 6-13 所示，再看一个销售环节的案例，参考上面采购环节，我们还是以销售、开票、收款的三个状态来设计业务分录组。

一、客户确认收货，未开票未收款
借 应收账款——暂估——甲公司　　11 300 000
贷：营业收入——××类　　10 000 000
应交税费——应交增值税——销项税　1 300 000
借 营业成本——××类　　1 000 000
贷：库存商品——××类　　1 000 000

二、开出发票尚未收
借 应收账款——公司——甲公司　　11 300 000
贷：应收账款——暂估——A 公司　　11 300 000

三、收到货款
借 银行存款——某账户　　11 300 000
贷：应收账款——公司——甲公司　　11 300 000
（经营性——销售商品收到现金）

图 6-13　销售环节源数据产生的状态分录

（1）客户确认收货，未开票未收款

借：应收账款——暂估——甲公司　　　　11 300 000

　　贷：营业收入——××类　　　　　　　　　10 000 000

　　　　应交税费——应交增值税——销项税　1 300 000

借：营业成本——××类　　　　　　　　1 000 000

　　贷：库存商品——××类　　　　　　　　　1 000 000

当客户签收货物的时候，就表示权利义务发生了转移，或者是控制权发生了转移，这个时点就应该确认收入。只是这个时点并没有开发票，也没有收款。但这些对于此刻的交易数据不重要，重要的是此刻交易系统中能传递出什么数据。例如第三方交易平台给我回传了客户确认的信息，我就可以同时做出上述两笔分录来。

借方应收账款下设暂估，然后下设辅助核算到具体客户名称，这表示对方已经确认收货就是开始欠我的钱了。然后贷方确认这个商品的营业收入，同时确认应交税费——应交增值税销项税，这里没有普票专票的问题，无论你开什么票都采用相同的处理分录。

传统财务可能在这个环节只确认收入，成本需要到月底全部核算清楚以后再做结转。其实当数字化达到一定程度的时候，在商品出库的时点就已经能够核算清楚单品成本了，包括生产环节的人工、水电、折旧、摊销等。在商品出库到客户确认之前，可以将库存商品按照单品成本组合的方式确认到"在途"状态，或者其他可辨识的独立科目中，待对方签收后即可将这些商品结转到营业成本中。所以同时做一笔借方营业成本，对应相同的商品类别，贷方结转库存商品，或者明细科目是在途等。

当出现营业成本与营业收入细节项不匹配的情况时，例如营业收入是按照服务项目分类，而成本则是按照人工、水电、差旅等这样的划分，这就是难以匹配的，这就不太恰当。好的做法是在公司里建立一个能够按照项目或者产品来分别采集信息的系统，也就是说每项支出都应当给定一个具体的项目或者具体的产品，然后财务系统就可以采集到这些信息，就可以很清晰地与收入一一匹配进入对应的成本中。

（2）开出发票尚未收款

借：应收账款——公司——甲公司　　　　11 300 000

　　贷：应收账款——暂估——A公司　　　　　11 300 000

　　当公司获得客户认可开出发票并给到对方的时候，就应当作一笔分录将原先记入的应收账款暂估转入应收账款公司中，这也就记录了这个开票状态的变化。这个环节也完全不需要在意公司是否已经供货、公司是否已经收款等，只要接收到开票系统的数据直接做分录就可以，这种不用做任何疑问判断的才是最直接简单的，也是计算机最容易做到的。

　　（3）收到货款

借：银行存款——某账户　　　　　　　　　11 300 000
　　贷：应收账款——公司——甲公司　　　　　　　 11 300 000
　　　　（经营性——销售商品收到现金）

　　当银行账面上收到了客户的付款，银行交易记录里天然会有付款方全称，这就可以与公司的系统匹配，也有收款金额，只这两条信息，基本上就可以做出上述分录。借方银行存款就是这一笔收款，贷方应收账款对应的公司就是付款方，同时记录现金流的性质。这笔交易分录也完全不用在意这个客户是否供货，是否开票等。所有的校验都可以放到对这些科目的借方贷方发生额和余额的比对上。

　　借贷方的发生额和余额与采购模块里一样，都是能够明确性质和状态的，而且每个发生额和余额都能找到相应的数据进行比对。例如应收账款——公司的贷方发生额一定与银行交易明细中这家公司的收款一致；应收账款——公司的借方发生额一定与公司发票系统的开票记录吻合。

　　如果是公司同时使用了应收账款、预收账款、应付账款、预付账款等科目，就会涉及月底往来科目重分类的情况，否则就会虚增资产负债。重分类只要有明细就不用担心，只要是将这些销售性质科目的数据放在一起看所有的交易明细、将采购性质科目的数据放在一起看交易明细，然后对于不同科目相同客户同时存在的，直接做同类性质数据的正负轧差就可以，余额为正的留在本科目，余额为负的留在对方科目，自然就可以实现重分类。只是为了管理便利考虑，有些公司不愿改变记账科目，那么就做一个报表前的重分类工具就可以，报表上显示重分类后的信息，账面保持不变。

　　如果集团内部之间互相调拨调配物资，那也是一种交易行为，必须要同时生成两套完整成对的分录自动记入不同的账套中，一个记录销售一个记录采购，也必须这样做才能确保合并抵消的彻底性。

第七章
绩效与业财打通的财务可视化

设想一下，如果你是公司里做财务分析的人，虽然做了大量的工作，但是不懂财务的"圈外"人士特别是管理层和业务人员，依然没法接受你的分析图表，依然对你说"看不懂"。明明是阅读者财务知识欠缺，明明是领导们让你分析财务，你也的确是分析了财务，而且做出来不错的可视化图表，却依然说你抓不住重点，说你依然固守财务而没有真正向外扩展走到业务中，给你这些评价你会不会有些委屈？

先把委屈暂放到一边，我们仔细想想究竟问题出在哪。或许不是你做的财务报表本身的问题，很有可能是管理行动与分析的结合中间缺少了一个桥梁，而这个桥梁或许就是绩效视角的分析以及贯穿财务与业务的数据。

财务报表层级的分析如果放到日常管理需求上，可以总结为"大而不细、全而不聚"的改善建议。财务分析当然也是需要全量的，但毕竟阅读者有自己的管理重点和时间成本，如果必须要让他们看管理分析的话，他们宁愿需要你直接告诉他到底哪有问题，现在就去行动改善。虽然我们期待管理者都有高瞻远瞩的眼光，但毕竟所有的大厦都是用钢筋水泥建起来的，抬头看远方也不能不看当前问题。

本章内容由报表层级深入管理细节，报表层级的分析信息还是没法找到管理抓手，因为财务报表是高度浓缩提炼的数据，是对众多日常经营行为的强力汇总，能分析的主要还是大框架和大趋势。如果想要在每个月甚至每一天有行动反馈，那么借助财报就太粗放了，不会给出太多的有指导意义的信息。因此，需要向企业内部深入。企业内部的日常管理最重要的关注点就是经营业绩,经营业绩的内部管理抓手就是绩效考核指标。各部门都会有自己的绩效考核点,汇集起来就是公司的绩效目标,而这个目标一定是由一个个的行动和过程组成的,想要达成目标就必须要完成每一个绩效行动。需要说明的是,绩效指标在企业里经常就是指KPI,但是现在有很多企业也在使用OKR,KPI与OKR的考核逻辑是不同的,在这里我们先考虑与KPI相关的部分。所以本章就带着你一起来看一看绩效层级的财务可视化如何呈现。

上一章我们用财报层级的数据做了可视化分析案例,这一章我们就将分析再进一步下沉到公司内部,只对公司内部管理提供支持。所以这一章案例的用户只有企业管理层,关注内部管理视角而不考虑其他需求。

绩效是对业绩效率效果的统称,分析绩效就是分析经营成果,分析管理行动。每个企业的绩效角度都不同,我们摘选了其中多数企业会认为比较重要的几个重点事项来进行模拟绩效分析,组织成主绩效仪表盘和多个子绩效仪表盘来进一步了解财务可视化建设。

一、主绩效仪表盘浓缩要点

主绩效仪表盘就是要高度提炼精华来展示关键信息,其目标是一眼就能看到全公司关注的所有重点绩效。其最佳方式是站在公司最高层级上看整体绩效,这张图通常就是在向公司最高管理层汇报时使用的。

如图7-1所示,我们将图表划分为七个区域,分别承载了业绩、盈利、生存、健康、成长、问题和闭环。

排列位置的重点各有不同,建议是在你现在所处发展阶段中重点关注哪部分,这个图就加大一点、加重一点以示突出。但位置尽量在确定下来后就不要改动,因为随意改动位置会降低管理者的阅读效率。

图7-1 主绩效仪表盘浓缩要点

图7-2展示了三个与销售相关的信息来综合体现公司业绩。一个是按月的销售收入绝对值,另一个是按月的销售回款绝对值,还有一个是按月的销售预算信息。通过折线图来呈现销售简单直观,而这三个方面又是公司对销售业绩最关注的三个信息,目的是从整体上了解公司的销售进展与回款情况。从展示的配色上,最重要的信息即销售收入使用最显眼的大红色,根据公

司在一段时期内更关心与预算的对比还是回款的进度，选择另外两种颜色。例如图 7-2 的公司更关心回款情况，就选择绿色呈现回款，既不会影响销售收入的重要性，又足以引起管理层的关注。而预算对比的差异已经明显到无论如何都不会被忽视的程度，就可以使用与收入同色系的其他颜色呈现。

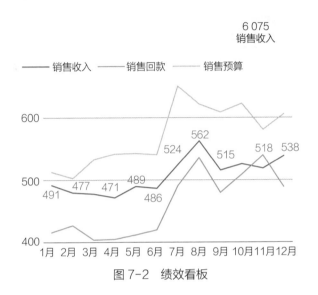

图 7-2　绩效看板

图 7-3 是与盈利相关的三类信息的组合图。绿色柱状图是净利润的绝对值，红色折线图是净利率，黄色折线图是股东回报率。利润额与利润率一起呈现，可以使管理层对信息的把握更全面。股东回报率通常不会出现在日常管理的成果上，但股东回报率的确应当是众多目标之一，所以在这个看板上呈现以表示对最终目标的关注。如果你的公司不太关注这个指标，完全可以替换成预算对比指标或者去年同期指标。

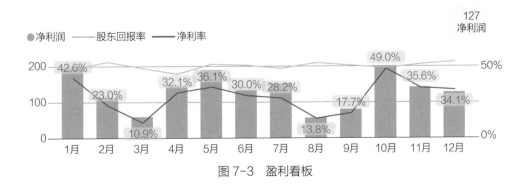

图 7-3　盈利看板

图 7-4 展示的是与企业现金流相关的三类信息，现金是公司的生存之本，让公司倒闭的可能不是不赚钱，而是没钱。现金里最为重要的日常经营类就是经营现金流净流入，对公司整体的现金流入也需要了解，毕竟无论从哪来的现金，有流入就是王道。再就是整体现金存量的现金余额。使用折线图来呈现直观明了，在配色上用最易引起关注的大红色表示余额也就是存量，用绿色表示日常经营的现金，既不会冲击主要信息，又足以引起管理层的关注。

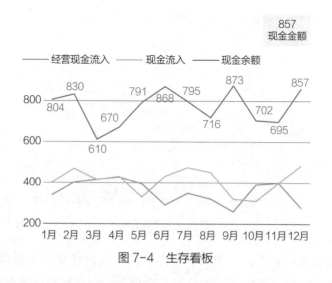

图 7-4　生存看板

图 7-5 展示的是体现企业健康度情况的三类信息，应收账款周转天数、应付账款周转天数、存货周转天数。在图 7-5 中对企业影响最大的是应收账款与应付账款的周转天数，所以应收账款周转天数就选择了大红色，而应付账款周转天数则选择了绿色。这几类信息既反映企业的运营能力，又体现公司对主要资金收支的管控能力，所以将其作为健康状况体现的指标来展示。如果你公司的健康状况

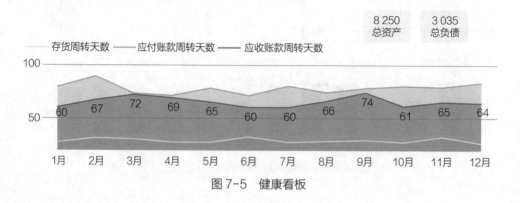

图 7-5　健康看板

用其他指标呈现更客观，那么就替换成最合适的指标来编制图表。

图 7-6 展示的是企业成长性比较鲜明的两个指标：一个是资本回报率 ROIC，能够更加综合地体现公司在所有资源投入以后的收益状况；另一个就是研发投入资金额。尽管这两个指标并不能完整地诠释一家公司的成长性，但成长的要素本身就存在多种理解。为了把企业做大做强，就一定要考虑此刻的回报和未来可能带来的回报。

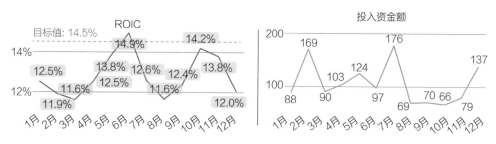

图 7-6　成长看板

图 7-7 展示的是企业需要关注的问题和问题解决的跟进情况（闭环）。问题呈现的配色就要用最显眼的大红色，并配以文字说明，这样就使管理层可以直接关注到"问题"信息。而问题解决情况的进展，要在问题的下面进行说明，使管理层清晰地看到问题的解决是否按部就班或者有符合预期的进展。

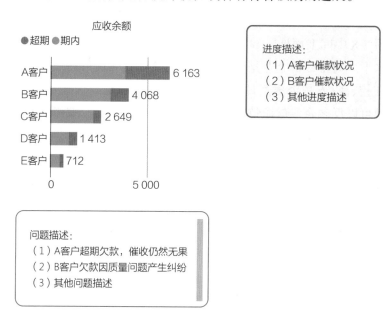

图 7-7　问题与闭环看板

图 7-8 是将前面几张图有机结合成一张仪表盘。首先把所有绩效中公司最为重视的内容放在中间的位置和左上角的区域，这两个区域最容易引发人们的关注。盈利指标中提供了四类信息：净利率折线、净利润柱形、股东回报率折线和净利率目标直线。同时在区域内左上角给出具体的当前累计净利润的金额，如果公司有预算，那么这里也最好将预算对比具体金额展示出来，以呈现具体的差距。

图表左上位置摆放业绩信息，通常业绩也会直指销售收入。这里放了三类信息，收入折线图、销售收现折线图、收入预算折线图。这里都是累计数字，如果有必要的话，还可以将每月单独的收入以柱形图的方式放在图中。图中还给出当前累计收入的具体数字，一个大而显眼的数字会令人产生很好的感知力。这样就可以让人一眼能分辨出来目前的销售状况与预算差距多少、超出多少，同时也关注客户的整体回款是否能够超出不含税的收入。如果发展过快导致收现不及时，是否需要考虑现金存量会不会出现危机等。

左下摆放现金指标。公司能否生存主要看现金存量对未来的支撑力。图 7-8 中参考和延续了图 7-7 的样式，一个大而显眼的现金存量金额，一张现金存量的折线图，一张经营现金流的折线图，一张净现金流的折线图。这三条信息几乎不用太多解释，稍加关注就能看懂。如果需要增加一些内容，就可以将净现金流的折线替换为存量现金的日常支出覆盖率，这就更加容易体现现金存量的意义。

回到图 7-8 中间上面展示健康度，的确很难找到哪个指标能很准确地代表企业的健康水平。通常评价企业是否健康就是指资产是否能够持续带来收益、负债是否可控在控、收入是否蒸蒸日上、利润是否持续稳定、现金是否正向充足等，这些统统都可以反映企业健康情况。所以，这个区域里，只要哪些健康隐患出现了，就应当展示哪些指标，如同生病的人，这段时间是感冒，那么就应当展示感冒，这段时间发烧，那么就应当展示发烧。假设公司的资金最近周转有些问题，那么就在这张图中展示三个周转天数。一条应收账款周转天数折线、一条应付账款周转天数折线、一条存货周转天数折线，这三条线放在一起很容看得出哪个时间更短。如果应付账款时间远低于应收账款，那很显然资金链断裂就只是时间问题；如果应付账款时间远低于存货周转天数，那就表示存货太多了，资金都耗费在存货上了。

中下放置公司成长性指标，通常成长性指的就是公司做大做强的能力，所谓做大，就是体量大、市场大，做强就是利润高、现金充足。这些指标都不是综合

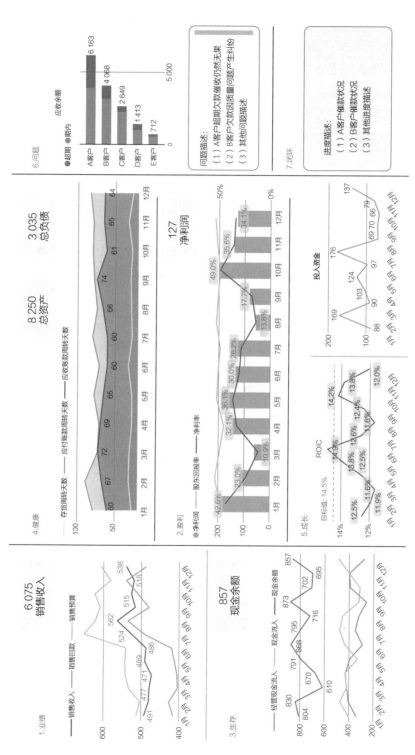

图 7-8 绩效主看板仪表盘

性的指标，而且难以有标准，那么就使用一个比股东回报率考虑更完整的资本回报率 ROIC，计算公式不复杂，考量的就是公司所有资本性投入和债务性投入所获得的综合回报率。这个指标的好处就是充分考虑了公司的各项资金来源来判断收益情况，以此来判断公司的成长性。当然如果换个角度考虑公司未来的成长可能性，还需要看公司的未来产品能力，也就是今天的研发状况。所以这里同时可以展示研发进展情况，包括资金的投入和时间的投入，以及预期是否能够达成研发的成功。

右边两个区域留给了问题和闭环。毕竟企业经营一定会遇到各种各样的问题，最好就是将当前最严重的问题单独呈现出来，并对问题进行客观描述。图中的问题是近期公司收款不力，大量客户出现严重超期的状况，那么就从大到小展示出来哪些客户是超期大户，每家客户中哪些是金额期内正常的，哪些是超期的，超期占比又是多少。经过这样的排序，很容就知道问题出在哪，也就很容易落实责任人，落实解决方案。

当问题方案确定以后，接下来就是对落实情况的跟踪了。右下区域可以列图表，也可以直接用文字加数字描述。例如图中直接针对最大欠款客户的超期催收列示数字，一目了然。当发现超期客户非但没有收回欠款，反而更增加了额外的超期，表示公司对这家客户没有采取任何有效举措。那么责任人就应当引起重视了，对此就需要加强管理了。类似重点问题不只是催款，企业内所有的重点问题都可以在这个图中展示出来。

因为整张图都没有太多的位置留给表格，可以选择在每个图中的最近一期指标展示金额，其实这里的信息已经很多了，如果金额放得太多就会混乱不堪。另外这类仪表盘建议不要用太多的静态单一数据，让阅读者不知道这张图要表达什么。最好是进行动态的周期性展示，能够看到变化情况，再叠加目标值就很容易理解。

二、子绩效仪表盘细节展开

按照我们的展示惯例，主仪表盘背后一定要有众多子仪表盘作为详细数据分析支撑，绩效更要有丰富的各个维度的数据分析展示。我们给出三个图形案例供读者参考，体会一下内容组织和展示的过程，以及如何对内容进行汇报讲解。

（一）收入总览仪表盘

我们在主仪表盘显著位置摆放了销售收入，因为收入对于公司来说任何时候都是至关重要的，所以应当有更多的子仪表盘来详细拆解。首先就是一个收入总览图，将收入的分类和分客户细节展示出来。

图 7-9 展示的是按照销售区域划分的月度收入。此时，柱状图既能呈现各个区域的收入，又能呈现各个区域在总收入中的份额，区域的重要性程度一目了然。配色方面，对公司最具战略性意义的区域就用大红色，而销售量最高的区域就使用蓝色，这样，战略重要性和现阶段重要性就都很醒目地进行了展示。

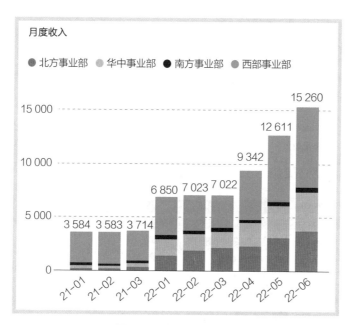

图 7-9　总收入走势图

图 7-10 展示的是不同客户在各个区域的收入情况。这个条形图可以清晰地呈现不同客户在不同区域的收入分布，也反映了各个区域的重点客户或业务特点。根据公司的业务特点，不同客户也可以有各个事业部不同产品销售的客户，通过不同颜色的展示也能够看出各事业部在各家客户的销售占比情况。

图 7-11 展示的是不同产品在各个区域的收入情况。这个条形图可以清晰地呈现不同产品或产品线在不同区域的收入分布及业务特点。

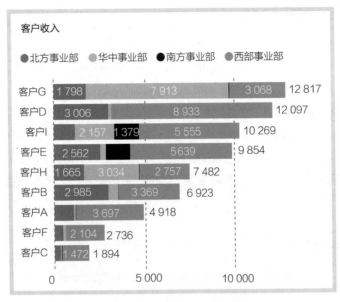

图 7-10　各客户收入对照图

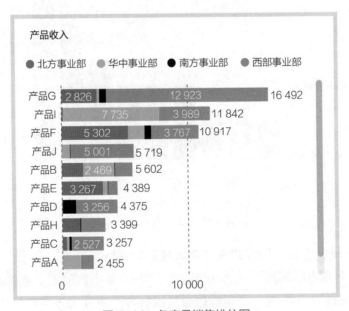

图 7-11　各产品销售排位图

　　图 7-12 展示的是不同区域的收入在总收入中的占比情况。把数据标签呈现出来，环形图反映占比信息就显得简单直观。

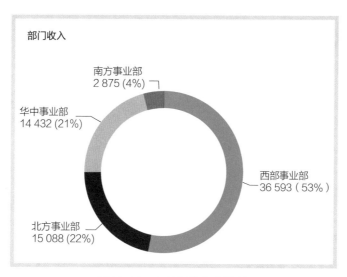

图 7-12　各部门收入占比图

　　图 7-13 展示的是不同区域销售收入的变化趋势，此处使用折线阴影图进行分列就非常直观。

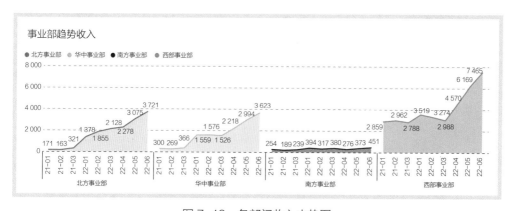

图 7-13　各部门收入走势图

　　图 7-14 将前面展示的几张图表组合成一张完整的收入总览仪表盘。整张仪表盘分上下两层，上一层用条形图和柱形图，下一层用环形图和折现阴影图。这张图中环形是特别的很显眼的形状，所以一般除了看题目以外就会看到这个环形。环形图的内容不多，只有产品类别的占比，一眼看上去就知道整个产品销售中谁多谁少，而且大概的占比一目了然。你也可以尝试将去年同期数据用双环方式做出对比，能够很快意识到这两年的产品结构变化，这就先给了阅读者一个产品分配的锚定位置。接下来就会关注上一排最左面，稍加分析就知道每个月的总

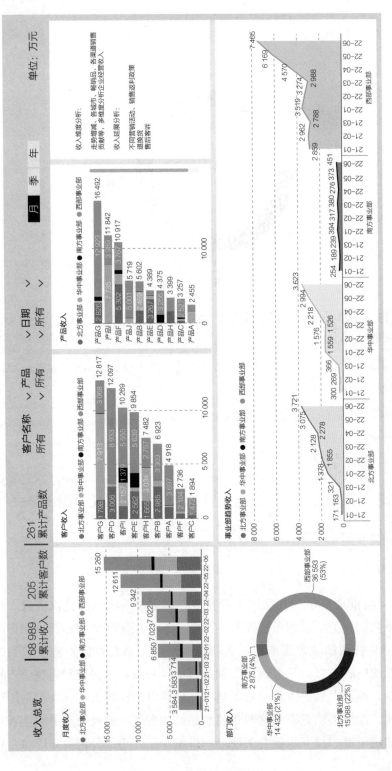

图7-14　公司收入总览仪表盘

销售额是多少，而且与预算对比的状况是怎样的，是否完成了销售预算。同时还能够看到累计销售中各产品的占比。接下来就是中间的两个条形图，一个是按照客户的销量排序，另一个是按照产品的销量排序。这样就很清楚地知道公司的大客户都是哪些，又是哪些产品成为公司的销量王。如果这是用 Power BI 编制的，还能够任意地做分类切片，当选择某一个客户的时候，其他图就都会显示这一个客户销售的产品、各产品的占比等；如果选择了某一个产品，其他图就都会选择这个产品是哪些客户买的，这就大大提升了分析的可读性和洞见性。

　　仪表盘下方是四个产品线各自的销售情况，也因为有各自的预算，所以对于每个产品你都能清晰地看到预算完成情况，也能够清晰地判断接下来应该在哪些产品线的销售上下功夫。而如果叠加了客户的维度，也能够清晰地了解哪些产品应该更多地卖给哪些客户。

（二）收入环比仪表盘

　　分析完收入的总览情况，再分析各个销售客户的销量增减和各个产品的销量增减。这个增减可以跟去年同期比，也可以跟上个月环比，这个图采取了与上个月的环比，因为日常管理就是要及时。当数据采集自动化以后，这些表就可以每天呈现。

　　图 7-15 也是做了收入环比分析的组合图仪表盘。这个仪表盘整体结构分为左右两部分，左面两个图展示各月的销售总量和各月的环比增减情况，右边四个图分别从客户的增减和产品的增减来分析销售增减动因。这个仪表盘的价值就在于，将销售增减变化分解到每一个客户、每一个产品上，例如当某月销售大幅增加的时候，肯定会因为某些增长的客户而掩盖那些减少的客户，也肯定会因为增长的产品而掩盖减少的产品。这张图就可以非常清晰地展示是哪几家客户在增长，但同时下降的客户又是哪些，下降了多少，这样就可以有的放矢地去了解他们为什么会下降，是常规采购下降、客户自己减产，还是客户加大了竞争对手的采购而减少了了对我们的采购。产品也是一样，当某几个产品出现销量大幅提升时，又是哪些产品在减少，这些产品为什么会减少，是产品质量出问题了、产能受到限制生产不出来、市场上不再需要了，还是客户提高了收货要求。很多问题就是在细节展示中得到充分的暴露，从而有机会被管理者看到并得到妥善的解决。

（三）销售单价仪表盘

　　再来分析一下销售单价与销量和各客户创造的收入，用气泡图十分形象地展

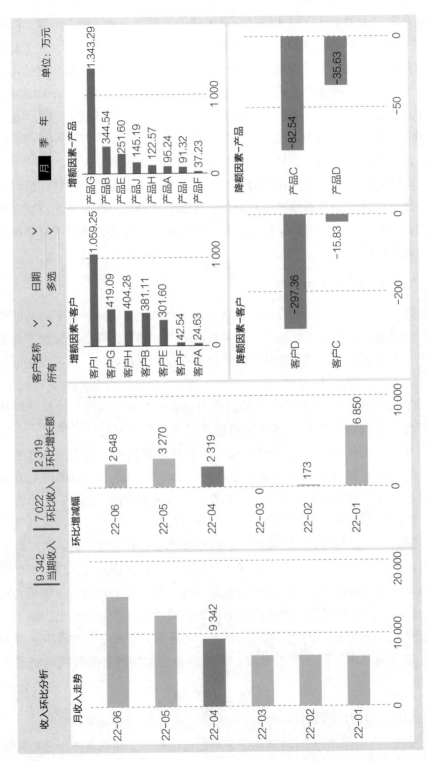

图 7-15 公司收入环比分析仪表盘

示了哪些客户给公司创造了更大的价值，它们创造价值是因为销量大还是因为单价高。

图 7-16 展示了不同客户、不同销货量、不同销售额的单价对比。气泡图可以很直观地呈现影响因素分析。横坐标是销售单价，纵坐标是销售数量，气泡越大表示销售额越大，整体上看单价越高，销量越大则销售金额越高，不过也需要关注那些销售数量不高、单价也极低的客户 C 和客户 F，除了产品本身单价在众多公司销售的产品中就是低的，以及这些客户采购的是样品以外，理论上卖给小客户的产品价格不应当比销量大的大客户的价格还低，除非与大客户的交易结构还有其他安排没有直接体现在价格上。同理，如果大客户长期保持高单价，一旦竞争对手侵入则很容易找到突破口打击公司。单价是非常重要的销售因素，十分有必要分析。这个图还可以更加多元，可以将某一个或某一类产品单独呈现，就可以排除产品本身价格不一的干扰因素，重现每个客户、每一销量对应的单价。

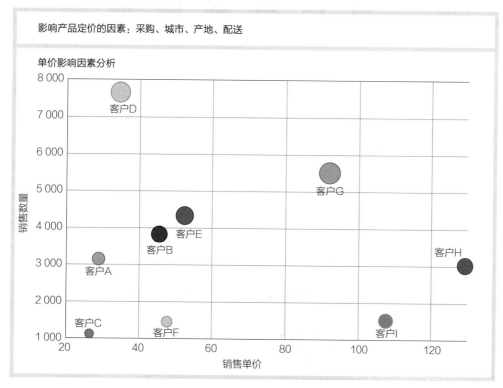

图 7-16　各客户收入销量与价格对比图

图 7-17 展示了各个事业部销售产品的平均单价信息。这种柱形堆积图原则上不易于展示各部门的单价，因为产品不同，没有可比性。但换个角度思考，在

各个事业部就是各个产品线的情况下，每个产品线都有自己的单价模式，用这种堆积图的方式观察各个产品线单价的变化也是一个分析视角。堆积图的总量没有意义，每一个堆积点的变化是有意义的。当然也可以换成折线图或者柱形图，都可以起到对比的作用。

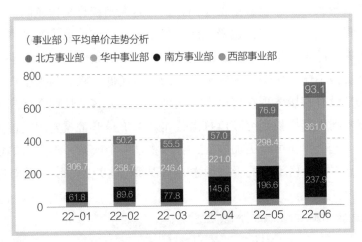

图 7-17　各事业部平均单价走势分析图

这类柱形图的颜色尽量不要选择太多色系，不超过四种颜色是最佳的。如果你的维度多而不得不用颜色区分，那么就用性质相近的几个分类放在同一个色系中用颜色深浅来区分，这样也能够产生比较好的效果。

图 7-18 展示了按产品区分的各事业部平均单价的条形堆积图。这种展示通常会用于各个事业部都在销售同样的产品类。每个事业部的侧重点不同，客户不

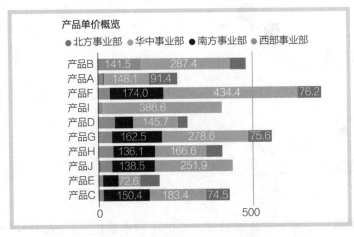

图 7-18　各类产品单价概览图

同，销售方法不同，都会导致最终成交的单价不同，用这类堆积图就能够看出各个事业部的销售特点，及其对价格的敏感度。

图 7-19 将前面讲过的三张图组合成一个仪表盘。首先这份仪表盘分为左右两部分，左边的上图是各产品的平均单价堆积图，图中的价格变动或者可以理解为不一定是产品本身的涨跌，而是这类产品线中这段时间卖的高价格的产品多还是卖的低价格的产品多。左面下图就是单个产品的单位售价了，这通常也是公司比较机密的信息，虽然有些在网上能看得到，但做成列表也不是每个对手都能得到的。单品的销售平均价排位虽然看起来有些鸡肋，因为有些产品定价就是贵有些产品就是便宜，但这个清单恰好能让内部管理者了解他所关心的某个产品的近期销售平均价是否还是自己心中的那个价格。这也是消除管理者对自己销售的产品售价的变动盲区。右面给留出了整张看板 2/3 的位置，就是为了承载这张很有看点的气泡图。前面讲过这张图的用意，当三张图同时展示在阅读者面前的时候，并且能够用切片的功能显示其对应的单独某个产品或单独某个客户所展现的不同价格对比，公司的价格策略就会清晰呈现。

当我们展示的细节足够丰富而又不想太过汇总的时候，用散点图就很合适，否则还是有一些分类汇总的好。毕竟分析就是要发现规律，发现规律的捷径就是恰当的分类。所谓大数据分析肯定不仅仅是因为数据量大，大量没有处理的数据都只能称之为毛坯数据甚至是垃圾数据，只有经过层层分类且将这些一一统计出来做出分析，才能够称之为大数据分析。财务其实就是一个相当完善的商业大数据统计分析工具，而财务可视化就是将这种分析再进一步变成肉眼可见、所见即所知的洞见工具。

三、业财打通的财务数据展示业务状况

当业务数据与财务数据实现真正的打通，那么用财务视角解释业务状况就成为可能。我们就以生产过程的各工序成本组成叠加，以及各工序的产能产量配比状况做一份分析可视化看板。

首先需要理解整个生产工序的步骤。如图 7-20 所示，通常最初的生产需求是公司统一发布的，制造部门接到生产订单就开始组织产能，包括机器设备的额定产能是否足够，整体的开机时间是否充足，过程中如检修是否能达到这个产能。不仅仅是机器设备，也包括人员是否到位、物料是否充足。在同时满足蜂拥而至的各类订单的时候，如何取舍排产，是按照前后顺序排产，是按照紧急程度排产，还是按照能给公司创造最大价值排产等。然后就是按照各个工序来安排资

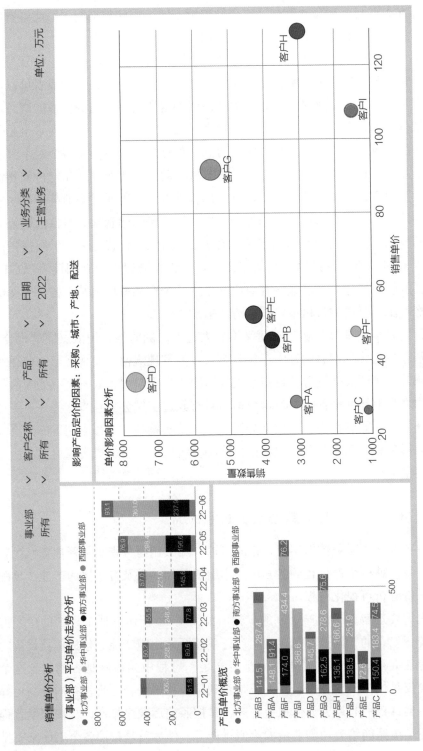

图7-19 销售单价分析仪表盘

源，收集数据，统计产量，核算成本，最终生产完毕准确入库。

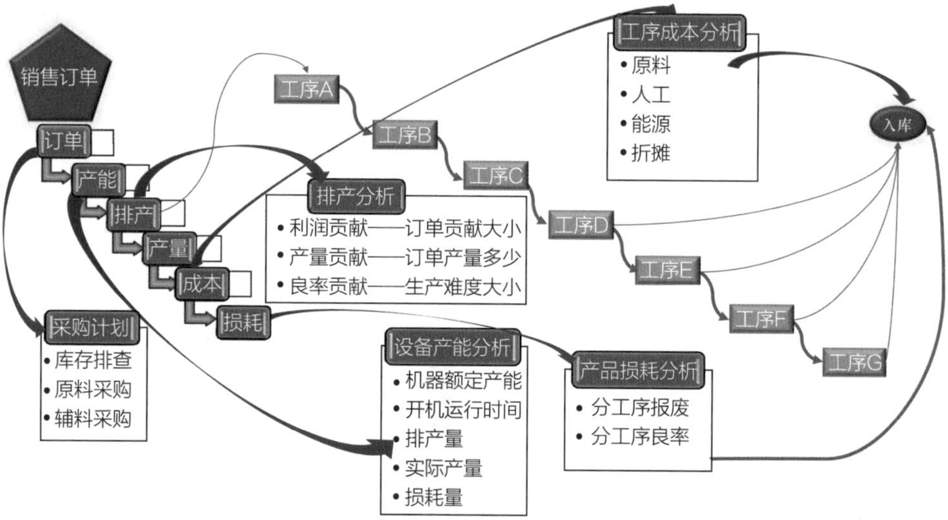

图 7-20　生产工序各步骤脉络关系图

　　图 7-21 是对某一家公司全部数据源以及全部最终数据成果需求的脉络图。中间的"数据整合系统对接"是数据处理的核心地带，也可以理解为左半部分是所有的数据提供渠道，再追溯到最原始进入公司的数据源，然后在中间环节进行数据处理和数据沉淀，形成公司的财务数据中台模式。然后右方所有的成果需求全部都是从这个中台的数据中进行采集归集和计算呈现。构建了如此的模式，就容易形成公司全线的数据脉络关系。

（一）生产工序仪表盘

　　图 7-22 呈现了一个生产工序的可视化看板。通常在编制生产可视化看板时会考虑哪些最关键的元素是必须要看得到的呢？如果是按照订单来展示，那就需要每个订单编制一个看板。首先关注此订单的原料是否充足，还缺少的必须要展示出来，用大数字摆放就可以。然后将几个工序上的产能产量做对应展示，以及产量与成本的匹配。例如第一道工序，总共从仓库领用的原料是多少件，对应的成本是多少，总共生产完毕出库了多少件，出库对应的整个生产过程产生的原料、辅料、人工、水电、折摊等都汇总为成本叠加起来，共同转入下一道工序。如果在生产过程中产生了损耗，也应当在图中展示出来。第二道工序也是一样，有几道工序就展示几道工序，这样前后呼应，如果哪道工序出现问题，就可以一目了然。对于整体订单的执行情况也能够清晰地看到。

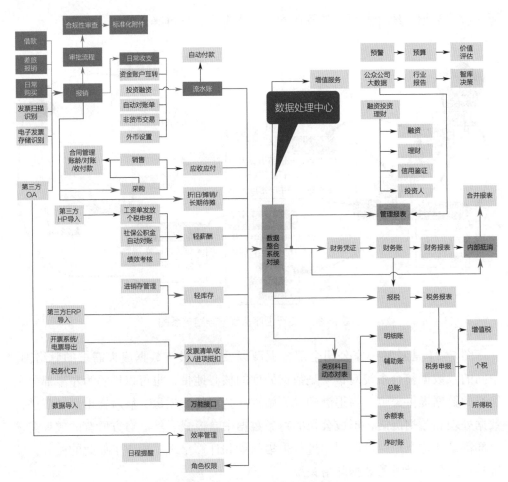

图 7-21　公司数据流脉络图

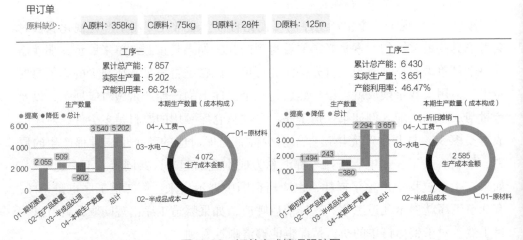

图 7-22　订单完成情况跟踪图

（二）分工序生产成本仪表盘

这还只是展示了数量，作为财务可视化，还应当看到各个工序的金额状况，或者是对数量与金额的结合展示。

图 7-23 展示的是生产投入的各种材料以及产出的瀑布图，投入和产出分别使用不同的颜色。如果最后在总计的位置上有差异，就表示有没被统计进来的在产品或者是没有统计进来的废品，这就是需要重点管理的数据。同时这样的图如果每天或每周都能够对比查看，那么工作效率和工作效果的对比就会非常清楚。甚至是分各个工序的展现或者是各个设备的展现，对于有 MES 系统的生产线不会没有数据，只是这些数据解读的工作量会比较大。不过一旦解读了数据，也就意味着管理的抓手夯实了。

图 7-24 展示的是各个产品的投产明细信息，用数字加上进度条的方式以及大小排列的方式呈现，能够清晰地了解各个产品在一段时间内的产量和存量。

图 7-25 展示的是不同工序的投产明细信息，使用柱状图就可以将各个工序的投入产出清晰地呈现出来。配色方面，既可以按不同工序进行配色，也可以按投入、产出的项目进行配色。图是按投入、产出的项目进行配色的。

图 7-26 将前述几个图组合成一张完整的生产成本分析仪表盘。这类看板可以按照公司整体产量来查看，也可以按照公司完整的流水线或者生产大流程来展示。看板上首先给出一个本期的完整产量进出状况，以及对应的成本叠加状况，然后是整体投入总量的各种性质以及整体出库的各种性质展示。下面是一个整体工序之间的产量状况和产能的对比，以及相应成本在各工序中的分配情况。

这张图看起来还算清晰，但这些数据源的组织是一个大工程。所有展示出来的内容都需要在后台自动采集到这些信息。例如，各道工序的数据如果不是 MES 制造管理系统中有生产数据，那么这个图是做不出来的。依靠人工的计算往往非常不准确，而且非常不及时。不仅如此，最大的难点是每道工序的成本核算，需要按照每台设备每道工序的累加，基础数据量很大，计算量也很大。只有将采集逻辑和计算逻辑都搞透并写入系统中，这张图才能够做出来。虽然看起来好像难以实现，但如果换个思路想一想，这个看板的价值如此之大，难道不值得去尝试花一些时间攻克它吗？一旦攻克了，一旦哪个生产环节出现异常，管理层就可以清晰地看得到，就可以立即采取相应的措施加以修正，这就是对管理产生了极大的价值。

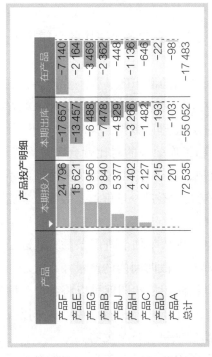

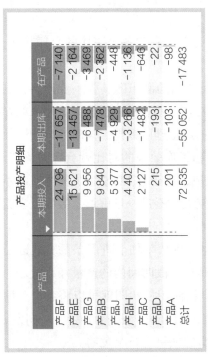

图 7-24 各产品投产明细图

图 7-23 生产投入与产出因素分析图

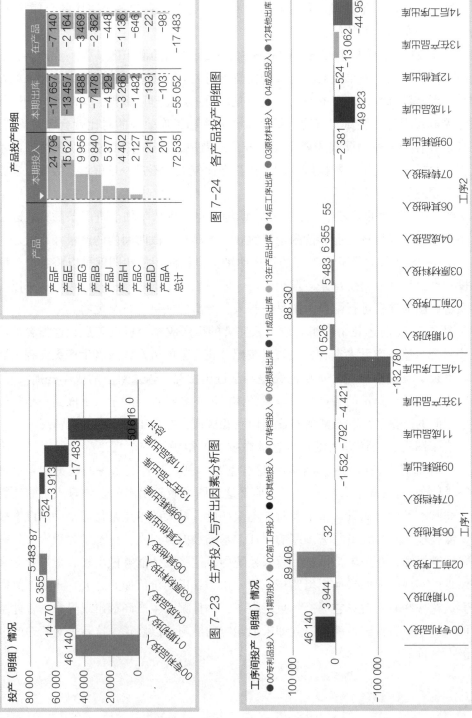

图 7-25 各工序投产明细图

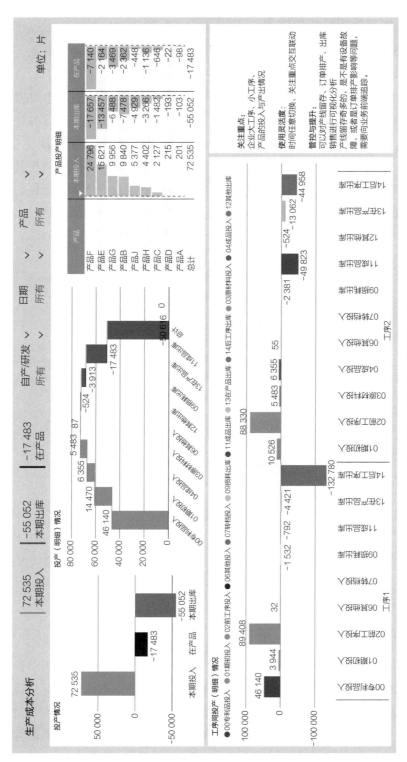

图 7-26　生产成本分析仪表盘

（三）生产损耗分析仪表盘

如果公司的产品损耗在一段时间内都难以解决，甚至都不知道究竟是哪里出了问题，你也可以针对损耗做一个分析看板。

图 7-27 展示的是不同产品损耗的出库数量条形堆积图，按出库类型分色呈现。这些出库的产品最终都无法产生销售，都是损耗，用配色来区分各种性质的出库损耗。实验出库是公司发展未来产品、检验产品合格率或者提高工艺指标的必须选项，不能没有也不能过高，通常金额会比较小。为了不被隐藏在其他的损耗中，所以选择了鲜艳的大红色。与红色对应的青色是自产产生的损耗，通常是有合理损耗比率的，只要在合理的范围内就是可接受的。但如果损耗过大，就需要进一步穿透到工序里去查看究竟哪个工序造成了严重的损耗。

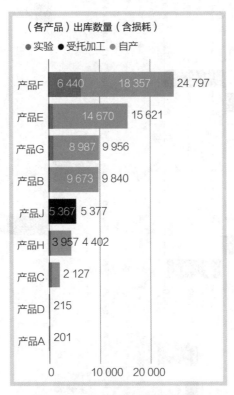

图 7-27　各产品生产损耗分析图

图 7-28 用了柱形堆积图和良率折线图的组合。条形图比较难以呈现良率折线，柱形图就比较容易组合。前面讲过，无论损耗多少都要关注是否超过既定的损耗比率。生产损耗本身是有一个可接受范围的，超过了范围就需要监管。

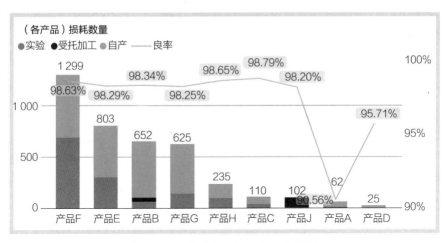

图 7-28　各产品损耗数量及占比图

图 7-29 将与损耗相关的图组合成一张生产损耗分析仪表盘。首先给出一个各种产品类型的总损耗，有数量有比例，这个数据会对管理层有所冲击，特别是对生产有敏感性的管理者。然后给出每种产品的损耗数量排序，排序的意义非常明确，就是要先从高损耗的开始抓起，例如图中排名前五的损耗产品占了全部损耗的绝大多数，如果消除了这些损耗，那么公司的良品率将会有质的飞越。而且这个排名还可以做每个月的对比，看看这个月和上个月是否发生变化，是不是总有几种产品的损耗大，是产品本身就属于质量高、工艺难的，还是因为机器设备老化应当维修，或者是因为工人操作不熟练，只要能精确到每个产品，找到问题也就不难了。再给出右上的工序损耗分析，例如图中集中在第二工序的损耗最严重，那么就走到第二工序上去观察具体的原因。第二工序的人可能会说都是前面工序没做好流转到我这里才发现的，那就再往上追，直到追到真实原因为止。要知道，如果企业的生产损耗控制不好，就是一个无底洞，成本会大幅度增长，那企业还如何盈利。再给出一个柱形图的各产品总良率与损耗的对比状况。需要对总量有所顾及，因为产量大的产品的损耗绝对值一定高，但相对值不一定高。可视化图表的分析维度要尽可能全面。

（四）分区销售重点指标仪表盘

如果说损耗是公司内部管理的重点内容，需要有独立的可视化看板，那么对外的销售管理就更会成为管理层关注的重中之重。下面再给出一个各销售大区的业绩对比图。

图 7-30 展示的一个销售大区的收入绩效相关信息。作为大区的绩效看板，

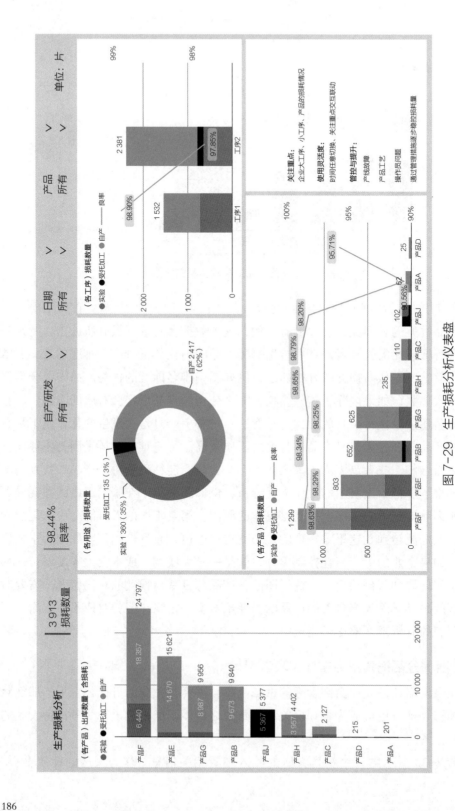

图7-29 生产损耗分析仪表盘

除了收入、回款和预算之外，增加了一个"开票"折线，主要目的是能够和财务管理的信息核对。另外还增加了一个分区，呈现回款超期的主要客户及其超期情况。在显著位置展现这个大区的累计销售收入以及预算完成状况。

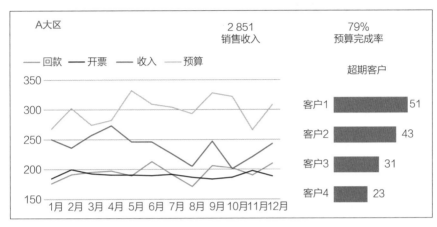

图 7-30   A 销售大区业绩跟踪图

图 7-31 将公司所有销售大区全部按照图 7-30 的单图样式组合成一个综合看板。图中的四个大区有各自的图表，每个大区都由两个图组成，一个是折线面积图，展示了此大区的预算、销售、开票、回款的数据，另一个是此大区里超期未回款的客户排名和欠款时长。当将四个大区全部放在同一个看板上的时候，每个大区的销售情况和完成情况就一览无余了，而业绩不太好的大区经理就知道应当要努力了。当看到自己大区里还有那么多客户超期未付款的，大区经理就知道回去加紧催哪家客户付款了。

（五）销售大区关键绩效仪表盘

再给出一个各个大区的细节看板。

图 7-32 展示了销售的总体实现情况，包括三组信息：实际销售收入与预算对比，销售、开票与回款情况，超期欠款信息。其中，前两组信息以折线图呈现，实际的销售收入作为重要信息，就使用大红色。第三组信息以柱形图呈现，配色方面就使用同一色系，超期最长的用最深色，超期短的用浅色，金额最大的使用偏亮色，做到了重点突出。

图 7-33 展示的是一个区域的订单与销售产品占比情况。订单、发货、回款数据以折线图呈现，各产品在销售中的占比以环形图呈现，配以数字标签进行展示。

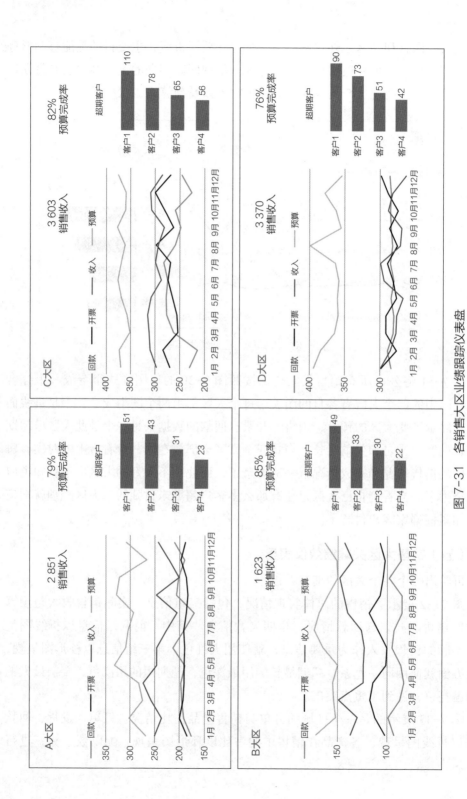

图7-31 各销售大区业绩跟踪仪表盘

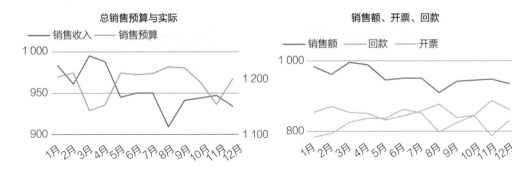

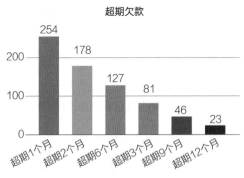

图 7-32　某销售大区主要销售数据看板

图 7-33　某销售大区订单与销售产品占比

　　图 7-34 展示了一个区域的销售指标最重要的几类信息，排列方式按重要性的阅读顺序为参考。在本案例中，获取新客户是业务增长最重要的驱动，所以就把这组信息放在左上角展示新客户的开拓情况，也就是第一次成为公司客户的清单和销量展示。销售收入的产品分布重要性次之，则放在右上角展示销售产品的总量占比情况，接下来是这个大区里的超期欠款客户排名，以及所有客户的销量排名。

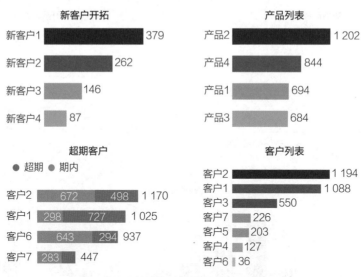

图 7-34　某销售大区客户与产品分析图

图 7-35 将前述几张大区业绩图组合成一张仪表盘。左边区域是公司整体的完成情况，先是总销售额与预算的对比情况，然后是销售额、开票与回款的三线对照图，然后是超期欠款的分期展示图。这三张图基本上就把公司对销售整体的信息了解完整了。

左边展示某个大区的销售状况。整个区域里整体分为三大部分，中间展示这个大区里的订单发货状况和产品销量占比，右边四个小模块展示这个大区最在意的四个事项，最下面是每天的发货量。当然如果你公司不是每天发货的，那就改成最符合你公司销售业务形态的某个跟踪图。

将这几张图展示给销售大区负责人看，他肯定就知道如何去抓大区的销售管理了。这些仅仅是给出的一些模拟图，你在自己公司里编制的时候，应当研究大区销售的驱动因素都有哪些，把这些驱动因素的数据用图表展示出来，直观地展示给销售管理者。如果你持续坚持迭代你的图，销售管理者一定会慢慢感受到财务的价值，也会越来越依靠你提供的数据来提升业绩。

（六）费用列支总览仪表盘

再看一张费用列支的总览图和一张费用交互的小多图，将这两张图配合起来展示对费用的管理管控。

图 7-36 展示的是各个分部或分公司按月的总支出情况，使用柱状堆积图分色呈现就很直观。

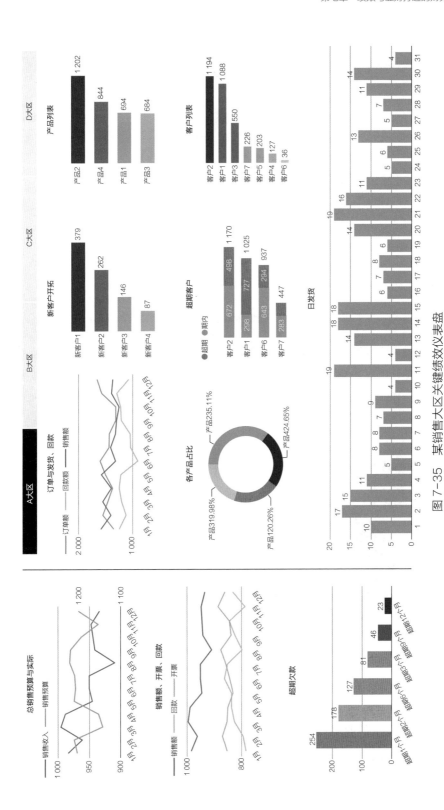

图7-35 某销售大区关键绩效仪表盘

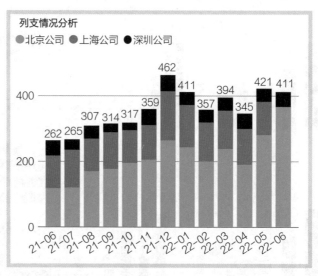

图 7-36　各分公司费用列支走势图

　　图 7-37 展示的是各个分部或分公司的总支出在整个公司的占比以及费用分类情况。其中总支出占比使用环形图，是对图 7-36 的补充。各个分部或分公司总支出的费用分类，使用柱状堆积图分色呈现，再配以数字标签就能达到直观清晰的效果。

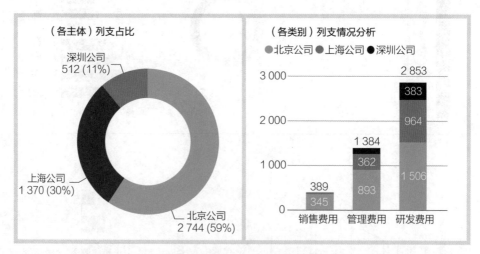

图 7-37　各分公司费用占比图

　　图 7-38 展示的是各个分部或分公司的费用分类的再下一级明细信息，是对图 7-37 信息的进一步分解，并没有区分管理费用、销售费用等，而是将几项费

用的同类全部合并共同展示。

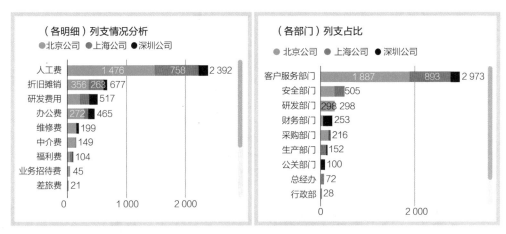

图 7-38　各分公司列支明细图

图 7-39 展示的是各个分部或分公司的费用总体情况与趋势。此处使用折线阴影图进行分列就是简单直观的。

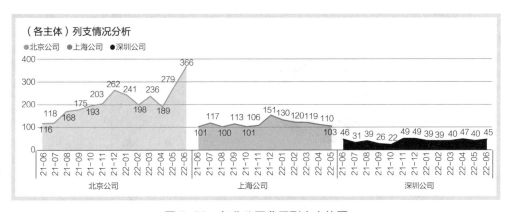

图 7-39　各分公司费用列支走势图

图 7-40 将几张费用分析图组合成一张费用列支总览仪表盘。首先将各个分公司或事业部的费用绝对值占比环形图放在中间，让看图的人先对总量有所认识。然后是左上的各月费用总量的堆积图展示。在中间位置还给出了三类费用的总金额和各分公司的堆积图。通过这三个排列在第一排的图表就能了解公司过去一段时间的总消耗费用。右边两个图分别列示了消耗的费用排名和部门消耗排名，便于让管理层了解哪些费用是最高的，哪个部门的支出是最多的。例如此图中就很明显人工费是最高的，而且研发部门的费用是最高的。如果进行切片展

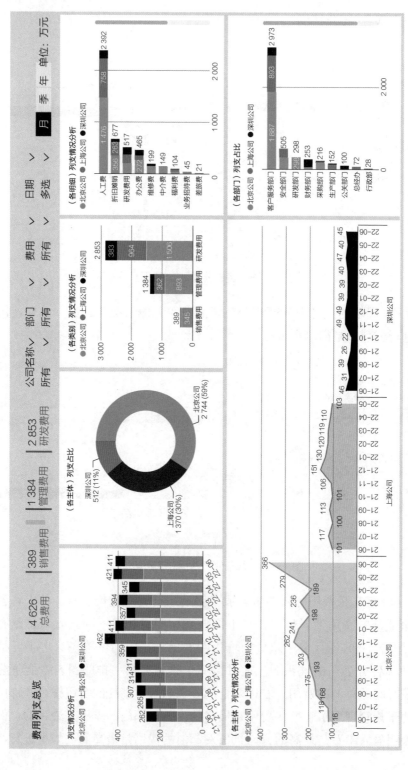

图 7-40　公司费用列支总览仪表盘

示，就会看到研发部门的人工费最高。公司未来的产品都要依靠研发人员的力量，必须雇佣能力适合的高级人才，但公司也需要做周全的预案。如果研发失败了，这些投入就无法回收，所以就应当配备更加有力的研发管理人员以提高研发成功的概率。图中最下方三个图就是展示各分公司在各月中的费用支出情况，切片以后就可以分别看到各分公司的各月各类费用状况，就能够知道重点应当加强对哪类费用的管理管控。

（七）费用小多图

图 7-41 用小多图的方式展示两个维度的费用交互对照。虽然小多图上面没有显示数字，仅仅是在左面显示了数据区间，但这个图最大的好处就是将所有费用类别以及所有相关部门全面性的交叉展示出来。当对左面某个费用列表切片展示的时候，就能看到右面各个部门是哪个多哪个少；当对右面某个部门列表切片展示的时候，就能看到左面都是哪些费用发生在这个部门。如此去对照查看，很容易就能分析出来哪些费用经常在哪些部门里发生，进而再针对这些费用去查看明细，这就能缩小范围，不至于从海量数据中没有目的地查看。

这一章我们花费了大量的篇幅去讲述数字化财务应当如何建立。显而易见，没有数字化财务作为前提，所有的财务可视化都没法真的触及深层次的管理，更加不会真正体现出真正的洞察力。所以，财务人必须要用数字化把自己武装起来，给自己更大的提升空间，让财务与业务无缝链接，建立财务对真正的业务全面解释的能力。

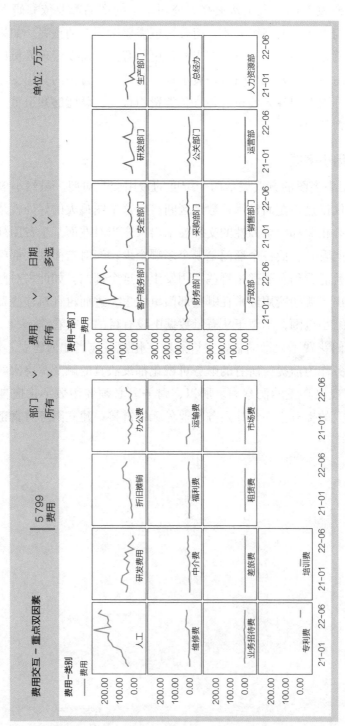

图7-41 费用交互小多图

第八章
战略决策的财务可视化

战略不是墙上的标语，更不是一个空空的口号，战略是企业发展目标的实现路径，而实现战略的路径离不开财务的支撑。无论是在制定战略的时候还是选择战略路径的时候，抑或是战略制定后的落地都需要财务的支撑。只是现实中财务日常的工作和战略本身有很大的脱节，在财务范畴内看不到任何战略决策信息。

一、财务中能看到怎样的战略决策信息

（一）财务的昨天与战略的明天

财务是用历史记账法来工作的，它记录的都是以前发生的事情，并不会记录未来会发生什么，或者说财务没法对未来做出预测。但是战略恰恰不是对昨天的总结，而是对未来的发展预期和方向选择。财务如果还是仅用传统方式是绝对没法支撑战略的。那为什么战略还需要财务呢？我们认为，财务对企业战略的作用主要包括：①通过对历史数据的分析识别出企业的核心能力；②通过历史数据盘点企业可以进行"战略性投入的资源"；③通过对趋势的判断模拟出不同选择下企业需要构建何种能力去实现预期的投入和预期产出；④模拟不同选择下企业需要投入的资金来源与结构；⑤模拟不同选择下企业可能面临的风险以及管理风险的可能性；⑥模拟不同选择下达成或不能达成战略目标对企业价值的影响，从而帮助管理层进行决策。所以，如果财务能够依据这些未来估计的参数编制出相应的模型来测算，战略制定的有效性就会大大提升，财务对战略的支撑价值就真正

得以体现出来。

（二）战略目标与现实行动的脱节

现实中许多公司的战略和实际行动存在巨大的脱轨，如图 8-1 所示，战略制定的时候很宏大，预算制定的时候由于没有完整关注战略而衰减，在行动过程中忽略预算则进一步衰减，最终获得的成果也就变成一点点碎片。公司制定战略以后就被束之高阁，放到管理层的会议文件里面，员工以前在没有这份战略目标时候怎么工作今天依然怎么工作，这就意味着当你的行动没有任何改变的时候，战略本身就已经失去了它指导工作的意义和价值。

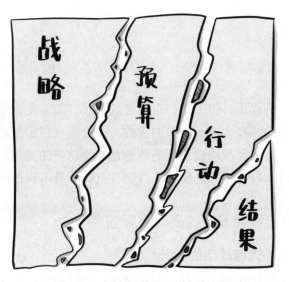

图 8-1　战略预算行动结果衰减图

有人会说公司的战略是一个整体的大目标，跟某一个员工不会有那么大的关系。你要知道，任何战略都是通过员工行动实现的，如果所有员工都没有按照新的方式完成大战略拆解后的小目标去工作的话，整体战略目标是不可能实现的。如果战略制定后没有传递给预算，预算制定后没有传递给行动，那么行动的成果就不会达到战略目标。

（三）战略决策过程与战略全局视角

我们身边流行着很多的战略定位工具，诸如 SWOT 模型、波士顿矩阵等，任何一个战略模型都无法回避一个问题，就是这些模型究竟依靠怎样的量化指标做出判断。当然会有很多定性的主观判断起作用，但也从来都不可能脱离定量指标，而这些最有价值的定量指标很多都需要依靠财务进行数据的核算、跟踪、预测与模拟。你也许会说，有些业务指标是非财务指标，财务做不了什么，这是一个极大的误区。任何非财务指标，如果最终不能变成财务指标，那就很难成为真正有经营价值的管理行动。以现在经常说的流量、转化率为例，流量是否需要投入？转化率是否会影响获客成本？再比如客户满意度、员工流失率，客户不满意带来的结果是不是销售的减少、售后服务成本的增加？员工流失率高是不是会带来企业知识积累的损失、重新招聘的成本，是不是会直接或间接地影响客户满意度？可见，所谓的"非财务指标"会间接地影响财务指标，需要由业务部门或职能部门在日常运营与管理中不断改善，从而影响并改善财务指标。

如图 8-2 所示，SWOT 分析中的四个象限，回到公司真实的工作场景中，你如何判断你的优势？又如何判断你的劣势呢？或许你可以用高的市场占有率、强势的价格谈判能力、高的客户满意度、高的技术含量和高的进入门槛等。而这些都可以转化成你的高收入、高毛利、高定价、高净利等财务指标。再看劣势，你可以用产品过于单一、市场渠道单一等来表述，那么你也可以通过前面我们设置过的市场分析看板清晰地看到，也就是通过财务信息体现出来。放眼到任何一个战略模型都是一样的，大量依赖财务的量化指标来作为进行判断的支撑。作为财务工作者，在你的数据分析中，要以定量的信息与分析呈现出定性的方向或可能。在外部环境变化和科技发展都很快的今天，这种定性的方向虽然未必准确，特别是尚处于探索中的业务，但是至少可以给管理层呈现出一种判断的可能性。换句话说，你每个月的经营分析其实都是对战略执行过程中的总结和执行效果的跟踪。

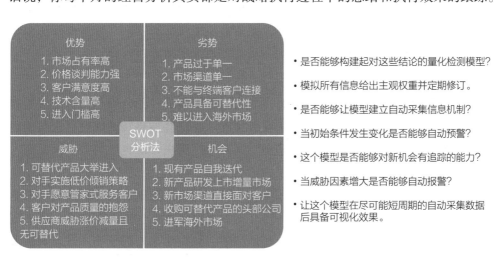

图 8-2 SWOT 分析法的财务考量

如图 8-3 所示，要想理解整体战略的完整执行脉络，就必须要理解公司完整的业务流，用全局视角去理解战略的起点和战略的落点，同时还要对外部信息保持适当的敏感度。如果必须要给战略一个显性的起点和落点，那么起点就是市场需求的变化趋势，落点就是企业价值。战略目标可以相对单一，但战略视角必须是全局的。

理解这个起点和落点不难，难的是理解这两者之间的逻辑关系。所有的管理者都应当以全局视角将企业内部所有资源全部贯穿起来，这种贯穿的能力就是将企业的日常管理核心关注层、企业健康管理关注层和企业生存关注层合而为一，将中间的所有脉络全部连接起来，让你清晰地认识到自己的任何决策和任何行动都会对公司的价值产生怎样的具体影响。要知道，企业价值有一个非常明确的计算公式，它的数据源直接来自企业的财务表现，市场会通过企业的财务表现（业绩、效率、对未来的投资等）以及核心能力（符合市场发展趋势的能力"护城河"）对企业价值给出预期，这些数据和信息具有内在的逻辑联系，理解了这些，才能理解战略定位、战略路径、战略执行的真正意义。

（四）财务的预算执行与未来财务预测

财务预算的真正作用包括：①资源计划与分配；②资源协调与协同；③资金与风险管理。企业的发展阶段不同、业务成熟度不同、管理水平不同，预算在这几个作用中的权重就会有所不同。预算是让战略执行落地的有力抓手，运用不当就会与战略渐行渐远，我们看到企业常常从制定预算的时候就已经跟战略脱节，此时的预算越刚性，对企业未来的伤害就越大。制定预算的第一步必须是明确战略目标，将战略目标转化为业务设计，再梳理出关键业务活动，细致拆解成为公司预算。按照预算给定的执行条件逐一落地，根据情况变化进行适当调整，从而让战略目标得以实现。

财务不仅应当有预算，更应当有预测。财务预测的一部分信息来源于市场和业务提供的未来数据参考，或者未来业务预测。将这些信息转换成财务视角编制出预测模型，也可以将诸如"游走模型"这种专门解决不确定性的数学模型嵌入你的预测模型中，可以成为未来发展的预测工具。

这种预测能力对数字化的依赖程度是比较高的，大数据、人工智能会越来越多地给财务预测赋能。而目前的财务还非常缺乏完整商业逻辑的全面性，历史成本法让会计记录有据可查，但缺乏流程的细节、缺少对未来的预测、缺乏对决策的支撑。未来的人工智能化财务更加关注全流程的商业数据完整性能力打造。

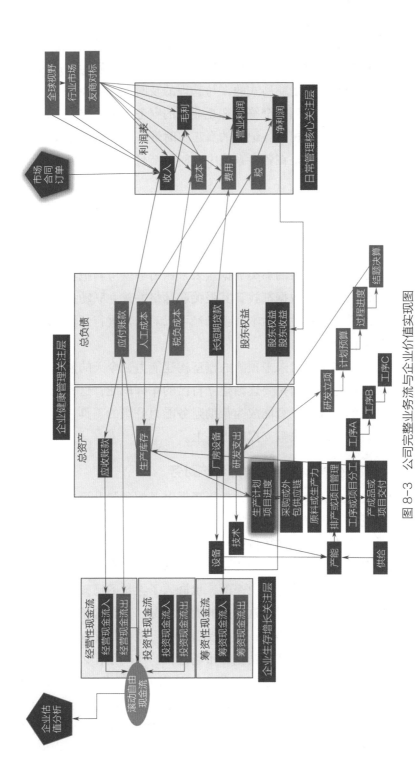

图 8-3 公司完整业务流与企业价值实现图

另外一个目前最棘手、最迫切需要解决的是及时性问题。财务工作有自己的及时性，收到单据要及时记账，可是收到单据这件事已经发生，过去好几天甚至好几个月了，这种及时性是鸵鸟式的，与管理的及时性大相径庭。真正的及时性最显著的特点就是实时看到完全符合客观业务的财务报表。想要实现公司财务报表的实时性，就要做到公司财务记账的真正实时性，财务实时记账的交易数据诸如采购、生产、销售等都是在各自系统中实时更新且实时被财务系统读取过来进入财务账面的。

还有一点就是强关联性。人工无法实现对数据之间关联度的判断和因果联动关系的判断，无法建立数据之间的强验证性，对异类数据的因果关系也缺乏挖掘能力。什么叫异类数据？就是表面上看起来跟财务数据毫无任何关系的，但实际上有着很强的因果联动关系的那类数据。未来的财务就应当把所有这些无论是表面上看起来有没有关系的数据都找到其强关联脉络并建立联动关系，挖掘出真正的因果关系建成模型，强关联性本身就已经可以对未来进行预测，或者对战略执行提供有价值的信息。

总之，财务应当掌握对未来预测的模型构建能力，今天的财务工作不能只满足于传统意义上的记账，而是要逐渐建立自己的军师职能，这种能力是任何人工智能都无法替代的。让人工智能成为帮助财务能力升级的工具，真正将财务整体能力提升到更符合管理层决策支撑的水平上。

（五）用数字化构建未来视角的导航财务

导航财务也算是一个新鲜名词，相当于把财务的预测升级成企业未来发展导向的测算和跟踪工具，就好像汽车导航软件一样。当你确定了你此刻的位置，确定了你将要去的目标位置，中间就会给出三条路线供你选择，告诉你哪一条路程最短、哪一条时间最短、哪一条收费最低。这当然会有一个复杂的算法，不过再复杂其实也是通过人的设计算出来的，也嵌入了大量的已知参数，诸如卫星测距、信号灯数量、昨天这个时间这条路的拥堵情况、现在这条路的拥堵情况。如果把这种算法平移到企业战略中，财务模型很有可能会是此刻拥有怎样的销量和市场地位，未来希望达到怎样的销量和市场地位。中间用什么样的方法能够提高销量，是增加销售人员还是增加广告投入，是增加线下推广还是增加线上直播，这些选择各自的代价又是什么，门槛是什么，如何突破门槛，突破的代价又是什么，时间成本各是多少。这种模型的测算在给管理层进行决策提供有力的支持。当制定了相应的决策以后，财务就应当用这个模型持续跟进执行情况，而这种导航的最终呈现都会直指如果按照当前的执行状况要实现整体目标还需要做怎样努力和花费多少时间。

如图 8-4 所示，建立财务导航系统首先需要满足以下六个条件。

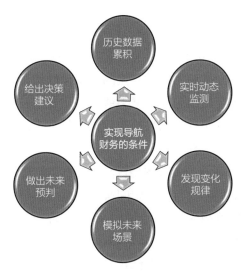

图 8-4　实现导航财务的六个条件

第一是必须要有大量的历史数据累积。没有历史累积就没有办法做出模型，因为无论是新领域还是旧领域，都无法脱离现在团队的工作能力，而历史数据就是体现团队工作能力最有力的证据。

第二是想尽办法实时动态监测。这完全依靠数字化的业财融合能力，如果做不到实时动态监测，就好像你的汽车走到一个十字路口的时候，导航却还在你刚才起步的位置，那就完全没有价值了。汽车导航软件走到路口立即就会测算距离目标还有多远，有没有更优选项，同时给出几个可选路线，这就是实时的价值。战略决策同样需要实时的信息，需要有实时动态的监测能力。

第三是通过不断测试找到动态的发展变化规律。这个规律中会有许多战略判断以及你自己对未来发展的前置性思考，当发现或者挖掘出变化规律后，就将这些规律和前置性思考全部转化为可量化计算的参数并进一步验证。最初找到的规律通常是不准确的，甚至都称不上为规律，但这恰恰就是发现规律的起点。当你不断修订参数和迭代计算方法的时候，这种规律测算就会越来越趋于动态真实。当所有的参数都能够测算调试到很接近真实运行情况的时候，将这组参数内嵌到财务导航系统里，当所有的考虑因素全部都可以如此调试，那么财务导航系统的雏形就形成了。

　　第四是根据规律模拟出实现未来目标的场景。模拟未来的场景就相当于描绘非常具体的目标形象。例如在三年后公司的销售收入将会增长 200%，那么这个目标场景就不仅仅是销售收入的 200%，同时为了满足这个 200% 公司需要做怎样的改变，例如人数也会随之增加 50%，销售成本率因更大规模的采购而降低 20%，供应商因此而增加 50% 的规模，厂房也因此而增加更大的面积，以及流水线也会增加 10 条，或者公司抓住一个转变商业模式或产品模式的机会，换一个赛道。诸如此类，不断推演出那个时点的具象化的场景，就可以把它当作你的目标，清晰地看到公司要做出怎样的努力就能够实现增长预期，或者是达到怎样的状态才符合增长的前置条件。如果这个目标场景是不确定的或者不可见的，那么你的目标也将会摇摆不定甚至不可实现。

　　第五是每个节点都对未来走向做出合理预判。未来目标可见、当下现状可见，还需要对从当下走到未来目标这中间每一个重大环节可见，也就是对节点做出合理预判。这个预判就相当于你认为目标是可实现的，就要对整个实现路径做出相应的判断，就如同汽车导航一样用参数给出 2~3 个实现路径，每一个路径都编制出对未来测算的模型指导你自己现实中的执行状况，如同你在荒漠中的跋涉，每走到一个位置就有一个路标，每走到一个位置也能清晰地看到远处的路标。即便是在跋涉中偏离了路标也不可怕，最可怕的是看不见路标。对每个节点给出合理预判就是这个能让管理层看得见的路标。

　　最后就是将你的模型结论给管理层提供决策建议。编制财务导航系统的目的就是给决策者提供一个可以对未来预测的模型，当你不断迭代更新调试完毕以后，就是对导航系统应用的时候。在每一个重大的企业发展节点，都应当对导航系统进行参数修正，用真实数据不断替换预判数字，同时将未来的可实现目标中需要执行到位的那些因素剖析出来，这些就是管理层需要斟酌决策的和推进行动的，这也就是在每个关键环节财务导航系统总能给出一系列管理抓手的原因。需要注意的是，当企业遇到经营模式转变时，依赖历史数据的导航系统就会发生巨大的偏差，就好像汽车替代马车一样，此时就必须构建新的导航系统。

　　我们来模拟一个你此刻有可能会遇到的场景。总经理找到时任财务负责人的你，说公司有一个新的机会，可以很明确地知道如果成功一定会带来巨大收益，但也清晰地了解过程中会遇到哪些挑战和风险，如果冲破不了这些障碍，公司就面临巨大亏损。希望你作为财务专家对这个发展方向给出判断。坐在总经理对面你做何感想，是当时就提出来这个月财务还没结账真没时间搞这些虚头巴脑的东西，还是继续追问这个项目的细节、到底有哪些影响因素而接受这个挑战？

当然要接受挑战并继续追问。随着总经理对一个个细节的思考，你的脑海中就要出现一个个参数，这些参数会对哪些数据产生影响，哪些信息需要多个参数共同调节，参数与参数之间是否有明确的因果关系，能否建立起来一个结果可见、步骤可见、参数可见、参数可任意调整导致结果随之变化的牵一发而动全身的那种互相关联的测算模型呢？

回到办公室的你找来一堆空白 A4 纸和好几种颜色的笔，开始手绘总经理刚才描述的信息，绘制它们之间的关系连线，把每个连线上都增加了可调参数和参数范围。当废掉第 11 张纸以后，你终于把这个图画完整了，前因后果梳理清楚了，中间的风险全部都标了出来，而且都针对这些风险对应了解决方案，这些解决方案也都是一个个的可见参数，也是一些具体行动。于是你找来了一个你管理的员工，一个完全不懂会计但很懂数据脉络的数字会计，你把这张图详详细细地解释给他听，他又问了你更多的问题，你也都按照自己的理解和判断给出了解答。于是他用手机拍下了这张手绘图回到电脑旁，用了三天三夜搞出来一个 Excel 的测算模型发给你，并跟你说他已经对这个模型反复测试，做了许多破坏性试验，发现了太多不可能实现目标的结果。但只有三个组合是可行的，只是这三个组合所需要的两个条件目前公司都不具备。但想要实现目标，这两个条件又必须是公司具备的，怎么办？

你拿到这个模型以后也开始了测试，测试过程中发现了明显的参数错误。你修订了这些参数范围以后，又增加了一些限制条件，得到了比数字会计更加苛刻的结论，或许仅有两个组合可行。于是你拿着这个测算工具和判断结果去找总经理汇报。经过几轮的沟通修订以后，总经理选择了其中一个方案全面实施。于是你再次找到了数字会计，让他在财务系统中分别建立对这个项目的独立核算标识，然后把这个模型里的所有数据源都跟真实数据做成联动关系，对执行情况进行监测。至此，你的战略财务支撑就暂时告一段落，你的模型以及你的员工已经可以开始跟进战略的执行。

整个过程是你与决策层和数字执行层的密切连接，你是那个能将自然语言转换成系统流程语言和结构化语言的人，你也是财务导航测算系统的设计者。你不必懂代码开发，但懂代码的人也不必懂财务，你只要将你的要求如同一个产品经理一样用开发人的习惯提出来、讲明白，成熟的开发人就能够给你一个完美的模型。

当然你会说哪有那么简单，这里很有可能会是一个庞大的计算过程，我现在的财务体系中怎么会预留一个数字会计呢？我身边又怎么可能有如此强大的开发人员呢，没准给这些开发人员的薪水都超过公司收入的几倍了，根本是不可实现的。或许你说得完全准确，这就是我们不得不面对的现状。如果有人已经把这些难题都攻破了，而且做出能够一劳永逸地应对各种可能性、各种不确定性场景的模板给我使用，而且还是免费的，那我就能实现上面说的场景，给总经理以详细的数据支撑。如果真有这么一个完美的系统，总经理还需要你吗？

我也承认这个财务导航系统即使在当下看起来仍然有点"未来感"，太多的困难摆在财务面前无法克服。但换个角度思考一下，我们是否可以先从很简单的开始做呢？哪怕是只有一个参数的模板，慢慢迭代两个参数，到 10 个，20 个，100 个。这个财务导航系统对企业决策的价值是毋庸置疑的，所能产生的战略支撑意义也是极其深远的。这个财务导航系统如果离开财务专家是无法完成的，就如同 10 年前有人说人工智能一定会在 10 年后替代所有的会计岗位一样，至今还依然有着非常大量的稳定的会计工作需要人来执行。并不是技术不到位，而是技术忽视了会计这个发展了 500 多年的商业大数据统计系统的逻辑封闭性，这种封闭性既包括商业不断创新带来的主观"判断"，也包括不断发展的会计准则，甚至还包括一些"伪"深邃。这些可能目前还不是技术本身能够覆盖的，而是技术需要深度理解这种深邃并把这种规则完整地消化以后才会在全社会层面完整地替代会计工作。财务导航系统同样存在这样的情况。这些恐怕不是财务人能左右的，但可以让自己成为一个真正的财务专家，一个具有数字化思维的、能够深度理解会计精髓、深度理解商业大数据最佳统计工具的财务专家。只有更多的财务专家跟大数据技术团队合作，财务人才能真正撇弃手工，真正站在决策者身边。

二、第二曲线创新中的财务贡献和支撑

（一）第二曲线理论与百年企业

第二曲线是近几年管理界普遍认可的在事业发展过程中促使企业持续具有生命力的管理理论。过去我们常听说西方有不少百年企业，时至今日，企业的平均寿命越来越短，看看《基业长青》里的那些标杆企业，从 1994 年到今天，短短的 30 年左右，还有几家公司仍然辉煌？过去，企业可以用 10 年、20 年去发展第二曲线业务，现在可能只有几年的窗口期。如何在深挖现有业务收益的基础上快速发展出新的增长型业务，已经成为每家企业必须面对的挑战。

第二曲线很像是我们讲的"未雨绸缪"，在现有产品市场萎缩之前，就已经储备好新的产品、拓展新的市场，用老产品的红利支撑新产品的研发，然后用新

产品的爆发来冲销老产品市场萎缩带来的冲击。第二曲线也有两种类型，第一种是模式变化，比如原先你生产销售的是马车，在马车销量很好的时候你就开始研发汽车，当马车没落的时候，你的汽车就成为主流产品。当燃油车销量旺盛的时候，你就开始研发新能源汽车，在燃油车销量下滑的时候，新能源汽车成为你的销量支撑。在新能源汽车销售很好的时候，你就开始研究飞行器，未来汽车开始逐渐跟不上交通潮流的时候，你的飞行器就已经量产成为销售主力军了。第二种是在现有技术、产品和服务上不断迭代，比如一家公司开始是生产和销售大型打印机给大型企业客户，后来发现越来越多的中小企业出现并且它们也有需求。于是就在大型打印机的技术上改进产品，降低价格，从而可以面向中小企业进行销售。然后随着个人电脑进入千家万户，以及越来越多的自由职业者的出现，家庭用打印机的需求就成为一个更大的市场。这就像是"吃着碗里的，看着锅里的，还要想着田里的"。探索第二曲线业务并不容易，所以企业更要不断进行各种形式的创新和尝试，才更有机会培育、发展第二曲线业务，以实现循环式增长，提高企业价值。

（二）第二曲线创新中的财务贡献

如果基于第二曲线的逻辑并结合企业的状态来研究的话，你会发现许多人用别的企业发展的结果来分析问题，站在今天，你可以批评价柯达研发了数码相机技术却错过了数码相机，你也可以评价诺基亚就是因为没有让自己成功研发的智能手机在自己产业帝国里颠覆自己的老款手机而被苹果挤压到只能退出。这些可能都是某种意义上的事实，然而可能又不是完整的事实。如果回到自己的企业里，你是如何判断自己的第一曲线处在什么位置，你的第二曲线应当在什么时间出现呢？做出这些判断的依据又是什么呢？

第二曲线理论里大量依靠财务数据的量化检测和判断定性。如图 8-5 所示，我们从财务的角度理解第一曲线和第二曲线，用什么样的指标验证此刻我的主产业所处的曲线位置，就需要在第一曲线上放置许多量化监测点，这个监测点就是用大量与增长有关的财务数据得出判断结论。以波士顿矩阵在第一曲线上的判断为例，当我的产品到达怎样的量化指标就表示产品进入明星阶段了，又是怎样的量化指标明确告诉企业管理者产品从明星转移到现金牛阶段了，又是什么指标位置明确告诉管理者此刻进入瘦狗阶段，甚至是否有很明确的指标告诉管理层其实公司的产品始终都在瘦狗状态。没有这些量化监测点，第二曲线理论就无法在企业管理中真正应用落地。

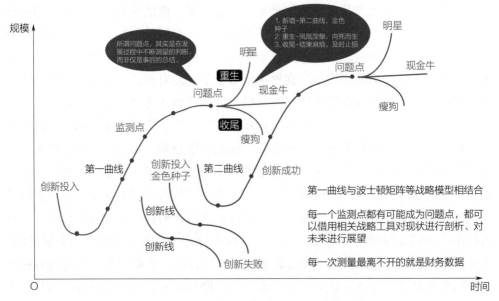

图 8-5　第二曲线

通过在第一曲线上放置监测点来测量发展的阶段，同样也需要在众多的第二曲线上设置监测点，用财务量化指标去衡量其状态，结合其他因素共同判断这个第二曲线是不是一个金色种子，就是真的能生根发芽、茁壮成长的前兆，成为一个创新成功者。需要注意的是，财务测量并不能代替市场的真实情况，只有满足客户需求带来的增长才能证明这到底是不是真能成为第二曲线。如果测量结果是失败的，可能暂停或放弃止损的概率就会增大，可能是产品方向错误，比如无论对模拟信号手机如何改进，其功能都不足以和智能手机进行对抗；可能是产品太过前沿，投入超出了公司目前所能承载的限度，就像摩托罗拉的铱星计划，不放弃就会继续拖垮企业。只有适合市场的、投入适中的、符合需求的、见效快的那种前期投入才是最有可能成为金色种子的，而这些定性的词都应当给予多个定量的指标来指向定性，这些定量的指标绝大多数依然来自财务体系。

（三）那些支撑企业战略的指标特性

究竟哪些财务指标是能够直接指向战略定性的呢？如图 8-6 所示，这些指标必须能够符合眼光长远且紧盯目标、动态状态中要点突出、对接业务的逻辑穿透、预警预算给出设定标线、实时更新的多维呈现这些条件。这些也是解决战略可视化的核心指标性质。

1. 从短期到长期——眼光长远，紧盯目标
2. 从动态到状态——动态状态，突出要点
3. 从三表到外部——对接业务，逻辑穿透
4. 从预算到预警——刚弹预算，资源分配
5. 从定期到实时——实时更新，多维呈现

图 8-6 支撑企业战略的指标特性

1. 从短期到长期——眼光长远，紧盯目标

从短期到长期，无论怎样的绩效都要围绕整体目标。大方向、大目标永远都清晰明确，经过探索的实现路径也尽可能清晰准确，每个节点都有阶段性小目标的组合，每个小目标的完成都尽可能地向着总目标更近一步。这种状态下的财务量化指标才能真正意义上支撑战略，在日常工作当中才能通过监测而不偏离主线。所有人都应当按照这个思路重新解读公司的总目标和大战略，财务就是军师，就应当跟管理层有同样的战略眼光，设计并实现更多的量化支撑。有些公司看上去好像没有什么战略，其实公司的方向一直都在老板的脑子里，只是没有写在纸面上而已。只有对未来目标有着清晰的认识和清晰的实现路径，你才能据此进行模型构建，把挖掘出来的每个细节都叠加上一系列数据供财务计算得出结论，供管理层决策参考。

2. 从动态到状态——动态状态，突出要点

管理者往往在意"动态"的变化却很容易忽略"状态"的变化，就需要在原先所有人关注的业绩（收入、利润、现金）的基础上，逐渐叠加健康态（资产、负债、表外事项），关注各项资产的现状，每项资产在怎样的情况下会发生毁损、维修、返工、意外、减值。每项负债在怎样的情况下就会还不上钱、会暴雷，暴雷之前能不能干点什么？不暴雷的逻辑应该是什么？需要付出怎样的代价？也包括财务以外的数据信息存在问题的潜在代价，一些隐患（量化的）、预计的损失。

3. 从三表到外部——对接业务，逻辑穿透

财务的指标需要从三表的局限性中走出来，以业务的逻辑贯穿到外部视角与市场对接。大到企业价值和股东回报，小到员工报销，都属于财务对接业务进行逻辑穿透的范畴。三表同框将几个业务循环分步呈现分析，加大对类似杜邦分析这种能够分层分析的多指标的分析应用。杜邦分析就是能够将股东权益回报率进行拆解，分成三个维度分析公司本身的盈利情况、资产的运营效率和整体风险，然后从三个角度还会再分解为总资产里面到底有哪些具体资产，这些资产是否都

能健康持续地被使用；利润也可以进一步拆解为收入减去了哪些成本，又减去了哪些费用才形成了现在利润等，这些都可以一层层进行细节地拆解，甚至在这个理论的指导下，你自己完全可以原创性地拆解出来更多的"杜邦模式"，例如净利/收入=（收入－成本－费用－其他－税）/收入，可以进一步变形为净利/收入=1-成本/收入－费用/收入－其他/收入－税/收入，那么每个参数都可以单独分析其变化状态。

再例如对资本回报率 ROIC 的计算，资本回报率 ROIC= 息前税后经营利润 NOPLAT/ 投入资本 IC。息前税后经营利润 NOPLAT= 息税前利润 EBIT ×（1-所得税率 T）。投入资本 IC= 有息负债 + 净资产－超额现金－非经营性资产。这样的拆解就又为公司整体的资本回报率找到了更多元丰富的解释因素。将这些信息全部与市场上的同行业去对标，创造性地挖掘和创新符合你自己商业模式和核心价值点的指标来对标。财务人只要能够对业务深度理解，就都能够在量化分析指标上有所创新，当你发现某一个指标是可以用来解释业务的时候，你就应当毫不犹豫地把它应用起来，这种创新就会源源不断地给战略目标以新的支撑。

4. 从预算到预警——刚弹预算，资源分配

预算与实际执行情况的展示应当体现整体目标、计划的执行效果和对未来的影响，不仅展示大目标，还应当细化到每一个小目标和阶段目标，不仅展示完整的大计划，也要细化到短期计划和阶段性计划，不仅要对成熟业务设定刚性并按业务线和部门甚至岗位进行分解，设置标线和预警，还要为新业务探索预留弹性预算，从而为企业的创新探索留出空间。不要忘记预算最主要的功能是资源分配，在数字化能力的支持下，我们要与管理层一起构建对未来进行预测的财务模型，并根据实际变化不断调校，以实现对企业资源的动态分配。

5. 从定期到实时——实时更新，多维呈现

实时财务信息和分析成为一个战略支撑的标配，当数据无缝链接后，源数据的实时加固化转换逻辑就可以实时财务可视化。我们在本书中多次提到财务的实时性，就是要让你真切地感受它的重要性，甚至其他所有条件都可以不满足，但实时性也要满足。商场如战场，交战双方的将领不可能等到下个月才得知此刻军队的情况，一定是随时随刻清晰准确地了解战况。换句话说，哪个将领能及时地获取最准确的信息，哪个将领就最有可能赢得战争。

三、夯实财务四象限定位，全面支撑战略决策

财务要有自己的战略框架和逻辑脉络，否则无论是财务分析还是财务可视

化，都会变得没有章法，缺乏连贯洞见和真正的价值。"财务四象限"定位就是一个全面支撑企业战略决策的财务视角的战略框架。这个框架不求大而全，所以不会包括财务或业务的方方面面，我们只希望这个框架能帮助企业管理者和财务从业者理解并充分利用财务这个通用的商业语言来提升企业的价值。每个象限的具体内容，也就是财务管理的工作重点，如图 8-7 所示。

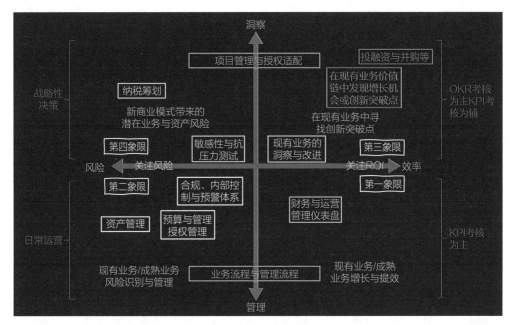

图 8-7 财务四象限

这个财务四象限横轴的两边分别是"风险"和"效率"，纵轴的两边是支撑"管理"的业务流程与管理流程和支撑"洞察"的项目管理与授权适配，处于一轴的两端并不表示概念的对立，只是为了表明侧重点有所不同。为方便视图，我们在后面的框架中把纵轴向下区域的事项简述为"管理"，把纵轴向上区域的事项简述为"洞察"。

（一）财务第一象限——运营管理

这一象限可以叫作"现有业务 / 成熟业务增长与提效"象限，关注的是现有业务或成熟业务的绩效提升，因为成熟业务在某种程度上追求的是规模效应，亦即更有效地为客户提供产品与服务。效率第一并非不顾其他（如产品 / 服务的质量、用户触达、客户体验等），而是指在保持甚至提升客户体验的情况下不断进行效率的优化与提升，从而获得更大的市场份额。

所以在第一象限，财务需要通过"仪表盘"来呈现业务和财务的日常运营数字与分析。需要注意的是，处于不同的发展阶段（既包括企业发展阶段，也包括产品发展阶段，还要考虑行业竞争阶段等），企业管理者需要关注的管理重点会有不同。我们在实践中，经常听到企业管理者有各种抱怨："我们公司的财务就是把各种增减金额和比例计算一下就放在那里，感觉就像是在解小学数学题，会用Excel的小学毕业生就能做，啥也说明不了，这就是财务分析吗？"财务人员听到这样的评价有没有很受伤？但遗憾的是，我们看到很多现实情况真的就是这样的。

仪表盘的作用到底是什么？财务分析、业务分析到底在分析什么？财务和业务分析分为事后、事中和事前，在事后要归因，在事中要预警与纠偏，在事前要分析规划与资源分配。能进入日常业务和财务分析的数据，基本上都属于事后和事中的信息，此时的财务和业务分析，目的是要归因和预警，以便管理层采取进一步的措施，如深入分析根因、采取适当行动等。

目前很多基于互联网的数据中台为业务数据的事中分析提供了强大的技术支撑，而绝大部分的财务分析都属于事后信息，随着财务数字化进程的不断深入和业财一体化的紧密结合，事中分析预警的能力将会大大提升，而这也为管理者更早发现问题、有效解决问题提供了可能。

（二）财务第二象限——风险管控

第二象限可以叫作"现有业务/成熟业务风险识别与管理"象限，关注的是内部控制与评价及业务流程的风险管控。很多人一般对内部控制和风险管控的理解就是增加审批环节，使得业务流程的效率降低。这种看法其实是有不同情况的，比如说，有时候的确因为"过度"的管控或审批程序影响了业务效率；有时候是因为业务人员对公司的业务流程不了解，特别是那些不经常发生的业务情形；有时候可能就不是因为流程或管控的问题，而是对风险或管控的不理解，希望能够超越这些流程等。对不同的情况需要采取的措施也不尽相同，核心都是风险识别与管理其实对业务起到保驾护航的作用，但是保驾护航要恰到好处，不能只站在风险管控的角度而缺乏为企业发展服务的意识。

在第二象限，我们需要关注的是合规、内部控制、预警体系、预算与授权管理、资产管理等，这些因素都是企业日常运行的安全保障体系。分享一个真实的故事：有一位私营企业主，投资买了一条挖沙船，在湘江里挖沙，生意很不错。有保险公司上门推销保险，这位老板认为没什么风险，不需要购买保险，而且当时是房地产业大发展的时代，他的业务进展顺利，一切安好。一直到10年后，挖沙船发生了翻船事故，用这位老板的话说，过去10年赚的钱全部搭上了，10

年白忙了。这就是保障体系没有建立好的案例。很多人都诟病，企业大了就官僚了、效率就降低了。这件事要一分为二地看，一方面，企业越来越大，信息不对称的情况可能也会随之增多，企业面临的风险敞口可能也就增大了，而企业需要"稳健""持续"地经营，就需要建立一套管理（保障／保健）体系，来适当地"熨平"各种风险；另一方面，这套风险管理和控制体系是否适当，不会少到不起作用或多到不必要。有人曾说：机构的设立是为了解决特定的问题，而机构一旦设立，就会有它自己的"生存目标"。换言之，机构一旦设立，就会为了"刷存在感"而找很多事情去做。所以，设立恰到好处的风险管理与控制体系是需要智慧的。

（三）财务第三象限——创新突破

第三象限关注的是"在现有业务中寻找创新突破点"。企业的创新和增长可以来自很多方面，包括技术创新、风险投资或并购等，就日常运营层面而言，主要还是关注从现有业务中和在现有业务的价值链中寻找突破或创新的机会，而且我们把技术创新也放在现有业务中的创新来看待。这个象限最后也会涉及投融资和并购，不过这毕竟是更为战略性的决策和安排，我们从日常的财务角度还是主要关注基于现有业务和现有业务价值链体系的部分。

在第三象限，分析的目的是提供洞察，找到创新和增长的突破点。从第一象限的分析中能够产生的洞察，也可以进入第三象限，亦即找到现有业务进行改进的机会，再进一步，就是在现有业务中寻找创新突破点。更进一步，就是能在现有业务的价值链中发现增长机会或创新突破点，也就是找到"变革红利区"或"增长杠杆点"。与第一象限的不同之处在于，第一象限关注的是现有业务效率的改善和提升，而第三象限关注的是从现有业务中找到创新和突破的机会。因为这种创新和突破很多时候不是企业完全靠自己的能力就能实现的，所以也会涉及生态圈的搭建与连接，以及投融资等资本层面的举措。

（四）财务第四象限——新业务与模式的风险管理

第四象限关注的是"新商业模式带来的潜在业务与资产风险"，考虑的就是企业在创新和突破的过程中，最重要的改变往往要涉及商业模式的调整或改变，而这种改变也需要进行系统地分析与评估，判断这种改变对企业的业务而言是否是可持续的，是否会有其他风险因素，以及如何管理这些风险等。

所以，第四象限是第三象限的进一步发展的需要，因为企业的业务创新通常也会涉及商业模式的重塑，所以此时就需要更高层面的安全保障体系到位。比如企业转型时的敏感性与抗压力测试、新商业模式带来的潜在业务与资产风险、税务筹划等。

再看回这个财务战略四象限整体，横轴的右侧关注效率，也就是投资回报率（ROI），横轴的左侧关注风险；纵轴的下侧关注现有业务／成熟业务的管理，需要建立并依靠业务流程和管理流程发挥作用，而纵轴的上侧关注洞察、创新与新增长，需要发挥项目管理的能力和建立适配的管理授权的作用。第一、二象限侧重日常运营，在管理考核方面就应该以 KPI（Key Performance Indicator，关键绩效指标）为主；第三、四象限侧重战略性决策，在管理考核方面就可以以 OKR（Objectives and Key Results，目标与关键结果）为主而以 KPI 为辅的方式进行。这样，就把从财务角度能为企业管理带来的价值呈现出来了。

四、企业可持续性的财务可视化

企业可持续性发展是个大话题，其中任何一个细节拿出来都需要大篇幅讲解，而且看起来好像这个话题从来都没有在财务领域中真正受到全社会的关注。一些企业把这个话题作为合规披露的成本，或者是作为公司宣传推广的一种方式，在企业内部管理中不会与市场、销售、生产、采购、研发等放在同一个关注度水平上。企业可持续性话题真的如此"鸡肋"吗？联合国发布了 17 个可持续发展目标，这 17 个可持续发展目标涵盖的范围非常广泛，充分体现出联合国对人类命运共同体与谋求全人类共同福祉的规划，也反映出全人类发展问题和不均衡问题的严峻挑战，联合国呼吁全世界共同采取行动，消除贫困、保护地球、改善所有人的生活和未来。中国政府也积极响应联合国的 2030 年可持续发展议程，提出了中国的可持续发展目标。作为企业，首先会有自己的发展目标，然后希望自己的发展是可持续的，当整个社会都在考虑全人类可持续发展的时候，当你的消费者、员工、供应链、投资人及资本市场都在关注可持续发展的时候，你的企业如果不积极参与，财务成本和社会成本都将是高昂的，还谈什么企业的可持续发展，还如何为股东和利益相关方持续创造价值。

其实所有企业的绝大多数工作都是为可持续性发展服务的，当然也包括财务。财务会计的基本假设之一就是持续经营，持续经营的前提就是企业可持续发展。如果明确知道企业哪天会关停，财务就会假设明确的开始到结束期间，那么所有的财务记录出发点就会时刻关注关停前的处理而不会永续经营的记账模式。

财务除了目前的核算方法和核算假设以外，还应当为可持续性发展做出一些实实在在的贡献，这种贡献可能不会是直接的业务管理行动，毕竟财务部还是后台辅助部门，即便是公司军师的角色也不是上一线战斗的人。所以我们的职责很有可能是推动量化记录、帮助呈现、带来反思、提供更多量化指标、呈现更多成绩或不足，以促进企业整体可持续性发展目标的实现。

如图 8-8 所示，ESG（环境、社会、治理）是企业可持续发展的热门话题，已经有大企业对供应商提出如果 ESG 评级不足则不得供货，越来越多的企业已经在关注社会责任，如此重大的事项也需要财务去了解和学习。

图 8-8　ESG（环境、社会、治理）图

目前无论是企业社会责任、ESG，还是企业可持续性发展，好像聊起来都是企业的投入、投入、投入，而看不到任何的经济回报，会让管理层越发感觉像是一个无底洞一样。其实如果回归到商业本质上来考量企业社会责任、ESG、企业可持续性，它们都是企业的能力体现。

当一项投入给人的感觉仅仅是一项支出，那么绝大多数人的第一反应会是迟疑、犹豫甚至厌恶、拒绝，但如果知道某一项投入会带来收益，那么绝大多数人的第一反应是想去了解更多和分析更多。可持续性话题也是如此，如果仅仅把它当作社会公益是一项费用支出，表面上看就是消耗公司利润。如果对它的价值进一步分析让管理层看到更多的收益，或者是与公司的业务共同实施，很有可能就会变成促进公司发展的收益。如果一项投资会让你的客户、员工、供应商、政府、资本市场乃至全社会都会看到你公司的社会责任和诚信品质，你认为这项投资值不值？有些收益可以量化，比如你因为提供了更环保的产品而获得了消费者的购买溢价；也有的很难在短期内进行量化，但是拉长周期，最终都是可以反映在企业的财务报表上的。看上去好像无法用金钱衡量，作为财务还是要给这类投入建立收益测算模型。此时财务可以做的，就是帮助企业建立可量化部分的收益测算模型，开始逐步建立短期难以量化部分与企业财务报表的逻辑联系，随着数据的不断丰富逐步进行有意义的呈现。财务可以更多地去了解这方面知识和信息，让我们的分析和呈现更加多元、更加有前瞻性。

（一）用财务框架战略视角看企业可持续

从近年的年报总结来看，A股市场上已经有不少企业对社会责任或ESG进行了披露。整体而言，高质量的披露并不多，不少企业甚至把社会责任披露当成展示品牌或企业实力的阵地，缺少有效的量化。也有一些企业，明明做了不少ESG方面的实事，在它们的披露中却只是轻描淡写。企业内部所有量化指标中被关注最多的依然是销售、生产、采购、能耗等，出现这种情况，主要是因为企业还没有建立让全员为之行动的指导目标，也未建立起一个可以让全员都看得见的投入产出成果的机制。这种机制如同每天的生产产量、每月的经营分析数据一样，都应当给予哪怕是非常微小的但持续可见的量化指标展示位置。既然可持续性是不可短期见效的，那么也需要长期持续地让更多的人看见和关注。

如果回到我们用财务框架的这种战略视角来看待企业可持续性发展，我们可以将它分成内外两个方向。这里不讨论道德或意愿问题，只讨论能力问题。对外就是能否满足和践行联合国17个可持续发展目标，对内就是怎样才能成为不断为股东和利益相关方创造价值的、可持续发展的优秀企业。

企业今天的利润是为了在今天能够生存，让更多的员工有工作，有更多的社会需求被满足，从市场上获得利润并使公司不断发展。而利润中的一部分要拿出来为企业明天的生存做投资。上文讲到的第二曲线逻辑，就是提醒企业无时无刻不去想明年有没有新产品面世，我们能不能满足五年后的市场需求，总是要不断研发、不断创新在三年、五年、十年投入不同的产品以适应不同时期的产品迭代。如果没有投入而仅仅只看现有盈利最大化，那么很快就会被更有创新性的竞争对手击溃。而此时，如何做出投资决策，如何分配好企业的资源，就需要财务通过构建模型进行测算分析，为管理层提供决策依据。企业要实现可持续发展，正是依靠一个又一个的决策、一次又一次的资源分配、一遍又一遍的战略执行而不断铸就的。

（二）联合国可持续发展目标的企业践行

如图8-9所示，联合国对全球发布了17个可持续发展目标：无贫穷，零饥饿，良好健康与福祉，优质教育，性别平等，清洁饮水和卫生设施，经济适用的清洁能源，体面工作和经济增长，产业、创新和基础设施，减少不平等，可持续城市和社区，负责任消费和生产，气候行动，水下生物，陆地生物，和平、正义与强大机构，促进目标实现的伙伴关系。

图 8-9　联合国制定的 17 个全球可持续发展目标

资料来源：联合国可持续发展集团官网，unsdg.un.org

　　这些可持续发展目标需要每个人和每个机构去践行，而且实践起来并不轻松，都需要付出长期持久的代价。作为企业法人，如果能在每个目标中都能了解企业的付出与自身和社会的回报建立关系，甚至是尝试与自身的业务相结合，让这些人类可持续发展目标是伴随着商业成长而共同实施的，就相当于找到了推动整个社会健康良性发展的发动机，而财务在这个过程中可以对每个目标的实现提供有价值的商业测算和量化信息呈现。

　　我们不必对每个目标都加以分析，并不是每个企业都能够对每个目标有直接的投入。企业应该首先从自身的战略出发，在战略的引领下践行联合国倡议的人类可持续发展目标和我国的碳中和目标。我们在可持续发展目标中选取两个组合作为案例，来讲解财务如何能够在这些领域发挥作用。

　　首先以目标 1 无贫穷和目标 2 零饥饿为例，企业大概首先想到的是每年给公益组织捐赠物资，这看起来是最直接的，也是非常好的践行。企业是否可以在发展自身事业的同时还能够帮助相对落后地区的发展？例如你所需要的原材料恰好出自某一个偏远地区，那么是否可以直接把仓储或初加工的设施建在那里。财务可以测算投资是否有效，在何种状况下可以获得正向回报。当地人工技术落后和配套不便利等问题客观存在，从商业角度考虑企业不应当在没有利润以及无法满足供应的前提下去做这类决策，但如果在能够满足企业一切需求的情况下，仅仅是利润少了一点，就可以探讨这是不是一个值得考虑的方案。而"利润少了一点"到底是少了多少，达到多少企业就没有必要考虑，达到多少企业就可以尝试。是否有机会从其他方面获得利益，例如获得绿色金融的支持、通过内容发布获得更好的媒体资源或效果等，都需要财务进行测算与分析，从而为企业的决策提供支持。

即便是无法满足商业需求而不能在当地建厂，企业依然可以在帮扶偏远地区。做出捐赠和志愿者工作不是商业性的，但客观地说也是公司的一项支出。与商业测算不同的是，这类测算两方面都要考虑，一方面是公司是否能够负担得起捐赠的资金、物资和员工时间，另一方面是公司的捐赠是否能够真正帮助当地百姓进一步提升收入、改善生活，这些都是可以有数据量化的。

然后我们再以目标 7 经济适用的清洁能源和目标 9 产业、创新和基础设施为例。经济适用的清洁能源确保人人获得负担得起的、可靠的、可持续的现代能源。所谓新能源，通常指光伏、风电等绿色能源。企业对绿色能源的应用率是多少？每年是否能有一定比例的增长？我们的基础建设中对绿色能源的因素考虑多少？对绿色能源的基础建设投入多少？这些投入是否能够给公司带来额外的效益，其所付出的代价除了基建投入以外还会有其他什么影响？也可以与电网做一些沟通，是否能从公司使用的电能中测算出有多少是绿色的？如果我们在做新厂房规划的时候，就考虑到大面积在屋顶架设光伏发电装置供生产线使用，这种投资的回报周期会是多久？不仅是发电，节水节能环保装置的投入都会纳入绿色环保范畴，这些投入表面上看起来是增加了基建投资，但如果长期来看很有可能不仅不是增加负担，更加可能会创造额外的收益。那么财务就在这些条件的基础上对整体的投入产出做出测算。而这个产出尽管会有更加长期持续的不可估量的效益回报，作为财务依然需要考虑建设期与企业受益期的全周期经济效益。当出现由于大量绿色环保投入而产生巨额亏损和成本大幅提高的情况下，可能需要考虑两个方面：一方面需要进一步与专业人士沟通是否在哪个环节遗漏了某些因素或高估了代价而导致测算指向了负面，也就是对模型本身的参数因素进行反复核查，确保模型本身没有验证纰漏。另一方面就需要考虑当不做绿色环保投资时未来可能会面临的监管处罚等负面影响的代价。在经过深度思考、反复测算后找到最佳的平衡点就是财务提供的决策参考。

而当决策一旦完成，接下来就是对决策落实的对比呈现了，财务仍然是那个将规划逐步落地投入的呈现人，以及对未来投产后机会成本持续加持测算的呈现人。

可持续发展从自己做起，所谓对社会贡献的投入产出量化对比并非都要对外公布，而是在企业内部形成可持续发展氛围和足够高的关注。量化的意义就在于要么只在意利润、要么只在意可持续发展这两个极端化思维中找到平衡，一方面是意识的平衡，另一方面是企业生存与发展的平衡。让管理本身回归理性和回归到真正均衡的可持续发展上，让管理者清晰有效地看到被量化的投资价值就是建立这种均衡最大的贡献。

（三）ESG指标与未来趋势对企业的可持续发展影响

ESG（环境、社会、治理）指标是指使企业可持续发展的一系列量化指标，目前全球有各种组织提出了各类评价标准，它们的出发点相同但方式方法各异，评价的指标和口径也各不相同，企业在没有明确外部监管或者上下游企业特别要求的情况下，原则上采纳任何一个或多个标准都是可以的。对于财务来说，选择哪个标准并不是最关键的，而是用财务视角来看待这些投入与短期、长期的产出之间的对比是否能够建立起相应的参照模型，不仅要对外展示企业付出了多少代价，还要对内深入分析这些代价的付出能否推动企业的收益增长。

如果把ESG看作不得不付出的代价，那么ESG就会成为所有企业的负担。如果把ESG看作让企业赢得客户、员工、政府和包括资本在内的各个相关方信任的一项投资，那么企业一定是有非常强的意愿参与进来的。当ESG不再是一项费用而是一项投资时，财务的作用就要发挥出来了，那就是将这项投资的投入产出测算出来，将那些不可量化的收益尽可能用可量化的成果呈现出来。

ESG有许多量化指标，一方面这些指标可以用来展示企业在ESG方面的投入状况和收效情况，另一方面也可以用来对所有投入产出的金额量化参考。ESG的关注和投入直接影响企业的可持续发展，它更加聚焦企业发展的均衡性和持久性。以香港联交所公布的《环境、社会及管治报告指引》中对环境的要求为例，至少要对排放物、资源使用、环境及天然资源和气候变化这四方面信息进行披露，再聚焦到排放物中废气和温室气体对大气的污染、排水对土地的污染、废弃物对环境的污染，如果企业有跟这些情况有关的生产经营就必须要加以说明和解释。而这些信息如果没有日常的记录是很难真正统计出来的，这似乎跟财务关系不大。但财务的测算是需要企业每月、每周甚至每天提供这些细节数据的，财务的测算需要最直接、最真实的信息数据。在此前提下才能推断在何种情况下企业的排放治理与收益可以达到平衡。

另外，财务还有一个贡献就是针对现存的 ESG 数据进行交叉验证。财务的思维中天然具有对数字与数字之间逻辑关系的校验习惯，当看到一个数字的时候总是会联想到这个数字与什么相关，那么相关的数据是否能够有所支撑。例如，当看到人均碳排放指标升高的时候，第一个想法就是碳排放升高是因为产量提高了吗？产量提高了，那么销量有没有提高？销量提高了，回款有没有增加？回款没有增加，那么应收账款有没有升高？或者换一个方向，人均碳排放的升高是不是也可能是因为人员流失了呢？人员为什么会减少、减少有没有影响产量和产品质量、减少的人员离职补偿是否会减少企业利润、未来企业再次招聘会是在什么时候、代价又会是多少？针对这一系列的疑问，只有对财务逻辑相当了解的才可能关注并做出测算模型进行逐一解释。如果将 ESG 的所有指标都按照这种方式反复校验，不仅能够夯实 ESG 相关数据，还可以从 ESG 的视角对企业进行一次关于可持续发展的健康检查。

虽然财务无法解决所有问题，但财务的法宝就是对量化信息的敏感性和洞察力。利用这种能力为企业包括可持续、ESG 等在内所有投入构建量化的产出模型，将会是财务未来发展的一个新的方向。

五、战略层级的财务可视化

在战略层级上制作财务可视化是个难题，即便是公司的战略非常清晰明确，也很难以用当前的财务数字去预测未来战略的执行度。绝大多数财务可视化的功能还是反映历史，让过去的数据给管理者以思考或启发，去想象战略执行到位的样子和未来所能达成的样子。这一章我们就尝试用一些不一样的图表来展示战略层级的信息，抛砖引玉，帮助你开拓思路。

（一）第二曲线的全生命周期

公司的第一曲线执行以及第二曲线可塑性展示，首先需要给公司的当前业务确定一个发展标准，在什么情况下属于研发期或探索期、什么情况下进入快速增长期、什么情况下处于瓶颈期或问题期、什么情况下定义为衰退期，并且这些定义需要在企业管理层达成共识。而各个期间又应当参考哪些方面，比如市场、体量、杠杆（负债）、产能、头寸（现金）供应能力、渠道、行业特点的全局全貌等，从这些方面分别找出两三个最具代表性的量化指标。例如，市场方面就用销售收入和毛利，体量就用总资产和资产结构，杠杆就用资产负债率和负债结构，产能就用当前产品的最大产能的收入换算，头寸就用现金的存量以及可支付日常费用的覆盖度，供应能力就用包括供应商在内的生产供应的满足率。渠道一方面是指销售的开拓性，另一方面是指采购的畅通度，以及参考行业均值和最高值的对比。

图 8-10 展示的是总资产、总负债、现金余额、现金余额覆盖月数的整体信息及与对标公司的对比情况。这里使用的是组合图，本公司数据用柱状图呈现，对标公司用折线图呈现。数据标签只呈现本公司信息，不需要呈现对标公司，只要看到大致对比情况即可。

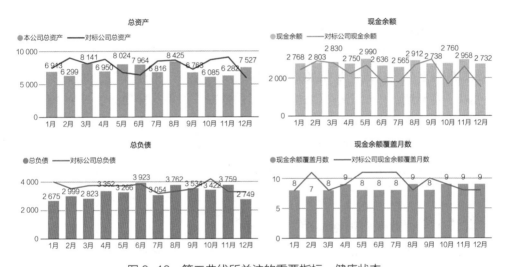

图 8-10 第二曲线所关注的重要指标—健康状态

图 8-11 展示的是产能和供应情况，使用折线图，最重要的或瓶颈信息使用红色。本案例中，产能是最重要的部分，所以产能就使用红色。

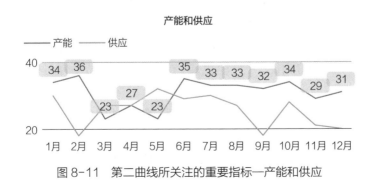

图 8-11 第二曲线所关注的重要指标—产能和供应

图 8-12 这个看板就是综合了上述的几个因素，也是企业内部达成共识的几个指标，分别与市场前三名均值进行对照展示。例如收入用连续三年的当期季度累计数字对比，就可以看出来过去三年的变化趋势。总资产连续 12 个月的情况对照，能看出总体量的变化对比。总负债对照图放在总资产的下方。现金存量的对照数值放在中间。公司认为哪个是最需要关注的，就可以把哪个放在最显眼的位置。然后在右上角给出一个重点量化展示或者是定性的描述，就是根据公司达成的对指标区间的标准判定来描述当前形势下公司第一曲线的执行状况。

虽然这个图看起来还是有点简单，但正是因为这些都是财务指标，对管理层进行评判才会有统一口径，如果财务数据本身失真，那么这些图就不再具有判断依据的作用了。对于公司每个季度或者每半年为考察期的战略执行状况，最佳的数据就应当来自财务和能与财务有逻辑关系的业务数据，以确保相关数据的口径一致，便于管理层和资本市场分别进行不同目的的研判。

如果将这个模式进一步拓展到第二曲线的研发期，指标可能会做替换，但形式可以一直延续，用量化指标来给定性提供依据。如果这样的图表每个季度或者每半年都能编制出来，且连续多个周期都能同时展示出来进行前后对照的话，就不难判断公司的第一曲线的当前状况，也不难给第一曲线的处境做出定性。同理，第二曲线只要找准的指标，也如此连续多期同步展示，就能够看到其研发进展和市场反馈的变化状况。

（二）全行业核心指标追踪异常竞争

每个行业都有自己特有的重点指标，不妨就将这个行业的全部重点指标提炼出来编制一份行业看板。行业关注的数据千奇百怪，财务人完全可以暂时放下对财务数据的执念，就是大范围地选取你所在行业所有被关注的量化指标，收集起来做出归类，通常在这一步的时候就可以大体知道哪些指标跟收入有关、哪些指标跟利润有关、哪些指标跟规模有关，哪些数据与新技术或业务创新有关，哪些信息显示行业出现了潜在的颠覆者，然后再将这些指标下钻到对应的收入、利润、资产等财务指标上，就相当于对这些信息有了业务数据与财务数据的贯穿模型，只是需要不断修订而已，但模型的建立直接就可以帮助你对行业的了解更加深入、更加透彻。

图 8-13 展示了公司的收入及与行业前三名的对标信息。还是使用组合图，本公司数据用柱状图呈现，对标公司用折线图呈现，数据标签只呈现本公司信息，不需要呈现对标公司，只要看到大致对比情况即可。

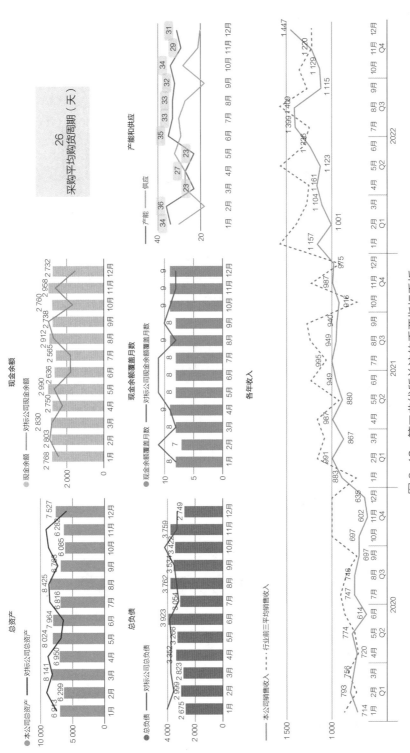

图8-12　第二曲线所关注的重要指标看板

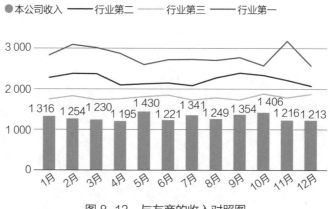

图 8-13　与友商的收入对照图

前面我们讲过，从公众公司里很难获得月度数据，只能得到季度数据。这里的行业对标数据是根据季度数据结合销售人员的判断以及相关行业报告描述做出了总量不变但月度做估算而得来的，目的也是更加贴合本公司的销售对照情况。

图 8-14 展示了公司销售收入的渠道结构及与行业平均渠道结构的对比信息。这里使用了柱状图加数据标签，本公司信息使用红色，重点突出。你也可以选择用饼状图或者环形图做对比，当然也需要考虑一张图上的空间位置是否满足，以及横向对比的可能性。

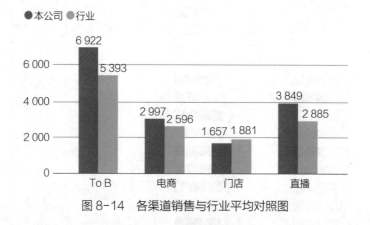

图 8-14　各渠道销售与行业平均对照图

图 8-15 展示了公司收入中各主要产品结构及与同行业竞品均值的对比信息，也可以用同行业友商的销售数据做对比。如果公司的数据与行业均值相差很大，也可以采取某类相对值来对比。

图 8-16 展示了公司的净利润情况，包括集团汇总数据和各个分公司/子公

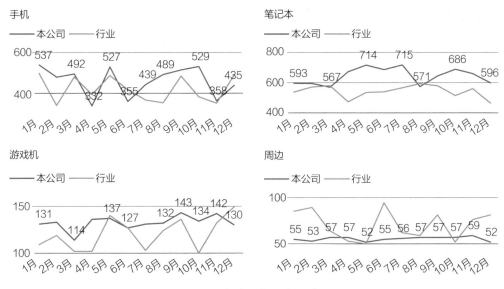

图 8-15　各产品收入结构对照图

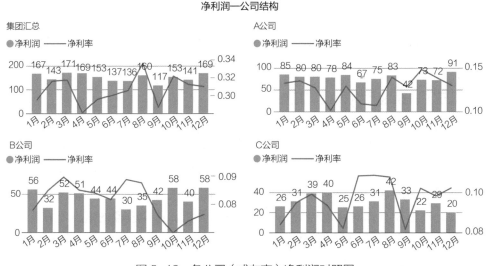

图 8-16　各公司（或友商）净利润对照图

司的数据。数据呈现还是用组合看板的方式，利润额以柱状图加数据标签进行呈现，利润率以折线图呈现，是否加数据标签根据公司是否重点关注来判断。你可能会观察到这几个图表的刻度都不相同，绝对值刻度互不相同，相对值刻度也互不相同，这在某种程度上会对阅读者造成困扰。除非这几个图的刻度值相差巨大，完全没法在一个刻度上呈现，例如本图中有的是 200 万元，有的是 20 万元，有的是30%，有的是3%，如果几张图都放在同一个刻度上会显得图形失衡。这类不在同一刻度上的对比图需要首先做出说明，然后再做相应分析。如果几个图的相对值和绝对值都相差不大，那么最好还是几张图都用相同刻度来呈现，类似小多图一样，这样对比起来就不会产生歧义。

图8-17将前面讲述的几张销售图表组合成统一看板。以零售企业为例，假设这家零售企业最关心的是销售渠道和产品结构。左上位置留给了整体收入的情况和行业前三的对比。这个前三也是相对的，如果你的差距很大，那就找直接对手的数据来对比即可。图的中上位置是各个渠道的销售情况以及与行业平均值的对照。左下方是公司各类别产品分别与同行业或竞争对手的对比，右下方是各个分公司、子公司的净利润与净利率的展示。

如果公司很在意线下销售，那么就需要看到门店分布、门店数量、门店面积、门店坪效高中低占比的整体比重。对手的这些信息不一定很全，但可以调查一部分、推算一部分，并可以同时展示出来。

类似这种图可以做得非常自由，你的公司最在意什么、你所在的行业最在意什么，你就想办法收集数据在图表中展示什么，完全不拘一格。目的非常明确，就是要让管理层时刻关注行业的变化动态，让收集来的全行业的全局信息全部可视化。

（三）决策前预测模型的搭建

决策前预测模型的搭建包括新产品的进入，或者是否砍掉老产品，做出这种决策的利弊会是什么，是损失还是收益，都需要测算出来。不仅是产品，还有新的市场、新的渠道、新的项目等都需要编制相应的模型实现预测的目的。

如果公司的这种变动非常频繁，就可以固化一些常用模型。如果涉及一些重大事项，还需要有针对性地构建一些模型进行分析。这类模型的重点不在于有多少图表，而是要测算出前期的投入与后续的产出是否匹配，是否能够有所收益，风险点在哪里，哪怕就是一些公式也可以。财务可视化绝对不会拘泥于图表，能够清晰地看到计算结果和相应的参数自由调整改变结果的模型，就是非常好的财务可视化。

例如公司的老板跟你说有一个新产品的机会，未来三年做好了就会很大收益。跟你详细阐述了投入情况，产出的逻辑和路径也讲明白了，现在你就需要就未来三年的投入产出做出预测模型。

你首先要考虑的是自己生产还是外包生产，自己生产有哪些需要一次性投

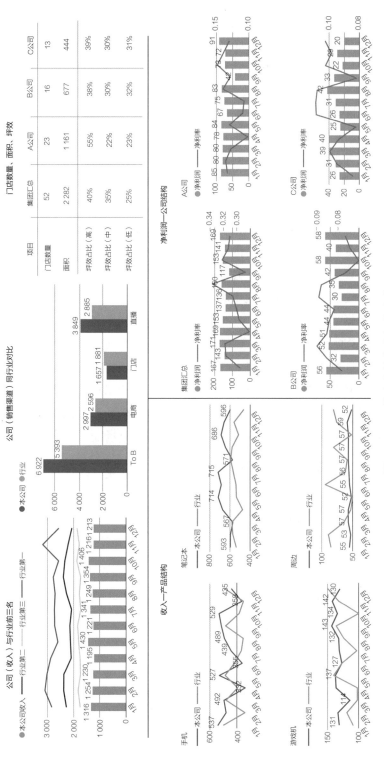

图 8-17 零售企业销售分析仪表盘

入，如长期使用的机器、厂房、设备、生产线等。考虑一次性投入多少，资金从哪来，是需要进行股权融资还是企业自筹，是发行债券还是寻求银行贷款，是否需要动用日常周转资金，日常经营是否受到影响。如果短期贷款，一年后是否能够筹集到这些资金，贷款利息是否增加公司负担。哪些是随着生产逐步投入的，包括原料、不断增加的人员等。那么第一次销售会在什么时间发生，想要增加销量需要投入多少广告、投入多少销售，还有物流仓储等一切都考虑以后，将这些因素全部纳入你的模板中。重点问题来了，最佳的思考方式是将这三年当作一个完整的期间来测算，也就是说，先不管分成 3 年还是 36 个月，就看作一年或者是一个月的一个周期，来测算所有的投入和产出，看是否能够符合获取收益的预期。有的时候对市场的反馈过于粗放或者过于机械，这源自于对市场的不了解或者是过于乐观的态度，导致最终的预测偏差十分巨大。那么你必须要与发出这样预测需求的管理层做深入沟通，必须模拟如果此刻你的产品就能够投放市场，那么你们如何获得客户、如何扩大市场、如何抵御竞争等，这样就更加容易得到最真实的测算数据。

如图 8-18 所示，如果必须要做出一个看板，你可以将重点事项呈现出来，以便于决策者能够抓住重点信息。作为财务人员必须将所有能考虑到的细节全部编制成相应的联动参数。在测算的同时必须给出可能出现的极端情况，如果生产出来的新产品一件都卖不掉，公司会损失多少。如果新产品投入市场大受欢迎供不应求，下一步将会如何增加产能和供应能力满足市场需求。

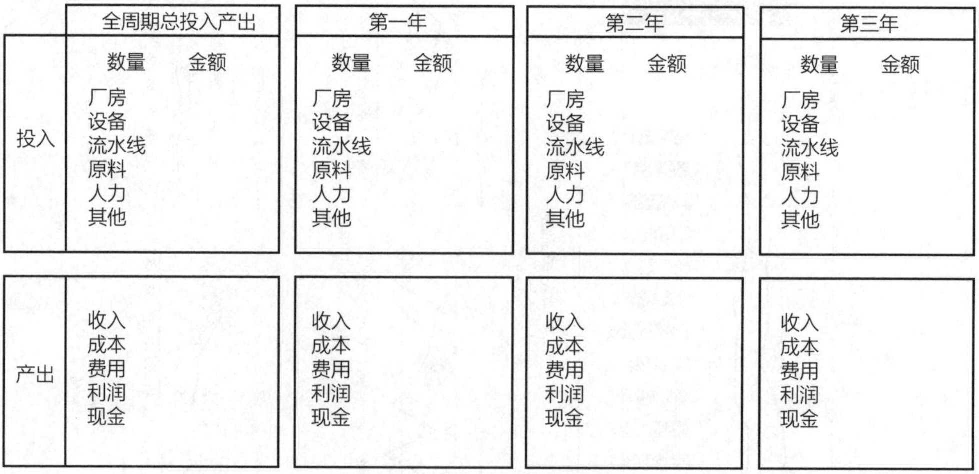

	全周期总投入产出		第一年		第二年		第三年	
	数量 金额		数量 金额		数量 金额		数量 金额	
投入	厂房 设备 流水线 原料 人力 其他		厂房 设备 流水线 原料 人力 其他		厂房 设备 流水线 原料 人力 其他		厂房 设备 流水线 原料 人力 其他	
产出	收入 成本 费用 利润 现金		收入 成本 费用 利润 现金		收入 成本 费用 利润 现金		收入 成本 费用 利润 现金	

图 8-18　整体投入产出分析模型

这种模型同样也适合对老产品、老市场的取舍决策，用几乎相同的模型去测算。当产品不再生产，有多少员工将会失业或者减薪，或者由于不能裁员而增加多少薪酬负担。原先的厂房设备因此而闲置的本身耗费是多少，如果维持生产销售又会消耗多少人力、物力、物流等，只有将量化指标测算出来，决策才会变得简单和可行。

（四）全预算执行效果与实时企业估值

全预算执行效果考量需要将公司所有预算关键指标的执行状况和未来发展预期对比全部呈现出来，其落点大多数是盈利情况，也就是净利润。如果再进一步落在自由现金流上，那么你其实自然而然就可以编制出公司的估值。自由现金流折现法是计算公司估值的最重要方法之一，如果你的预算和预测模型数字能够实现实时更新的话，那么你的公司估值同样也可以实现实时更新。

预算的关键指标很多，受限于篇幅就只能摘取最重要的，其他的指标就用子图表来呈现。图 8-19 这张图给出三个区域，左边留给了收入、毛利和净利，这通常是企业经营者最关心的，这部分如果都能够完成预算，那么主要任务就可以实现。图中间留给了经营总流入和经营总流出的统计，以及 ROIC 的呈现，如果公司的考核指标是其他的如股权回报率，则将重要位置加以替换即可。右边留给了资产和负债，这些是呈现公司整体规模增长的指标。最后一个框里只留了一个数字，就是公司估值。估值的测算公式非常简单，只要有了当前的自由现金流，再加上预算中以后的自由现金流预测，将折现率设定好就能够轻松计算出公司估值。

如果这些传统算法不能够满足多变的公司状况的话，还可以用数学的方法解决不确定性的难题。例如利用爱因斯坦的布朗运动模型，或者说是股票的随机游走模型，来构建一个对未来变化不确定性的预测模型。也就是用会计中的数字叠加上数学算法的时间预测维度的参数。

收入 - 成本 = 毛利　或　$R(t)-C(t)=I(t)$

收入 $R(t)=$ 销售期望值 $E(R)$ ± 随机起伏 $N(0,sigma)$

成本 $C(t)=$ 成本期望值 $E(C)$ ± 随机起伏 $N(0,sigma)$

毛利 $I(t)=$[销售期望值 $E(R)$ ± 随机起伏 $N(0,sigma)$]-[成本期望值 $E(C)$ ± 随机起伏 $N(0,sigma)$]

用叠加布朗运动的新毛利预测数修订自由现金流预算数，就可以迭代出更加有参考价值的新企业估值，并且这个估值因为每次更新实际数字以后都会对未来

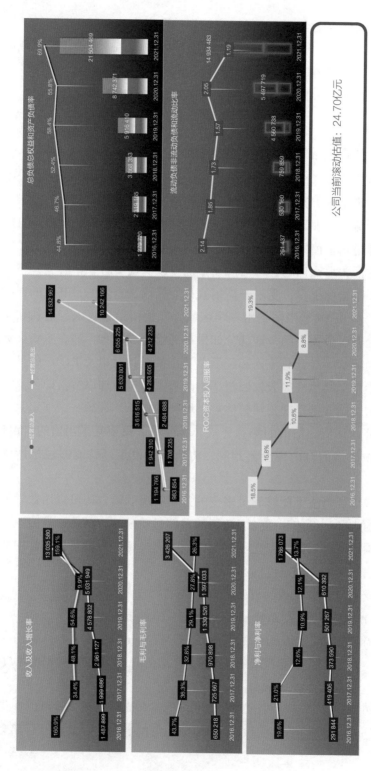

图 8-19 实时公司估值看板

的预期产生影响，随机起伏参数也会随之变动，所以估值也就会出现跳动变化的状态。

　　如果你所在的是上市公司，那么这个估值就可以指导你清醒地认识当下的公司。如果股市估值远远偏离你的测算，你就可以看看是你的估值模型有问题，还是市场看到了你没有看到的东西从而做出了反应，抑或是市场出现了非理性波动，从而判断你是否需要及何时采取什么行动以使企业的估值回到合理区间。

　　前面我们讲过导航财务，那么导航财务也能够可视化吗？它很像是你的预测模型，这种预测模型的特点就是未来的目标更远大，不是指向某个产品、某个第二曲线、某个项目等，而是直接指向公司的某个可见的未来价值。

　　图 8-20 中给出了一个用各个节点目标与预测值交错变动组成的财务可视化图表。各个期间的预测数值都会根据当前执行情况的变化而有机变动，这个变动直接影响未来目标期的估值变化。这是一个简版的导航财务模型，现实中影响因素会非常多，模型里的参数也会非常多，测算也会更加准确。其实这个模型真正的意义不是检测本身，而是用检测的差距促使管理者积极行动起来，改善不理想的数据背后的业务，让业务不断增长，真实的变化和行动本身才是预测的目的。

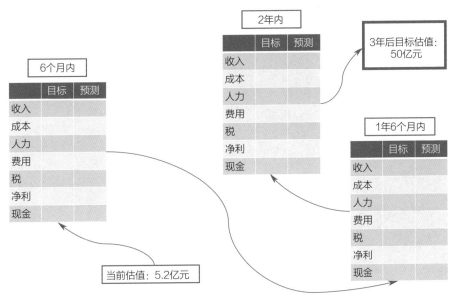

图 8-20　叠加布朗运动预测数据与目标对照的交错变动模型

　　财务在整个企业战略当中起到非常关键的作用，只不过有很多企业并没有真正把财务数字理解透彻和把财务功能内嵌到整个企业的战略里面而已。许多大企业的战略策划部门中都是业务高手，当业务思维转换到以财务逻辑呈现的经营成果时就会遇到困难，而财务部门的人员如果不能真正关心企业战略的落实呈现，那么财务对战略的支撑力会很低。未来数字化能力在企业中的应用不断增多，财务人的战略意识也会不断加强，企业财务在战略决策、战略制定和战略执行中将会越来越多地给予强有力的支撑。

09

第九章
财务人和经营分析人的未来

　　当我们把所有可能经常出现的财务可视化需求讲解完以后，你可能会有点眼花缭乱的感觉，恐怕会需要花不少时间去重新认识这些数据、认识你的业务、认识企业管理，甚至有必要重新认识你自己的职业。这的确是绕不过去的过程，而这个过程也的确会很难，用怀疑人生来描述似乎完全不过分。

　　有一点是我们必须要知道的，那就是自己花时间去理解本质并不断践行才能做出真正的好东西，所有期待用别人的模板套入自己公司的可视化，都很难获得管理层的满意。别人的东西最多只能是参考，是一个学习内化的过程，这当然也包括我们这本书。我们可以跟别人学方法，学习底层的逻辑，学习最基本的原则，以及一些比较好用的技巧，除此之外就需要我们自己深度理解业务和管理之后进行的内部创新创造。

　　对于有财务背景的我们来说，知道自己走过多少弯路，摔过多少跟头，踩过多少隐雷，跌过多少深坑，也看过身边的财务人和跟经营数据分析有关的人在重复着我们曾经受过的折磨。换个角度思考，这些都是夯实底线的重要基础。造成这种情况有些是外部原因，比如在学校的学习仅限于"纸上谈兵"，工作中没有遇到好的老师带领，或者师傅的经验太陈旧等，但这些都不是我们可以止步不前的借口。或许每个人成长的路径不同，但是俗话说"天道酬勤"，也有一句话说：人倾向于高估一两年的变化，却低估十几二十年的变化。只要你愿意改变现状，坚持不断地学习、实践、创新，你就会从普通的财务人员成长为掌握商业底层逻辑密码的财务专家。

无论我们怎样呈现财务经营数据的分析，其最终的体现都是在编制人是否对业务有更深层次的了解和对行业、对企业有着更深入的理解，甚至要上升到你自己需要有足够的思想和丰盈的表达这个层面。所以，这一章我们不谈如何去构建可视化，而是去聊聊作为财务人怎样构建你自己的能力，作为经营数据的分析者和使用者如何让你的眼界不受限制。

一、财务人和经营分析人的窘困与突破

我们应该都有过"窘困"的体会，工作不受管理层重视、不受业务部门待见，好像自己的工作除了提交一下每个月固化的报表，不痛不痒地分析一下，或者是终于发现了大问题，在分析报告中提出来以后却没有引起任何波澜，仿佛无论自己做什么都如同空气一样默默存在。财务部门也是，好像除了报税和融资上市，其他都根本不需要财务做什么一样，财务就是那么没有存在感地存在了好多年。这种状况必须要改变，如图9-1所示，财务人必须要做到正视当下、客观分析、突破束缚、构建能力。

图9-1　财务人突破"窘困"的四条建议

（一）正视当下

管理层其实也曾希望重用财务人，也曾经给财务人很高的授权，无奈又重新启用业务和生产部门的数据。这是为什么呢？因为绝大多数财务人都没有真的认为公司的事业就是自己的事业、公司的业务就是自己的业务、公司的发展就是自己的发展。所以许多财务人的出发点是确保能在财务工作职能框架下不出什么错误。殊不知这样的思想恰恰就会一直出乱子。当然，在管理层给予高度授权的同时，财务人也突然获得了巨大的权力，以往没有对权力有深刻的理解就很

难用好，走向极端是大概率的事件，或者极度控权，或者极度卑微。导致公司对管理层的授权无法真正达到预期，久而久之，回到以业务主导管理就变成了必然选择。

当财务还以内控监管者的姿态来对待公司各部门的时候，发现来自政府、税务、资本等外部监管越来越强调"放管服"，在企业一片叫好的时候财务就更加不敢掉以轻心，"放管服"对于财务来说就是企业自己管理的责任就更大了，一旦出现内控等问题，财务的责任也就更大了，财务就更加不敢有任何的放松、只能更多强势地管控、没精力做经营决策的服务。

这种状况财务不会没感受，也有不少人已经开始试图改变这种状况，但好像很少有能够在业界广泛推广的成功经验，难道财务就只能背负着沉重的责任担当一直艰难前行，永无抬头之日吗？当然不是，正视当下、思辨创新是唯一的出路。

（二）客观分析

如果你是一位财务负责人，那么最应当做好现状分析的就是你。虽然这很难甚至很痛，但不得不从自己开始，从自己公司的业务开始而不要期待社会面整体的改善进而享受额外的红利。客观分析现状的窘困，然后找到一个能够长期持续改善的方案。财务分析就是一个很好的突破口。例如原先的财务分析只分析财务报表不分析业务数据，当公司内部数据互通互联以后，财务完全可以分析更多的业务细节，那么用财务思维来还原业务真相百分百是管理层希望看到的，将它变为一个固定的模板并确定数据源的更短周期的采集更新，就可以变为实时的数据分析，如果再叠加上对未来的发展预测，那么就成功地变为了决策的有力依据，这就是管理层非常需要、财务部门也能够实现的。类似这样的突破口其实还有不少，最大的困难不是找不到这些突破口，而是愿不愿意去尝试找到以及挑战过往经验。

（三）突破束缚

捆绑在财务人身上的束缚实在太多，但你仔细想想，这些捆绑其实绝大多数都来自于我们自己，是我们的眼界和能力限制了我们的创造力。当我们每次说服自己最安全的才是最长久的时候，我们就陷入了"安全魔咒"。什么是"安全魔咒"？就是没有"冒险精神才是最大的风险"。冒险精神不是让你"明知山有虎偏向虎山行"，而是你明知有风险就提前做好应对风险的一切准备，而不是止步不前。山是一定要跨过去的，无论山上有什么，这就是企业家的思维。有一位教授曾经这样定义企业家：企业家就是在没有足够资源的情况下去实现自己的愿景。那么作为财务人员，你应该成为企业家身边的军师和资源调配者，而不是企业家旁边那个只会喊停、喊风险的人。没人不知道有风险，一切商业机会在还没有实现之前都是具有巨大风险的。这也正是为何绝大多数有财务背景的人很难创业，而一旦具有财务背景的人理解了这一点成为企业家也可以非常成功。

（四）构建能力

数字化是一个无论如何都需要掌握的相当有生命力的种子，但财务人更加需要改变的是自己对职业的定位。

假如此刻你放飞一下自己的想象空间回到战火纷飞的三国，刘备三顾茅庐力邀诸葛亮这么一个年轻气盛的小伙子加入蜀国阵营成为第一军师的场景映入眼帘，那么你要问自己两个问题：第一，这个小伙子是怎么构建起自己的这套方法论的？第二，他又是通过什么方式威名远扬的呢？

我们先大胆地猜测一下，诸葛亮绝对不仅仅是自闭在茅庐里永远都不见任何人的，在他身边构建起了非常强大的信息渠道，来自四面八方的信息会及时地传递到他家附近的小酒馆里。而诸葛亮在不断更新自己这些信息的同时博览群书、深度思考，在心里不断构建着未来发展趋势的大局，而且这个大局一定是动态的、不确定的。也就是说，一方面他绝对离不开信息，另一方面他绝对离不开构建信息。如果把这一点放在今天，作为一个财务人，你既要精通财务，又要懂企业、行业、商业理念、科技发展等。进行广泛地学习与信息输入，使得你对财务十分精通，对任何一个数字的关联关系都十分清楚，从任何一个决策都能推演出来未来将会形成怎样的经营格局。在这个基础上让更加大量的、即时的、多元的数据支持你的判断，不断纠偏你的推演，这就逐渐打造出了你在组织中举足轻重的军师地位。

财务人还有一个非常大的问题，就是太过低调。这其实也不利于你站在更大的平台上。低调可以理解为谦虚谨慎，其实也可以理解为不愿承担更大的责任，没有哪个领导者希望自己的左膀右臂是没有担当的人。当财务人处处谨慎、驻足不前的时候，也就是领导者不得不选择其他人作为帮手的时候。

所以，成功一定不是各种偶然叠加起来的，一定是清晰明确地构建自己的多元能力的集合。所以今天的你，可以暂时放下对底线守门的执念，拥抱不确定性和拥抱未来可能存在的风险，做好应对这些不确定性和风险的更多准备，就开始你的航行。或许你的运气实在不佳，错过了很多的风平浪静而始终都在黑暗的疾风骤雨中前行，但当你走出来以后才会发现这段时间的历练一定是成就你的宝贵财富。

二、经营分析人的未来和能力构建

如果你认可自己的未来可期，那么就看看如何从下游思维改变成为上游思维，也就是把下游思维转变为上游思维。

如图 9-2 所示，下游的英雄是暂时的，是不能解决根源问题的。而上游才是解决本质问题，防患于未然的。将问题从根源上解决掉，久而久之你就可以成为那个承载更大空间的人。

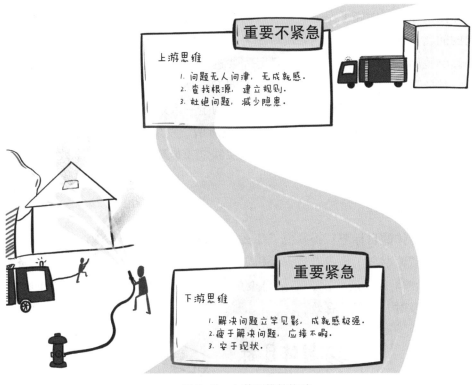

图 9-2 上游思维的构建

（一）构建基于业务发展的服务意识和防患能力

先尝试让你自己暂时忘掉你曾经掌握的所有专业知识，花一段时间潜心研究一下你所在组织的业务流程细节，以及不断给自己一个是什么原因客户选择了我们的答案。这个答案一定不是孤立的，也一定不是唯一的，把你所能想到的和了解到的所有答案都列出来，经常去为这些答案找到其限制条件，再跟公司内部流程细节的核心关键管控点去对照结合，看如何能够通过内部优化流程来解决一部分外部客户需求问题。当然我不是让你成为公司的运营主管，而是让你通过这样拷问式的反复思考来理解组织存在的真正价值，然后在过程中发现每一个可以获得效率红利的可能性、每一个获得额外收益的可能性，是不是你就会成为那个很懂公司的人了呢？

也不必期待几天就能实现，就如同给你自己做一个长期投资一样。做一个简单的规划，从头开始慢慢捋，假以时日，就真的对公司了如指掌了，也就是你获得了真正有价值的信息并能够从容处理了。只有在这个时候，你再去谈对所有业务部门的服务才不会让人感觉很虚，也不会让人觉得你只是态度好了一点而已。

即便是你已经做好了完全的准备，组织中依然还会时不时地冒出来各种稀奇古怪的问题。如果你是这个问题的解决者，那么你除了能够快速地将问题控制在最小影响范围并尽可能消除以外，还是需要进一步思考它出现的根源。如同有些企业宣传的那样，当遇到一个问题时总要问五个为什么，一层一层向前追溯，总是能够发现那个真正的根源。针对这个根源制定一系列措施加以纠正，那么这类问题以后再次发生的概率就会大大减少。正所谓"发现一个问题解决一个问题，解决一个问题追溯一个根源，追溯一个根源制定一个政策，制定一个政策杜绝一系列问题"。

（二）整体目标

给一个整体的目标吧！否则说了那么多，如果目标还是不清晰，也就没法落地。我们希望给财务工作或者数据分析工作建立目标，就是及时有效地用财务数据解释和预测业务发展状况，如果再聚焦一下，如图9-3所示，就是这四个目标：预测、及时、解释、有效。

图9-3　财务人的整体目标

1. 预测

财务数据是天然的"历史成本法"，本身不支持对未来的预测能力，但这并不代表就不需要预测，毕竟作为"军师"不能预测就意味着"没有价值"。根据公司战略发展随时能够给出导航式的合理预测和合理判断，至少是能够提供预测和判断的依据和数据基础。这一点也是一个普通财务工作者和一个高级财务工作者最显著的差距，也是领导者是否能够尊重你的判断的重要标志。领导者往往不会过于关注当下的问题和麻烦，这些都是日常管理者需要操心解决的，领导者会更加在意未来将走向何方，怎样的路径才是最优选项。在没有军师之前，他们自己独自反复斟酌，有了军师以后就可能用更多的模型来验证自己的思考。以前的军师大多是业务、研发、市场、销售等角色，此后或许就更多地参考 CFO 的分析，毕竟 CFO 所掌握和分析的信息更有大局观、谨慎观和平衡观，趋利避害的模型更容易看到风险和盲区。发现不了问题才是最大的问题，一个能把未知风险变为可知的并找到切实有效的攻克方案，就是军师的价值所在。

2. 及时

最佳标志就是让使用者实时看到自己想要的信息。任何信息都具有很强的时效性，如同人们经常讲的"打仗就是打信息"，自古以来都是如此。如果信息依然是像传统财务那样月度结束了好几天以后才能看得到，其实商机早就已经丢掉了。为了能够让信息实时，我们作为构建者就必须首先能够实时地记录和采集数据，利用自动化手段实时计算和呈现数据成果。虽然不期待这种实时能马上实现，但这个目标不应当有任何动摇。

3. 解释

解释就是分析，解释比分析更加深入。用财务数据解释业务信息才是真正的业财融合，而不是仅仅用业务数据自动生成财务记录。当然，这种反向解释是对财务体系的一大挑战，最核心的难点在于财务采集的信息过于粗糙，许多财务系统都无法承载多元、多维、多标签的业务数据，而只能是将财务分录所用到的信息采集进来，这就势必造成财务信息针对业务而言不完整、不细致，那么用财务数据解释业务状态也就变为空谈。要么大范围更新财务系统的数据承载力，也就是说颠覆式地升级迭代财务系统来承载更多更细的数据和其所承载的各种标签，要么就在财务系统之前增加一个数据中台来承载公司所有数据，将其按照财务的结构以最小颗粒存储在这个中台上。只要结构是牢固的、验证是有效的，这个数据就能够替代财务系统成为公司的具有财务功能的管理数据，那么用财务数据解释业务就变为可能。而且这个数据不仅是实时呈现、解释历史信息，更加是不论是过去的状态、此刻的状态、未来的状态，都能够用相同或接近的口径来诠释，让决策者有明确的判断标准，从而对于数据的解释也就有了相应的稳定性和延续性。

4. 有效

管理者看到的最佳数据都应当是经过多轮严谨验证以后的真实客观准确的完整数据。想要得到这种与业务同口径的"真实""客观""准确""完整"的数据，必须建立数据穿透能力和数据验证能力。企业内的元数据从开始一直到最终的财务报表上的数据都是完全联动的，也就是当元数据发生变化，那么第一时间财务报表就应当跟着一起变，这就是数据穿透的最佳场景。当然仅仅穿透还不够，依然还需要建立"旁路验证"和"反向验证"的多重验证体系，避免因为一个计算逻辑被篡改但没有被及时发现而造成一系列系统性错误的风险。

三、全方位打造你的综合实力

多年以前我的一位数学家导师曾经跟我说："王峰你知道吗，你掌握了一个非常了得的手艺，就是你的财务能力。"我十分怀疑他说这句话到底有多少客气的成分。我回答："您是数学家，数学比财务高深多了，如同博士后夸奖小学生一样，完全不是一个层次上的。"他对我说："从数学本身来说，的确财务在当下所能应用的知识几乎全部都在小学都已经学过了，根本用不到大学甚至是中学的数学内容。数学在很大范围和很大程度上都是不变的，而财务是每个国家都不同、每个行业都有区别、每个人群都会有不同口径的需求，变成财务成果也会根据不同的规则、不同的用户、不同的需求而有所差异，这么多不确定因素交织在一起，数学就略显呆板甚至会造成极大的困扰，而财务就可以发挥其价值，而懂财务的人反而就会驾轻就熟了。"

他随后又开始说："不过王峰，你也并没有真的善用你的这些才能。如果你依然用你的这种只看风险不看机会的方法做事情，那么你只能停留在原地无法创造任何价值。"我有点急了，非常笃定地反问："难道作为财务人员不是要让公司尽可能地远离风险吗？如果财务都不顾风险了，就好像足球场上守门员去进攻了一样，那公司早就关门大吉了。"

"你有没有想过一个问题，哪个伟大的企业最初不是发现了机遇、冒了极大的风险甚至在发展过程中不断面对各种风险而慢慢成长、成熟起来的呢？如果不是这些冒险家，你们财务人的工资又从哪里来呢？你再想一想，为什么财务出身的人很少有创业的？但是一旦真正参透财务真谛的人创业了，很多都成就了旷世伟业。卡内基十几岁就懂借贷记账法、洛克菲勒第一份工作就是小会计。如果他们的出发点是尽量远离风险，那么世界上就不会有钢铁大王和石油大王了。什么是安全？避开风险也就避开了所有的机会，一个没有机会的安全有何价值？拥抱风险就等于拥抱机会，真正懂财务的人恰恰就是能够从商业本质出发驾驭风险、把握机会的人。"

听完这一席话着实让我汗颜了好久。我自知自己远没有达到他说的这样的能力，也真如他所说我只是害怕犯错、害怕被人瞧不起而选择了远离风险，也就意味着我始终都是远离机会的人。

好在这种灵魂拷问没有让我重新回到自己的避难所里躲藏起来，而是用了几年的时间一直不断地去探索他所讲的这些到底如何能够实现，如何改善现状，以及如何能够让更多的财务人自我解放。于是，这个亲测有效的底线夯实监管与顶线抓牢服务的模型就此诞生。

（一）底线监管

如图 9-4 所示，我们最熟悉的就是这个底线要求，不过如果全方位地来考量的话，很多当下的工作还是会存在一些顾及不到的地方，我们就按照这八个角度来聊聊如何构建这个夯实的底线。

首先，对上需要满足总部管理要求。可能你会说不对呀，难道做对账、报对税不是首要的吗？如果只考虑满足上级管理要求的话，万一他让我偷税漏税我也要听吗？或许，这也是挑战你是否有足够能力去选择一个真正做事业而非只赚钱的工作机会。作为一名员工，满足上级合理合法的工作要求是无论如何也要排在第一位的，是理解自己工作的商业逻辑本质的机会。当然这并不代表你就要盲从，而应当是运用你的专业知识为上级领导构建一个夯实的核算和内控体系，让企业能够尽可能井然有序地平稳运行。

其次，对下需要满足业务管理管控。说到管控恐怕财务人也会开始缩手缩脚，业务部门那么强势，有的人还很刁钻，我除了能卡住不给他报销，还能怎么管控呢？当然不是这个思路，在企业发展壮大的道路上，规模越大就越需要更加稳固的管理管控，财务作为资金和账务的管理者是责无旁贷的。管理业务并不是卡住不让乱来，而是在充分了解和理解业务的前提下将管控点设置在核心内控点上，不扩大范围也不放松警惕。你要知道，管理层最希望的是每个岗位都好好地经营，如果所有人都永远兢兢业业，那么管控自然就不需要了。可惜的是，人如果知道所有的红绿灯都没有监控、永远都不会罚款，那么一定会有人闯红灯，这是无法回避的现实。所以财务就应当设置必要的数字化监控预警手段来尽可能减少"闯红灯"的现象，或者一旦有人"闯红灯"也能够及时地发现并制止。

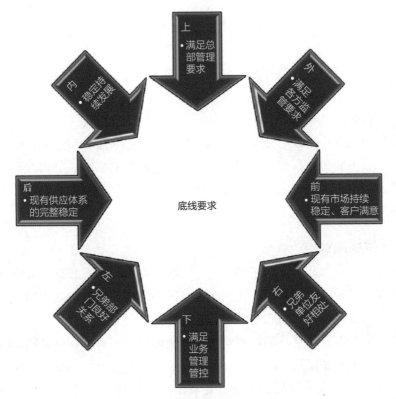

图 9-4　财务人的底线监管要求

再次，对前端面对现有市场持续稳定、客户满意提供支持。看起来这就已经算是服务了，怎么还能算是"底线"呢？其实作为一个职能部门，服务是一种底线职责，只是要看在哪个层次上的服务。作为财务很难对客户直接支持，但可以支持那些一线的业务同事，他们的问题得到即时有效的解决，那么他们就会有更多的精力和时间去服务客户，这就是财务朴素的服务观念。同样也不是只提供好服务不去监督管控，其实监管本身就是一种服务，是帮助更多同事能够更快更好地完成工作。

然后，对后端的现有供应体系的完整稳定提供支持。前端对市场、后端对供应，供应包括外部供应商和内部生产研发体系，也就是内部的支持。确保资金调配到位、确保经营数据快捷准确及时地提供给相关部门、确保备足资金以备不时之需、确保各个经营部门核心绩效点实时追踪等。这些支撑力逐渐成为财务部门必不可少的职能，也越来越体现财务的价值所在。

　　之后，在组织里对内协助稳定持续发展，就如同对前端支持销售和对后端支撑供应一样。财务天然具备前后呼应、统领全局数据的能力。《账簿与权力》一书的封面上写着一句话："谁掌握了账簿，谁就掌握了权力。"这句话的背后意义并非预示着财务终将控制企业，而是掌权者需要更多地了解账务信息才能够更好地掌控全局。作为财务人，需要将这些最有效的财务信息以最简洁、最通俗的方式提供给决策者和管理者，以及当出现异常的时候能够及时发现并促使管理层即时地采取措施加以纠偏。

　　接下来，对外满足各方监管要求。终于聊到了外部监管了，难道是搞错重点了吗？外部监管一旦出现问题轻则交滞纳金、罚款，重则资本市场禁入、移交司法流程，甚至会有人面临牢狱之灾。这么大的风险难道不应该用最大的力量来维护企业和管理层的利益吗？当然要。只是财务人应当清醒地认识到一个问题，当我们把前面提到的所有工作都做到位了，你相不相信已经很少会出现严重恶劣事件了呢？之所以目前还有许多公司被监管部门处罚，究其原因还是前面提到的那些工作没有做到位。曾经有一位教授跟我们讲，会计的职业生涯里无论如何都要经历一次IPO，因为你经历了，就知道了什么才是真正的财务。几乎任何一个企业的财务经历IPO都异常疲劳，异常艰辛。可是如果你冷静下来仔细想想，IPO只是想要让财务数字能够证明企业的业务是真实准确、完整有效的，之所以财务人在IPO期间异常疲惫，究其原因就是财务的数字不能够完整地找到业务支撑，也就是财务并没有那么准确、那么完整、那么有效地反映真实的业务情况。如果财务人真的能够做到业财融合，做到用财务穿透业务、解释业务了，那么IPO对财务人来说只是提供已经存在的数据链而已。所以，满足外部监管的前提一定是做好自己的本职工作，在此基础上将监管要求编制成自动模板，让系统自动生成，满足日常监管也就没有那么复杂了。

　　最后两个角度就比较轻松了，不过对有些财务人来说恐怕会是更难的一件事，就是关系。如果必须给这个关系两个位置的话，就姑且给出左边兄弟部门和右边兄弟单位。

　　出门向左多跟自己的兄弟部门建立关系。财务人的身份在企业里是非常独特的存在，一方面是监管角色，一方面又是服务角色。别的部门对财务部经常是又爱又恨。这样的存在相信前面所提到的所有工作都完全无法实现。企业的存在就是依靠多人合作共同促使组织成长的，合作的前提一定是方向一致和默契协同，而这些的前提就是建立健康的关系。所以财务人应当多走出办公室，在不影响自己本职工作和不妨碍其他部门的情况下多去与人建立关系，多去其他部门虚心请教，学习别人的长处和工作经验。你会说，我们每天加班都干不完活，哪还有时间和精力去聊闲天呢？这太不现实了。的确，很多公司的财务变成"加班大王"，不过你是否检视过加班都在做什么呢？有多少是每个月都在重复非常固化的工作呢？又有多少能算得上有创造性的工作呢？如果你能够把那些高度重复的固化的工作让机器人来代替，你是不是就不用加班了？是不是就会有更多的时间精力来创造了呢？也会有时间可以去了解其他部门了。我真正担心的是，一旦机器人真的在你部门使用，没有做好任何准备的你会措手不及，突然不知道自己能干什么。机器人永远取代不了创造性工作，它取代的永远都是那些重复性的、固化的、不需要创造性的工作。

然后是向右跟兄弟单位友好相处。如果你所在的是一个集团公司，那么你的集团内有多个兄弟公司，每个兄弟公司都会有一整套财务班底，其实这也是最好的互相学习的机会。我曾经调研过为什么会计师事务所的审计师往往要比企业会计的自信心高好多，究其原因主要是审计师见过太多的企业会计，了解他们的工作模式、工作习惯，见得多自然眼界宽，眼界宽自然有自信。而企业会计恰恰是做得足够单一、深入，总会担心自己不如别人做得好反而就会让自己失去自信。那么就多跟你的兄弟单位的同行们交流吧，沟通彼此的工作和困难，增长经验，最好是不仅在集团内，也在集团外其他行业、其他领域多接触同行，长此以往你的自信心就会慢慢增强，你对企业的贡献能力也会大大增加。

前后内外上下左右都聊过了，却没有聊我们的本职工作，那些做账、盘点、做报表、申报税等日常工作，这些不算是底线吗？算，会做这些工作是作为财务人员的门槛，没有这些技能恐怕连触碰底线的机会都没有。不过我时常建议企业财务部门应当增加"数字会计"的岗位，这个人可以不懂会计、可以不做账、可以不盘点、可以不做报表，但必须能够在财务部门内实现业财数据的全线打通，以及搭建和迭代数据自动分析模型。否则，你想要实现"顶线服务"也只能是空中楼阁，因为财务部门的服务永远都离不开数据。

（二）顶线服务

如图 9-5 所示，顶线就开始有技术含量了。所谓的技术含量主要基于对业务数据的掌握能力，在此基础上为企业增长各个环节提供更具有前瞻性和拓展性的增量支持。这些顶线要求看起来好像已经脱离了财务的本职工作，甚至是只看到了高管的影子而看不到财务的印记。其实这八个顶线要求都是直接指向体现"军师"的作用。"军师"时刻不忘组织的整体目标，要在各个维度、各个方向给予发展性、前瞻性的高价值支撑。

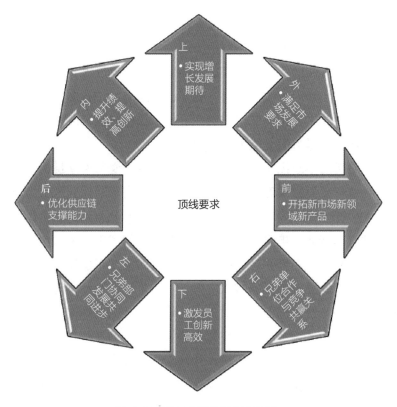

图 9-5　财务人的顶线服务要求

　　按照顶线要求的顺序，我们还是先看对上需要协助实现增长发展。增长发展必然会面临许多的不确定性，让这些不确定性能够以推荐的方式、导航的方式编制测算模型，用调整参数来预测未来发展走向。这当然是一个不断完善的过程，并且所谓的底线与顶线之间其实没有一个明确的分割线，是互相交融交织在一起的。当你满足底线工作要求的同时，需要思考如何逐步达到顶线的要求；当你思考预测模型的时候，也不能忽略底线的限制要求。

　　对下能够激发员工创新高效的工作热情。人才是企业最为重要的资源，财务报表里却没有体现出人才的任何量化价值，这的确是财务规则不尽完善的地方。不过这不影响以量化方式激励员工的行动。无论用怎样的绩效方式激励员工，最终指向的都应当是企业产出经营成果的大小。如何将最终经营成果与企业每个人的工作进行紧密的量化连接是世界级的难题。虽然很难，但还是要在有限的范围内最大可能地提供这样的数据支撑和测算支持。

然后是对前端开拓新市场、新领域、新产品提供支持。开拓新市场基本上是财务很难参与的，但财务可以提供数据分析支持，把新市场、新领域、新产品的相关信息输入你事前做好的分析模型中，调整参数得到计算结果。你的市场开拓人员只要能给模型可调的参数，获得成功的概率因此得以提升，这就是对前端最大的支持。其实市场部门不太需要财务有多么好的态度、有多么好的服务，跟这些有价值的数据比起来，市场部门宁愿你冷酷地让他们获得巨大成功，也不愿你温柔地告诉他你已经尽力而无能为力。

接下来是对后端不断优化供应体系，支撑变革。变革不是目的，稳定提效增能才是。市场竞争是异常残酷的，如果你不能让自己不断提升竞争力，那么就只能是被动挨打。财务当然很难承担变革的重任，但可以给予及时有效的量化分析。全球电动汽车行业就被毫无汽车行业从业经验的"理工男"用物理第一性原理造出来性能优异质量良好并且还能够持续降价的电动车震撼，这让全球所有燃油车和其他品牌新能源车的厂家难以应对。不降价很难竞争，降价就意味着巨额亏损。如果你是一个被动局面里的财务人，你会做什么选择呢？你会不会洞察这家公司对外公开发布的财务信息中与你企业模式不同的那些方面，如果你公司也像它那样选择斥巨资构建重型液压机，让几十个零件变为一个完整的一次成型的配件，你是否能给出一个测算结论，在什么情况下保持现状、在什么情况下可以效仿投资？这当然需要大量的技术支持和研发支持，这些也不是一个财务人能独立完成的。那么你是否可以将这种测算模型在技术研发部门的协助下逐渐完善起来，并在公司管理层战略分析会上提供决策支持呢？

然后是对内整体提升绩效和创新。提效虽然永无止境，但任何固态的模式都会有一个上限，接近上限的代价非常大，就好比百米世界冠军比亚军只快了0.01秒，却可能比第二名的运动员多付出了几倍的艰辛。在企业中也是这样，尽管我们希望获得最好的产品和最高效的工作，但当付出的代价超出了回报的时候，所谓的更高效就变为付出的代价超出所获得的收益，非常类似于盈亏平衡的概念。当然这也不是静态的，而是随时保持变动的、不断调整参数的动态。财务人应当找到那个最佳收益的拐点并令其在平衡利弊的状态下稳步提升，而不是顾此失彼。

接下来是对外满足整体市场发展要求。当谈到底线的时候，对外一定要符合监管要求；当谈到顶线的时候，对外就一定是抓住发展机会。有的机会是在企业内部，但绝大多数的机会都在企业外部，毕竟大多数企业的内部资源和发展是极其有限的，放眼全行业、全市场去追踪机会才不至于陷入目光狭窄的境地。作为财务人，需要像市场负责人或战略负责人一样善于观察外部机会，善于总结利弊并善于对上沟通，综合各种可能性以后给出一系列相对完整的量化预测分析结论。如果还有想象空间的话，就是将这些分析结论持续跟踪修订和迭代并随时将最新成果给到管理层支撑决策。

再接下来是向左与兄弟部门协同发展、共同进步。个人发展与企业管理是两个方向，个人发展看长板，企业管理看短板。个人的许多短板很容易被长板所遮盖，而企业不同，企业在市场上肯定要展示长板，但如果短板过多，就不可能将长板发挥出来。财务是全公司最能够看到完整数据的部门，也就是能够基本判断哪些部门强、哪些部门相对较弱，那么就给予这些相对较弱的部门一些支持，最显著的就是提供数字化与量化分析结合的 BP（Business Partner，业务伙伴）式的支撑。未来的财务 BP 一定会被强大的数字化所替代，因为财务能够对外部支撑的就是强大的量化信息，在当下做不到的情况下可以暂时依靠 BP 岗位来提供，也就是用更有效的数字化帮助兄弟部门共同提高。

最后是向右与兄弟单位合作竞争，达成共赢关系。这依然需要你能够具备相对强大的量化分析能力和支撑能力。有些兄弟单位的确是会存在竞争关系，但如果这种竞争保持在一致对外协同作战的前提下，那么几方就可以真的在不涉密的情况下合作，特别是在量化管理和工具使用上的彼此成就。你编制的分析模板共享给兄弟单位，兄弟单位设计的预测模型分享给你，不仅节省了大量的时间精力，还能够在共同的使用中提出更多更好的改进建议，这对于彼此都会是非常大的提升。

不知道你是否发现，所有的顶线要求几乎无一例外地都大量需要财务提供及时的、准确的、全方位的、有创造性的数据支撑。其实最终的结论也会是如此，一个好的财务人应当时刻思考如何将这个顶线目标一步一步实现，就是要拥抱未来的不确定性，用量化分析方法做出多参数、多变量的、多种角度的分析模型，就如同汽车导航系统一样，你每走到一个路口导航系统就会告诉你向前直行需要多长距离、多长时间、几个红灯、哪里堵车；如果向左拐弯会有多长距离、多长时间、几个红灯、哪里堵车；向右拐弯有多长距离、多长时间、几个红灯、哪里堵车。我们的财务体系也应当在每个决策点到来之前给管理层提供同样方式的判断模型。

到此我们这本书就到了该结束的时候了。最后一个需要你思考的问题，就是未来的财务将何去何从。在不远的几年或者十几年之后，很可能元宇宙时代或相似的数字化生存环境会让人类全面沉浸其中。到那个时候，元宇宙几乎就是一个完整的人类生存环境，人们除了吃饭睡觉以外绝大多数的生存环境都在元宇宙中。你可以在元宇宙中完成工作交付并获得元宇宙币的工资，在元宇宙上购买你需要的任何东西，而元宇宙因为具有了高度的数字化，恐怕也不再需要会计来做什么记账工作了。到那一天，作为会计的你，该怎样维系自己的生存空间呢？

会计从来都只是一种商业记录工具，当这个记录完全由机器自动完成的时候，会计岗位将会从这个世界上消失，如同当年海量的电话接线员一样。尽管你可能很专业、很敬业、很擅长，也挡不住趋势的大潮。与其到那天不知所措，不如从今天就开始筹划准备。机器代替的永远都不会是真正的创造性工作，如果你能够以顶线要求来武装自己，那么你在任何时候都不会被替代。

不被淘汰当然不是我们的目标，我们的眼光应当放在更加宏大、更加长远的视角上，当你理解了真正的宏大与长远，那么当下的那些顶线要求就变得异常简单，曾经认为永远无法超越的那些限制也会瞬间变得不值一提。那么，元宇宙的财务究竟会是什么样的呢？

理想化的全员完整生存环境的元宇宙中，如图 9-6 所示，一切资源全部都变为信息化，一切信息全部都成为数字化，一切数字都价值化。

资源从来都是组织最为重视的，只可惜当下会计准则中没法记录公司最大的资源——"人"的价值、没法记录公司原创的巨大资源——"品牌"的价值、没法记录公司掌握的"商机"的价值。这些都是公司资源，也其实都是可以量化的，可以嵌入资产负债的整体框架下展示平衡的资源与代价。

当你能够将这些信息以某种标准量化并记录下来以后，数字化就开始发挥作用了。一切信息都应当为数字化服务，都是数字化统计分析取舍的来源。当数字化完全解读了所有信息以后，这些信息将全部都可以赋予量化价值。

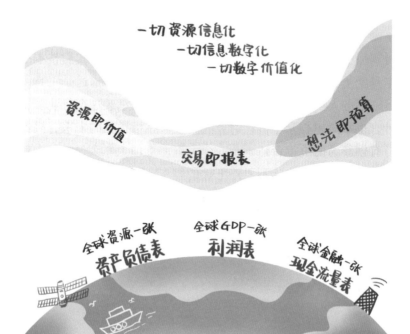

元宇宙的财务究竟会是什么样

- 一切资源信息化
- 一切信息数字化
- 一切数字价值化

资源即价值

交易即报表

想法即预算

全球资源一张资产负债表

全球GDP一张利润表

全球金融一张现金流量表

图9-6 未来财务

所以可以这样来重新理解元宇宙中的资源，资源就是价值，交易本身就可以实时更新报表，你的一个对未来的想法即刻变为你的预算。元宇宙中的交易天然就是一个数据互联的状态，从交易到报表显然可以非常轻松地实现，只是目前我们还没有看到哪个元宇宙环境能够有这个商业视野，观察到传统大数据与经典商业大数据——财务的重大不同。但我相信这也只是时间问题，财务发展500多年经久不衰，那么未来大概率只会更加成熟而不会被取代。未来的元宇宙也会大量运用"脑帽"的脑神经与计算机连接技术，那么当一个决策者脑中思考的任何未来推演都会在元宇宙中直接变为几个不同路线的预算，而这个预算又天然地内嵌在此刻的生意模式当中，自然地找到最合适的对照点，然后建立起视神经的过程可视化跟踪模式。

当越来越多的人进入元宇宙生活，那么大概率会出现全球所有的组织和商业活动全部都进入元宇宙，那么当元宇宙与元宇宙也实现了无缝连接以后，在强大的云端里最核心的数据库中将会实时掌握全球的所有经营活动。到那个时候，全球所有的资源汇总起来就是一张资产负债表，全球所有的GDP汇总起来就是一张利润表，全球所有的金融体系汇总起来就是一张现金流量表。其他所有组织的三表都是在这个基础上不断拆解、切片、穿透而紧密连接的存在。

未来，一定是数字化的未来。财务，还是一个商业大数据的工具。未来的财务一定是不需要人为操作的完整应用数字化技术自动运转的。今天的财务人不一定都能看得到那一天，但今天的财务人要了解数字化，如同我们整本书里讲的财务可视化本身就是一种高度依赖数字化的成果展示。财务永远是工具，数字化也永远是工具，财务人要给自己拓展一个更大的空间来承载这个行业。不必担心机器取代会计，也不必担心元宇宙让财务人失业。在可预见的未来，机器取代一个有分析力、有创新力的决策者还不是一个大概率事件。那么，财务人就向着构建分析力和创新力的方向奔跑，不要停下你的脚步，更加不必追问自己何时能够到达终点，因为很有可能是永无终点。向着正确的方向奔跑本身就是终点，也是起点，是让自己永远立于不败之地的选择。

写在结尾

就在前不久的一次公开课的课间，一位学员跟我讲述了她在公司做财务分析的尴尬场景。她是名牌大学财会专业的高才生，进入大企业后就再也没有换过工作，她在集团内经历了各种锻炼，也积累了财会的实战经验，如今已经在财务管理体系中成为举足轻重的管理者。就是在最近公司要求财务部门提供更加落地的财务分析，要求所有管理者和业务骨干都要深入理解，用数据管企业。她跟我说她从来都没有遇到过如此大的挑战，因为当她好不容易组织了同事将财务可视化图表呈现出来以后，却在几次汇报讲解中表现欠佳。她的原话就是"我还是在用财务数据来解释财务数据，到最后我的脑子一片空白"。尽管我们的课程或者这本书对她有些帮助，但却无法帮她摆脱尴尬。

听完她的故事后，我一时间没法给她更好的建议。好像该说的都说过，该给的都给了，却没法让一个兢兢业业的财务人获得立竿见影的效果。一直到课程结束前的总结，想起来那位数学家导师给我的忠告，于是我就把写在最后一章里的那段对话讲给了所有学员。

坦白地说，我自己也是经历了很长一段时间的纠结才逐渐放下了对财务会计专业本身的执念，逐渐开始主动尝试去将财务与业务连接。财务出身的人都清楚，我们自己的脑子里都深深烙印着借贷记账法，极度厌恶风险。这种状态下，尽管对业财融合的话题已经有了深刻理解，也坚信财务必须要为管理服务，但客观上依然没有真正做出实质上的"让步"，依然还是跟以前一样在实际行动上没有任何变化。我自己的经历告诉我，这个阶段我走了好多年才真正跨过去。今天的财务人如果没有经历这样的洗礼，想要仅通过一本书或者仅听一堂课就彻底改变是很难的，想要使管理层能看得懂你的财务分析展示也不是轻易能够实现的。

所以，或许你真的要做好心理准备，先接受你的作品被别人嘲笑，被别人讥讽。让自己放低姿态，努力理解管理层眼中的分析是什么样子的，然后把你的财务专业性先搁置一旁，甚至你的分析完全不提及财务也没关系，就是先让管理层理解，先戳中管理层的痛点，先解决业务问题，或许你的路就开始宽了。

尽管我们花费了很大的篇幅来讲述财务可视化的逻辑，以及尽可能地展示了日常工作中可能会遇到的各种分析模式，真正落到实际工作中的时候依然还会有很多困难，甚至很多图表都与你的工作场景格格不入。所以你还是要用你自己的数据、自己的工具、自己的思路形成自己的经验，组织你自己的财务可视化看板，积累你自己的仪表盘，积累自己对数据的理解和对业务的理解，积累自己对公司未来发展的理解，积累自己的数据洞察力。而这种积累，恰恰就是对财务可视化和财务分析能力的不断迭代，这也恰恰是我们这本书想要带给你的，是对你真正的赋能，而不是仅仅画几张好看的图让你欣赏和拿来使用。

在 ChatGPT 流行的时期，会计被替代的话题重新进入会计人的视野。其实被替代的何止是会计，人工智能会替代许多的职业，却永远也无法替代人脑里真正的思想和真正的创意，对财务数据的深度思考和与管理相结合的深度分析就是 AI 很长一段时间无法超越的。财务可视化图表永远都只是表象，真正有技术含量的还是人对所呈现出来图表的深度理解。所以，财务人要勇敢地拥抱未来的那些不确定性，只有不确定性存在才有机会的存在，也只有对不确定性的充分认可和接纳才是真正的现实。永远不变的只有变化本身，既然我们身处这样一个快速变化的时代，那就让我们在自我成长中享受这种变化，蜕变成一个更高阶的自己。

作者
2023 年 8 月